Andreas Ulmicher

Das Kaktusprinzip

Die Wissenschaft vom dicken Fell

Omega

Bibliografische Information der Deutschen Bibliothek

Die Deutsche Bibliothek verzeichnet diese Publikation in der Deutschen Nationalbibliografie;
detaillierte bibliografische Daten sind im Internet über http://dnb.ddb.de abrufbar.

1. Auflage – September 2007

Lektorat: Gisela Bongart M.A.
Coverentwurf: Hermann R. Lehner
Covermotiv: Mauritius Images
Satz: Martin Meier

Druck: FINIDR, Český Těšín, Tschechische Republik

ISBN 978-3-930243-44-0

Dieses Buch wurde nach den Regeln der alten Rechtschreibung lektoriert.

Omega®-Verlag, Gisela Bongart und Martin Meier (GbR)

D-52080 Aachen • Karlstr. 32
Tel: 0241-168 163 0 • Fax: 0241-168 163 3
e-mail: info@omega-verlag.de
www.omega-verlag.de

Inhalt

Zum Geleit

Haben Sie ein dünnes Fell? Sicherlich ja, denn sonst hätten Sie wohl kaum zu diesem Buch gegriffen. Sind Sie sensibel, nervös, ängstlich, voller Sorgen, nehmen sich immer alles zu Herzen, haben übertriebene Skrupel, finden in sich selbst keinen Halt und keine Festigkeit? Wahrscheinlich auch dies.

Leiden Sie an Kopfschmerzen, Verdauungsstörungen, Allergien, Hautausschlägen, chronischer Infektanfälligkeit, chronischer Müdigkeit oder Gereiztheit, Stimmungsschwankungen und Depressionen? Ist Ihre Antwort nun wieder ja, darf ich Sie in den Reihen der leidenden Mehrheit der westlichen Hemisphäre willkommen heißen.

Sind Sie neidisch oder eifersüchtig auf die Menschen mit dem berühmten „dicken Fell“, an denen Sorgen, Streß, Aufregungen abperlen wie Wasser an einem frisch geputzten Emaillewaschbecken? Die nicht aus der Ruhe zu bringen sind, „Steine fressen können“ und alles vertragen? Die Grippewellen, Allergien und Darmstörungen bestenfalls aus dem Fernsehen oder von Bekannten kennen? Höchstwahrscheinlich!

Haben Sie auch schon Meditation, Autogenes Training, Yoga und Positives Denken ausprobiert und sind kaum einen Schritt weitergekommen bzw. nach vielleicht anfänglichen Erfolgen wieder bei den alten Mustern gelandet? Das würde mich nicht erstaunen!

Haben Sie es satt, neidisch auf die körperlich wie geistig robusteren Zeitgenossen zu schauen? Verwünschen Sie sich im Geiste selbst für Ihre übertriebene Sensibilität?

Wenn Sie jetzt mit dem Kopf nicken, habe ich Neuigkeiten für Sie. Und zwar, Sie werden es nicht glauben: gute! Vor allen Dingen dann, wenn Sie bisher geglaubt haben, daß ein dünnes Fell ebenso schicksalsgegeben ist wie eine Erbkrankheit, ein armes oder reiches Elternhaus oder viele andere Dinge, die man sich nicht aussuchen kann.

Es sind sehr viele Bücher im Bereich „Lebenshilfe", „Bewußter Leben", „Partnerschaft, Liebe und Familie", „Esoterik und Spiritualität" und praktische Ratgeber geschrieben worden, mal aus einer eher „geistigen" Sichtweise, mal aus einer pragmatischen: wie man zu Geld kommt oder mit Geld klug umgeht, wie man den richtigen Partner fürs Leben findet, wie man richtig kommuniziert, wie man das Glück ins Leben holt, wie man erfolgreich, gesund, positiv oder sonst was wird. Es gibt zahllose Bücher über das Positive Denken, positive Ausstrahlung, Geldbewußtsein, Eigenliebe, Persönlichkeitsentwicklung und Charakterschule. Alle dienen einem einzigen Zweck: Sie sollen dem Leser und Anwender dabei helfen, sein Leben zu verbessern, indem er – nach dem Spiegel- oder Resonanzgesetz – Besseres in sein Leben zieht.

Dieses Buch erfüllt diesen Zweck nicht, und ehrlich gesagt, es hat auch gar nicht den Anspruch, „Gutes anzuziehen". Es soll etwas ganz anderes tun: Es soll Sie mental, emotional und nicht zuletzt physisch gegen das weniger Gute, das das Leben zwangsläufig auch beinhaltet, wappnen, kurz: ein dickes Fell vermitteln!

Das ist das eigentlich Positive im Leben, auf das es **mir** ankommt: Sensibilität und eine dünne Haut sind **nicht schicksalsgegeben!**

Es gibt Gesetzmäßigkeiten – und die sind beileibe nicht nur „geistiger" Natur –, die Ihnen, wenn Sie sie kennen und sie befolgen, dabei helfen, sich dauerhaft ein dickeres Fell zuzulegen, automatisch und auf natürliche Weise gelassener, robuster und in sich stabiler zu werden. Einige dieser Gesetzmäßigkeiten wirken elementar auf Körperebene. Sie betreffen den Stoffwechsel, das autonome Nervensystem und den Hormonhaushalt. Sie zu kennen ermöglicht es, Stimmungen, Emotionen und Gedanken zu beeinflussen. Ferner gibt es Schlüssel, deren Anwendung mehr auf „geistiger Ebene" erfolgt, mit denen Sie aber eine tiefe körperliche Entspannung sowie Abhärtung auf physischer Ebene erreichen. All dies zusammen nenne ich „die Wissenschaft vom dicken Fell".

Sie werden staunen, wenn ich Ihnen erzähle, daß man vom Essen ein dickeres Fell bekommen und sich umgekehrt durch falsche Ernährung ein bestehendes dickes Fell langfristig ruinieren kann. Sie werden noch viele andere Dinge kennenlernen, mit denen Sie beliebig auf den, wie ich es getauft habe, Geist-Körper-Wirkkomplex (das Zusammenspiel zwischen Körper, Emotionen und Verstand) einwirken können. Sie werden die wissenschaftlichen Grundlagen dessen kennenlernen, wie der Geist-Körper-Wirkkomplex auf Streß reagiert, wie dieser seine Leistungsreserven je nach Stärke der Anregung mobilisiert oder lähmt. Sie werden überhaupt feststellen, daß die Wissenschaft vom dicken Fell, das Kaktus-Prinzip (frei nach dem Motto: mit Stacheln blüht sich's ungestörter), keine lose Sammlung aufmunternder Kalendersprüche im Sinne von „Lerne loszulassen!“ ist, sondern auf einem handfesten, soliden Fundament basiert, der Physik, der Biophysik, der Naturheilkunde und nicht zuletzt dem gesunden Menschenverstand. Mit Modellen, die einfach und übersichtlich in ihrer Struktur sind, die aber dennoch den berühmten „Aha-Effekt“ auslösen können, den Sie benötigen, um die Wissenschaft vom dicken Fell effizient in Ihr Leben integrieren zu können.

Ich selbst bin übrigens auch so ein Sensibelchen, das von der Wissenschaft vom dicken Fell ungeheuer profitiert hat. Ein Mensch, der von vornherein mit einem dicken Fell gesegnet ist, könnte auch niemals die Wissenschaft vom dicken Fell entwickeln. Warum sollte er das tun? Es besteht keinerlei Notwendigkeit für ihn, sein Leben nach den Gesetzen dieser Wissenschaft auszurichten. Er hat bereits alles, was er braucht, um in diesem zugegebenermaßen nicht immer einfachen Menschenleben zurechtzukommen.

Was Sie in diesem Buch lesen und lernen werden, können Sie problemlos in Ihren Alltag integrieren. Vielleicht kommen Ihnen einige der Dinge, die ich Ihnen hier vorstellen werde, bereits vertraut vor. Sie wurden von mir konzipiert, teilweise auch übernommen sowie bearbeitet für einen einzigen Zweck: Körper, Geist und Seele das entscheidende Plus an Stabilität und Robustheit zu vermitteln, das Ihnen dabei hilft, dem Leben mit all seinen Unwägbarkeiten und Nackenschlägen gelassen ins Auge zu sehen.

Sie werden

➡ lernen, wie Streß in Ihrem Geist-Körper-Wirkkomplex archaische Mechanismen auslöst, die ursprünglich der Lebenserhaltung dienten;

- ➡ lernen, wieso der gleiche Streß bei dem einen anregend, bei dem anderen lähmend wirkt (Eu-Streß, Di-Streß);
- ➡ lernen, wieso „Mentaltechniken“, die in der Absicht praktiziert werden, Ihre äußeren Lebensumstände zu verbessern, Sie nicht weiterbringen;
- ➡ erfahren, wieso das Leben **immer** ein Kampf gegen äußere Widerstände ist, unabhängig von den Entscheidungen, die Sie treffen, bis Ihr „innerer Widerstand“ (Auflehnung gegen das Schicksal) von selbst aufhört;
- ➡ lernen, wieso Sie Ersatzhandlungen schaffen müssen für die dunklen Impulse, die Sie aufgrund von Moral und gesellschaftlichen Konventionen nicht ausleben können;
- ➡ lernen, sich körperlich wie geistig Refugien für sich selbst zu schaffen, negative Energie wie Wut oder Angst **auf natürliche Weise** abzubauen, wieder ein natürlicheres Zeitgefühl zu entwickeln und die Rückverbindung zur Natur wieder zu stärken – unabdingbare Voraussetzungen für ein dickeres Fell;
- ➡ lernen, wie Sie über kreatives, schöpferisches Tun Zugang zu Ihren Gefühlswelten bekommen, um über diese Welten eine Rückkopplung zu Ihrem realen Leben zu schaffen und damit Emotionen, besonders negative, zu relativieren;
- ➡ verstehen, daß Sie eine Lebensaufgabe brauchen, die mit Ihrem Innersten übereinstimmt. Und Sie werden lernen, daß nur ein Ziel, mit dem Sie sich mit glühender Leidenschaft identifizieren, so viel Kraft und Motivation verleiht, daß Sie so lange gegen Widerstände kämpfen, bis der Verstand einfach loslassen **muß;**
- ➡ lernen, Standpunkte zu relativieren und zu den großen und kleinen Problemen Ihres Lebens eine objektivere Haltung ein-

zunehmen und damit gelassener zu werden, auch wenn es mal nicht „so rund läuft“;

- die Ernährungs- und Bewegungsarten kennenlernen, die Ihr autonomes Nervensystem, das Hormonsystem und den Stoffwechsel harmonisieren und die Ihnen neben einem dickeren Fell auch noch eine Möglichkeit vermitteln, besser mit der Sucht nach Genußmitteln (wie Zucker und Nikotin) fertigzuwerden, ganz abgesehen von den sonstigen Vorteilen für Gesundheit und Figur/Gewicht;
- einen kompakten Einblick in die bewährtesten Helfer der Homöopathie erhalten, die es Ihnen ermöglichen, das vegetative Nervensystem zu harmonisieren.

Einige dieser Dinge sind bekannt und in einen neuen Kontext gestellt, einige sinnentsprechend abgeändert, und einige Dinge sind – in dieser Form – neu. Aber alle dienen sie einem Ziel: der Entwicklung von innerer Stabilität, echter Authentizität und körperlicher wie geistiger Robustheit, sprich: einem dicken Fell. Das Buch ist insgesamt mehr pragmatisch als geistig oder spirituell ausgerichtet, um auch den Menschen, die keinen Zugang zu diesen Themen finden, das Verständnis des Kaktus-Prinzips zu erleichtern. Dennoch konnte ich hier und da auf ein wenig geistigen Hintergrund nicht verzichten. Mir selbst (aber natürlich auch schon vielen anderen) haben all diese Dinge zu einem deutlich dickeren Fell, vor allem aber auch zu deutlich robusterer körperlicher Gesundheit verholfen.

An der einen oder anderen Stelle ist das Konzept ziemlich desillusionierend, insbesondere, wenn es darum geht, eine „heile

Welt“ zu erschaffen oder generell die Welt zu verbessern – ob durch „Positives Denken“ oder durch tatkräftiges Zupacken. Ich bin der eher unpopulären Ansicht, daß Sie nichts Besseres für die Welt tun können, als etwas **für sich selbst** zu tun.

Wenn ich damit den oder die eine/n oder andere/n vor den Kopf stoßen sollte, tut mir das zwar leid, aber es stört mich auch nicht weiter. Weil ich ganz einfach weiß, daß sehr vielen Menschen mit einem dickeren Fell geholfen ist, ganz nach dem Motto: **„Wir brauchen keine besseren Menschen. Wir brauchen besser gelaunte Menschen!“**

Herzlichst, Ihr Andreas Ulmicher

TEIL I

Theoretische Grundlagen der Wissenschaft vom dicken Fell

1 Ein schwarzer Gürtel für die Seele?

Sind Sie sensibel? Höchstwahrscheinlich werden Sie diese Frage jetzt mit ja beantworten. Zum einen, weil es ja gut ist, sensibel zu sein, zum anderen, weil Sie sich dieses Buch hier gekauft haben.

Moment mal, da stimmt doch was nicht? Einerseits ist Sensibilität – oder vielleicht treffender: Feinfühligkeit – gut. Andererseits geht es in diesem Buch ja darum, sich ein dickeres Fell zuzulegen. Also kann doch nicht alles positiv an der Sensibilität bzw. Feinfühligkeit sein. Folglich müssen wir uns erst einmal darüber klarwerden, welche Art von Sensibilität eigentlich gemeint ist.

Da gibt es zum einen den Menschentypus, der sehr gut auf Stimmungen anderer eingehen kann, der einfühlsam ist und in starkem Maße das aufweist, was man so schön als „emotionale Intelligenz“ oder „soziale Kompetenz“ bezeichnet. Diese Fähigkeit, auf Mitmenschen einzugehen, sich einzu**fühlen** (Englisch sensibility = sense ability = ability of senses = die Fähigkeit der Sinne), geht sehr oft, wenn auch nicht immer mit einer anderen Art von Sensibilität einher: der Empfindlichkeit. Empfindlichkeit ist die Seite der Sensibilität, die wir als negativ an uns bezeichnen. Ausdrücke wie „Mimose“, „Heulsuse“, „Weichling“ oder „Grübler“ sind fast immer negativ gemeint.

Kann jemand auf der einen Seite feinfühlig sein oder über eine hohe „emotionale Intelligenz“ verfügen, aber dennoch auf der anderen Seite innerlich so gefestigt, daß ihn nichts so schnell aus der Bahn wirft? Solche Menschen gibt es auch, aber extrem selten. Sie sind im Umgang mit sich, ihrem Leben, aber auch anderen Menschen sehr souverän und dabei gleichzeitig mitfühlend. Für die große Mehrheit von uns Menschenkindern jedoch gilt: Sensibilität wirkt sich in beide Richtungen aus, in die positive wie negative. Und so leiden viele sensible Persönlichkeiten unsäglich. Oder müssen Anpassungsstrategien entwickeln, die es ihnen ermöglichen, in dieser „unsensiblen" Zeit und Welt einigermaßen über die Runden zu kommen.

Ein Beispiel: Es ist kein Geheimnis, daß einfühlsame und feinfühlige Menschen als besonders geeignet für therapeutische Berufe gelten wie z. B. Arzt. Doch bevor man Arzt *ist*, muß man zunächst einmal Arzt *werden*. Und dieser Prozeß ist für die meisten, idealistisch eingestellten Aspiranten wie ein Marsch durch die Hölle. Anatomie, Physiologie und Pathologie an zu sezierenden Tieren und an menschlichen Leichen zu erlernen, bei OPs live dabei zu sein und dergleichen „Scheußlichkeiten" mehr holen einen sensiblen jungen Menschen recht schnell auf den Boden der Tatsachen zurück. Es bieten sich theoretisch drei Möglichkeiten an, damit fertig zu werden:

1) Man ist feinfühlig und idealistisch eingestellt, stumpft aber während der universitären und praktischen Laufbahn ab; man *muß* abstumpfen, um innerlich nicht daran zu zerbrechen.
2) Man gibt die Laufbahn auf und tut etwas anderes, wird z. B. Heilpraktiker.
3) Man gehört gar nicht zu der sensiblen, einfühlsamen und idealistischen Sorte Mensch, die anderen helfen will, die *heilen*

will, sondern hat von vornherein andere Motive im Sinn, um eine Medizinerlaufbahn einzuschlagen – etwa Ehrgeiz oder Suche nach Anerkennung.

Nun muß man aber keine Medizinerlaufbahn ins Auge fassen, um mit dem Dilemma oder besser gesagt den zwei Seiten der Medaille „Sensibilität" konfrontiert zu werden. Es ist ein bißchen wie mit Äpfeln und Schokolade. Wenn Sie denken, Äpfel sind gesund, dann haben Sie großenteils recht. Denken Sie, daß Schokolade nicht ganz so gesund ist, dann ebenso. Eine Tafel Schokolade am Tag wird Ihnen langfristig sicherlich nicht sonderlich gut bekommen. Wohingegen ein Apfel am Tag durchaus förderlich für Ihre Gesundheit sein kann. Doch was ist mit 40 Äpfeln? Denken Sie, wenn ein oder zwei Äpfel am Tag Ihrer Gesundheit dienlich sind, daß dann 40 Äpfel pro Tag noch mehr für Ihr Wohlbefinden tun können? Sicherlich nicht. Und falls doch, lassen Sie sich doch einmal auf dieses Experiment ein, und berichten Sie mir bitte, wie Sie sich am Tag nach der Apfelorgie gefühlt haben oder gar am übernächsten Tag. Vorausgesetzt, Sie bringen tatsächlich 40 Äpfel an einem einzigen Tag runter (Mund und Gaumen brennen am nächsten Tag wie die Hölle, von den Verdauungsstörungen ganz zu schweigen!).

Genauso ist es mit Sensibilität, sense-ability, Feinfühligkeit: Ein gewisses Maß kann förderlich sein, kann Ihr Leben unglaublich bereichern. Zuviel davon kann sich allerdings ausgesprochen destruktiv in Ihrem Leben auswirken.

Der „Empfang" (man spricht ja nicht umsonst von *Empfänglichkeit* für bestimmte Situationen, Stimmungen, Gefühle und so weiter) ist sensibilisiert, ist verfeinert. Wie würden Sie auf Dauer auf einen herrischen Ehepartner reagieren? Wie darauf, lange unfreiwillig Single zu sein? Wie auf die zahllosen schlechten Nachrichten aus aller Welt, mit denen wir Tag für Tag berieselt werden? Wie auf die stressigen Situationen des Alltags? Wie auf eine Prüfungssituation? Können Sie sich vielleicht noch an Ihre Abschlußprüfung erinnern? Denken Sie darüber nach, wie Sie bei mündlichen Prüfungen abgeschnitten haben, besonders bei denen, wo sie optimal vorbereitet waren. Gab es vielleicht einen oder mehrere Mitschüler, die sich mit deutlich weniger Aufwand durch den Schulalltag gemogelt haben? Wenn das der Fall gewesen sein sollte, denken Sie doch einmal darüber nach, woran es gelegen haben könnte! Könnte es sein, daß Ihr Mitschüler abgebrühter war als Sie?

Sehen wir den Tatsachen ins Auge: Der Alltag, so wie er sich uns modernen Menschen der westlichen Zivilisationen präsentiert, ist nichts weiter als ein permanenter Angriff auf unsere Integrität, ein ungedämpfter Faustschlag in die Magengrube unserer Seele. Ohne Boxhandschuhe. Pur. Und ziemlich schmerzhaft!

Wenn ich die Momente des Glücks, der Freude, der (inneren wie äußeren) Harmonie an einem durchschnittlichen Tag mit 20 Prozent der gesamten Zeit ansetze, dann denke ich, habe ich eher hoch- als tiefgestapelt. Grob gerechnet stehen also 20 Prozent Glück, Harmonie, Positives 80 Prozent Negativem, Gewalt, Streit, Ärger, negativem Streß entgegen. Wenn Sie zwei Menschen nehmen, von denen der eine sensibel und empfänglich für alles mögliche ist, der andere robust und mit einem dicken Fell ausgestattet: Was glauben Sie, wer von beiden langfristig zufriedener und glücklicher ist?

Sie nicken an dieser Stelle wissend mit dem Kopf? Es gibt

zwei Antworten? Richtig, wenn Sie das Folgende gewußt haben, dürfen Sie sich zu den sehr feinfühligen Menschen rechnen:

1) Zufriedener ist auf die Dauer die Person mit dem dicken Fell.
2) Glücklicher ist die sensible Person, der Dünnhäutige, wenn er/sie gelernt haben sollte, aus den 20 Prozent glücklichen Momenten alles, aber auch alles mit voller Bewußtheit herauszuholen.

Aber seien wir doch einmal ehrlich: Wer macht das schon? Und wer *kann* dies überhaupt? Wenn Sie empfindlich oder empfänglich sind, werden Sie die 80 Prozent Negativität nicht so schnell loslassen können, um die positiven 20 Prozent voll auskosten zu können. Oder? Wenn Sie kurz vor dem Bankrott stehen, wird dieser Umstand auch den Genuß einer jungen, romantischen Liebe beeinträchtigen. Das liegt nun mal in der Natur der Sache!

Es gibt einen Trend, der so etwa Mitte bis Ende der 90er Jahre aus der nordamerikanischen New Age- bzw. Esoterikszene zu uns kam und den man dort als „Psychic Self Defense" (= Selbstverteidigung für die Seele) bezeichnete. Eines der bekannteren Bücher zu diesem Thema heißt *Ein schwarzer Gürtel für die Seele*. In diesem Werk von Christopher Penczak geht es darum, mittels Aurareinigung, diversen Ritualen, Heilsteinen und Schutzgeistern/-engeln die Seele vor „energetischen Übergriffen", etwa Mobbing, Beleidigung, Erniedrigung, zu schützen.

Denken Sie mit mir einen Moment darüber nach. Stellen Sie sich vor, sie wären in einer solchen Situation, d. h. oben erwähnten „Übergriffen" ausgesetzt, und Sie könnten wählen: Hätten Sie lieber „einen schwarzen Gürtel für Ihre Seele", oder wären Sie statt dessen lieber ein echter Meister/eine Meisterin der Kampfkunst, etwa in Karate oder Wing Chun? Wenn es Ihnen so geht wie mir, dann werden Sie letzteres auf alle Fälle vorziehen! Das sage ich, nachdem ich mich mehrere Jahre mit „Psychic Self Defense“ beschäftigt und nun schon drei Jahre Erfahrungen mit Karate, zwei Jahre mit Hun Gar Kung Fu und knapp sieben Jahre mit zwei verschiedenen Wing-Chun-Stilen gesammelt habe. Insofern habe ich die Vergleichsmöglichkeit!

Es geht nicht darum, den Kontrahenten tatsächlich zu schlagen. Es geht vielmehr um das Wissen, daß Sie die Möglichkeit dazu haben. Ich weiß, das klingt zunächst einmal nicht besonders menschenfreundlich. Aber so freundlich ist Ihr Gegenüber ja schließlich auch nicht zu Ihnen, oder? Es geht nicht um Gewaltanwendung – sie kann Ihnen sogar aus tiefstem Herzen zuwider sein –, sondern um das Wissen, ich könnte ihn/sie einstampfen, wenn ich es wollte! Dies kann Ihnen in Situationen der Schmach eine unglaubliche Selbstsicherheit verleihen, die Sie auch ausstrahlen. Und die auch Ihrem „Gegner“ nicht verborgen bleibt. Er wird sich mit der Zeit sogar ziemlich sicher zurücknehmen, ohne daß Sie selbst auch nur einmal laut oder aggressiv geworden wären! Es ist im Gegenteil die Souveränität, die Sie *ruhig* macht. Und, sehen Sie es mal so: Haben Sie sich mit Hilfe von Aurareinigung, Schutzengelaktivierung und anderen Dingen einen „schwarzen Gürtel für die Seele“ zugelegt, können Sie immer noch das Opfer eines Schlägers werden. Können Sie sich aber auf körperlicher Ebene verteidigen, können Sie dem Schläger wahrscheinlich Paroli bieten und ihn in seine Schranken weisen. Und glauben Sie mir, das Wissen und Können um die Kunst der Selbstverteidigung verleiht auch der Seele einen „schwarzen Gürtel“ (sprich: Sicherheit und ein gutes Gefühl in unangenehmen Situationen des Alltags), während dies umgekehrt sicher nicht der Fall ist. Oder denken Sie, sie haben Karate gelernt, indem Sie *Ein schwarzer Gürtel für die Seele* gelesen haben?

Sie können nicht davon ausgehen, daß ein paar positive Sprüche, Heilaffirmationen oder Mantras Sie zu einem gelassenen, selbstsichereren Menschen mit einem dicken Fell machen, der die negativen Geschehnisse des Alltags locker von sich abstreift und dafür die verbliebenen 20 Prozent positiver Erfahrungen mit dafür fünffacher Intensität genießt. Eigenschaften wie Sensibilität, Empfindlichkeit, Empfänglichkeit, Robustheit, ein dickes Fell oder Mimosenhaftigkeit wirken sich auf allen Ebenen des Lebens aus. Wenn die positiven Erfahrungen in Ihrem Leben intensiver werden, weil Sie sich vielleicht mit Achtsamkeitsmeditationen beschäftigen, werden zwangsläufig auch die negativen Aspekte des Alltags stärkeren Eindruck bei Ihnen hinterlassen – ob Sie das nun wahrhaben wollen oder nicht.

Was mich persönlich an der New-Age-Bewegung am meisten gestört hat, ist: Man erweitert oder besser vertieft sein Bewußtsein, wird dadurch empfänglicher für alles mögliche, was bedeutet: *Alles* hinterläßt mehr Eindruck in Ihrem Bewußtsein wie Unterbewußtsein, also auch das Negative. Das dann aber fleißig verdrängt wird (Verdrängung ist aus meiner Sicht eines der herausragenden Merkmale der New-Age-Bewegung!).

Alles, wovon Sie glauben, daß es gut für Sie ist, können Sie auch übertreiben. Und diese Übertreibung kann den positiven Effekt ins Gegenteil verkehren. Wenn eine bestimmte Trainingsintensität gut für Sie ist, ist mehr nicht unbedingt besser. Wenn zwei oder drei Äpfel am Tag gesund für Sie sind, heißt das noch lange nicht, daß 20 oder 30 Äpfel dies auch sind. Wenn Sie Ihr Bewußtsein erweitern wollen, sollten Sie sich klar werden, daß die Geister, die Sie sich eventuell damit ins Leben rufen, nicht unbedingt nur positiver Natur sind. Sie sensibilisieren sich mit bewußtseinserweiternden Techniken insgesamt stärker – für positive *und* für negative Ereignisse, Dinge und Einflüsse. Werden Sie sich darüber klar, daß alles, was Ihnen geschieht, alles, was Sie essen und trinken, jedes Ereignis, jede Nachricht und nicht zuletzt alles, was Sie selbst tun, sich auf *allen* Ebenen Ihres Daseins auswirkt!

Sie werden in diesem Buch keine Anleitungen zur Aurareinigung finden, keine Engelgebete und keine Affirmationen. Sie sollten diese Dinge auch nicht tun. Jedenfalls nicht, bevor Sie die in diesem Buch beschriebenen Prinzipien und Gesetze umgesetzt haben. Ein sensibler, feingeistiger und dünnhäutiger Mensch löst seine Probleme nicht, indem er noch sensibler, noch feingeistiger und noch dünnhäutiger wird! Das ist ungefähr so, als würde man in eine Mauer ein großes Loch bohren mit dem Ansinnen, dadurch noch besser vor seinen „Gegnern“ (dem Negativen) geschützt zu sein, weil man sie durch das Loch ja besser sieht...

Was Sie in diesem Buch finden werden, sind fundamentale Gesetzmäßigkeiten, mit deren Hilfe Sie mittel- bis langfristig ein dickeres Fell bekommen. Diese Gesetze haben nichts mit Affirmationen oder „geistigen Gesetzen“, auch nicht mit der „Kunst der Gelassenheit“ zu tun, nur mit Logik.

Das Kaktus-Prinzip ist ein Buch für Menschen, die ganzheitlich denken und handeln. Aber ganzheitlich bedeutet, daß Körper und Geist, Verstand und Gefühl, rational-logisches Denken *genauso* wie Intuition berücksichtigt werden. Ich denke, Ganzheitlichkeit und der Gebrauch des gesunden Menschenverstandes schließen sich nicht aus, im Gegenteil: Ganzheitlichkeit wird durch den gesunden Menschenverstand erst möglich!

Das Kaktus-Prinzip *ist* ganzheitlich. Es ist ein logisch durchdachtes Programm zur Entwicklung einer robusteren, integrierten, authentischeren Gesamtpersönlichkeit. Es ist sicherlich nicht so sehr „esoterisch" oder „spirituell" im landläufigen Sinne. Das Kaktus-Prinzip geht davon aus, daß das Leben, die Umstände an sich, sich eben *nicht* ändern lassen. Sie können sicher sein, daß ich die meisten Techniken zur positiven Lebensgestaltung wie die Nutzung der „Macht des Unterbewußtseins", Affirmationen, Positives Denken und so weiter kennengelernt und auch (lange!) angewendet habe, ohne daß sich dadurch in meinem Leben auch nur das geringste geändert hätte. Es mag Ihnen komisch vorkommen, aber mein Leben hat genau zu dem Zeitpunkt begonnen, sich zu verändern, als ich sämtliche Bücher, Tarotkarten und CDs über diese Dinge entsorgt habe.

Viele sagen, es sei Zeit für ein neues Weltbild. Aber das Weltbild betrifft jeden einzelnen von uns, nicht die Masse. Ein Weltbild ist etwas Individuelles. Wir brauchen keine „besseren" Menschen. Wir brauchen **besser gelaunte Menschen.** Wir brauchen auch keine geistigen Führer. Wir brauchen Authentizität, um unsere Entscheidungen frei von Erwartungen anderer treffen zu können. Wir brauchen auch keine Affirmationen. Wir brauchen innere Sicherheit, die uns durch die rauhe See des Alltags trägt. Und für all das brauchen die meisten von uns ein dickeres Fell. Also, laßt uns beginnen!

Und, bevor ich es vergesse: Wenn Sie sich einen „schwarzen Gürtel für die Seele" zulegen wollen, beginnen Sie damit, Kampfsport zu trainieren!

Dieses Kapitel auf den Punkt gebracht:

- Jedes Ding hat zwei Seiten, auch Sensibilität. Deren Vorteile, etwa Einfühlungsvermögen, werden durch Nachteile, etwa sich alles zu sehr zu Herzen zu nehmen, wieder aufgewogen.
- Wenn etwas von einer Sache gut ist, ist mehr nicht unbedingt besser. Ein Apfel ist gesund, 40 Äpfel können Ihrer Gesundheit sehr schaden. Es gibt für alles ein Zuviel. Das gilt auch für Sensibilität.
- Ein sensibler Mensch kann mehr aus positiven Ereignissen in seinem Leben herausholen. Doch die negativen Seiten des Lebens werden ihn nicht so leicht loslassen und können das positive Erleben stark beeinträchtigen.
- Ein körperlicher „Schutzschild“ (Fähigkeit zu physischer Selbstverteidigung) verleiht auch im mentalen Sinne Schutz und Souveränität. Umgekehrt ist dies noch lange nicht der Fall.

2 So geht uns das moderne Leben „auf den Nerv"

Um zu verstehen, warum es nötig ist, sich mental und emotional zu stabilisieren, müssen Sie begreifen, wie unsere Umwelt, die Gesellschaft, ihr gesamtes modernes Gefüge, Einfluß auf unsere emotionale und mentale Balance nehmen. Vor allem müssen Sie wissen, daß es nicht nur die energetischen Einflüsse unserer Zeit sind, die uns zum Negativen beeinflussen und uns mental und emotional – und natürlich letztendlich auch körperlich – schwach und angreifbar machen. Auch ganz banale Dinge wie Alkoholgenuß, Zucker oder Lebensmittelzusätze tun dies, ohne daß dies im geringsten beachtet oder auch nur bemerkt wird. Meines Erachtens beeinflussen die folgenden Parameter unser mentales und emotionales (und nicht zuletzt auch physisches) Gleichgewicht am meisten:

1. die Ernährung (Essen *und* Trinken),
2. die (fehlende oder zeitlich falsch abgestimmte) Bewegung,
3. das Zeitmanagement (das Lebenstempo),
4. die Diskrepanz zwischen Erwartungen von außen und eigenen Wünschen,
5. die Diskrepanz zwischen den Erwartungen an sich selbst und dem „inneren Schweinehund",
6. die Diskrepanz zwischen Moralvorstellungen und „dunklen Trieben" („dark desires"),

7. die Beziehungen zu unserer Umwelt,
8. das Gefühl von Abgesondertsein und Anonymität und natürlich
9. Druck durch äußere Umstände (Finanzen, Gesundheit etc.).

Aber der Reihe nach: Gehen wir einmal davon aus, daß der Mensch in seiner derzeitigen Form seit ungefähr 150.000 bis 250.000 Jahren die Erde bevölkert, dann müssen wir feststellen, daß sich das Leben des Homo sapiens seit Ende des Zweiten Weltkriegs mehr verändert hat als in den rund 200.000 Jahren davor:

- Die vom Menschen erreichbaren Rekorde der Fortbewegung haben sich vervielfacht, die Welt ist klein geworden.
- Viele unserer Bewegungen und Arbeiten werden von Maschinen übernommen.
- Zahlreiche neue, künstliche, vom Menschen gemachte Stoffe umgeben uns.
- Unsere Ernährung hat sich in einem Ausmaß und einer Geschwindigkeit verändert wie nie zuvor.
- Die Möglichkeiten der Lebensführung haben sich vervielfacht.
- Traditionelle Wertesysteme sind auf den Kopf gestellt worden bzw. lösen sich auf.
- Die Säulen einer gesellschaftlichen Moral kommen bedrohlich ins Wanken, dunkle Impulse („dark desires“) werden vom einzelnen bewußter wahrgenommen.

...und so weiter, und so weiter.

Diese Liste würde, konsequent fortgeführt, das Buch locker alleine füllen können. Warum und wie unsere Nerven eigentlich blank liegen müssen, warum wir zwangsläufig körperlich und geistig immer sensibler werden und wir – trotz aller Entspannungstechniken, Yoga, Meditation und Positivem Denken – kaum noch eine Handhabe haben, uns vor den zweifellos mannigfaltigen negativen Einflüssen unserer Umwelt (geistig) zu schützen, werde ich jetzt im Detail erläutern. Aber seien Sie versichert: Es gibt zwar viele Probleme, jedoch keines ohne Lösung.

1. Die Ernährung

Sie werden sich sicherlich fragen, was Ernährung mit mentaler und emotionaler Sensibilisierung zu tun haben könnte. Sehr viel, wie Sie noch sehen werden!

Nichts hat sich in den letzten 80 Jahren stärker verändert als die Ernährung! Breite Bevölkerungsschichten lebten noch vor 80 Jahren überwiegend von dem, was ihre unmittelbare Umgebung her gab: Getreide und Gemüse aus heimischen Gefilden, Milch und Milchprodukte, Eier, Fleisch, Wurst und Obst – und letzteres waren nicht etwa Ananas, Papayas oder Litschis, sondern ganz banal Pflaumen, Äpfel, Birnen, Kirschen oder Erdbeeren. Man trank auch noch nicht täglich Kaffee, Schokoshakes, Energydrinks, Cola oder Limonaden. Man konsumierte bei weitem noch nicht so viel Zucker wie heute. Und, was mir am wichtigsten erscheint: Farb- und Konservierungsstoffe sowie künstlich zugesetzte Vitamine und Mineralstoffe gab es noch nicht, jedenfalls bei weitem nicht in dem Ausmaß wie heute.

„Gut“, werden Sie jetzt sicherlich denken, „Farb- und Konservierungsstoffe sind natürlich nicht so der wahre Jakob, aber was kann denn gegen künstlich zugesetzte Vitamine und Mineralstoffe einzuwenden sein?" Sie müssen wissen, daß **alle** Nahrungsmittelzusätze, auch die vermeintlich nützlichen, den Nährwert eines Nahrungsmittels verfälschen, abändern und unseren Stoffwechsel beeinflussen. Nicht immer auf vorteilhafte Weise.

Ich möchte klarstellen: Ich bin nicht grundsätzlich gegen Nahrungsergänzung. Es ist sicherlich noch die beste Lösung, Vitamine zur Haltbarmachung von Nahrungsmitteln einzusetzen, jedenfalls besser als der Einsatz von sonstigen möglichen künstlichen Substanzen. Erinnern Sie sich an die 40 Äpfel! Übervitaminisierung kann krank machen, wie auch Hans-Ulrich Grimm und Jörg Zittlau in ihrem Buch *Vitaminschock* dargelegt haben. Wer Nahrungsergänzungsmittel in Kapsel- oder Pillenform zu sich nimmt, sollte zumindest vorher seinen Bedarf ermitteln, etwa anhand einer Stoffwechseltypenbestimmung oder Mineralstoffanalyse! Aber lassen wir das Thema an dieser Stelle nicht zu weit ausufern.

Wesentlich problematischer im Hinblick auf ihre Wirkung auf den Stoffwechsel und das vegetative Nervensystem sind Zucker, Jodsalz, Weißmehl, Gebäck, das mit Backtriebmitteln gebacken wurde, künstliche Aromastoffe, Süßstoffe, Alkohol, Koffein, Nikotin und sogar Kohlensäure. Mit deren Wirkung werden wir uns im Kapitel über Ernährung – „Die Kaktus-Diät" – noch näher befassen.

Diese Nahrungsmittel und solche mit weiteren Zusätzen beeinflussen nicht nur das Vegetativum, sondern auch den Zellstoffwechsel, das Verhältnis von Fettsäuren und Mineralstoffen zueinander in den Zellen, die Funktion der Hormondrüsen, die Nebenniere, die Schilddrüse, die Hypophyse, die Epiphyse, den Prostaglandinhaushalt, den Säure-Base-Haushalt und den Cholesterinhaushalt (Cholesterin ist integraler Bestandteil des Nervenmarks!). „Das Gegenteil von gut ist gut gemeint", könnte man an dieser Stelle zusammen mit Gottfried Benn, dem Dichterarzt, ausrufen.

Sollten Sie ein Nervenbündel sein, an übersteigerter Sensibilität leiden, sich immer alles zu Herzen nehmen und emotionale Probleme haben: Nicht immer sind die Ursachen nur *psychischer Natur*! Die Kaktus-Diät wird Ihnen eine effektive Waffe liefern, mit der Sie mittelfristig – in einem Zeitraum von 6 bis 12 Wochen – übertriebene Reaktionen des autonomen Nervensystems (meist Folge einer Sympathikuserschöpfung) ausgleichen können.

2. Die (fehlende oder falsch abgestimmte) Bewegung

Es erscheint wie ein Paradox: Wir bewegen uns immer weniger und können uns dennoch immer schneller fortbewegen. Ein Tritt aufs Gaspedal genügt, und der Tachometer zeigt 200 Stundenkilometer an. Wir steigen in einen Flieger und sind in sechs Stunden auf der anderen Seite des Atlantiks. Ob Sie es glauben oder nicht, ich halte die Diskrepanz zwischen notwendiger (körperlicher) Arbeit und Erreichen einer bestimmten Geschwindigkeit für einen der Faktoren, der unser Nervensystem am meisten durcheinanderbringt. Überlegen Sie bitte einmal, wo Sie noch gereizter sind als in einem Auto, möglichst beim Weg durch die rush hour in der Innenstadt. Warum das so ist? Ganz einfach: Die Mühelosigkeit schneller Fortbewegung mit den kräftigen Motoren der heutigen Zeit „programmiert" in unseren Köpfen einen neuen „Soll-Zustand", den es früher nicht gab: mit kaum nennenswerter Bewegung und lächerlich geringem Zeitaufwand jedes beliebige Ziel erreichen. Diese Mühelosigkeit ist in unserem archaischen

Unterbewußtsein allerdings keineswegs verankert. Mit diesem Programm im Kopf werden wir durch den Stau eingeschränkt und empfinden diese „Störung" als einen ausgesprochen hinterhältigen und gemeinen Anschlag auf unser strapaziertes Nervenkostüm.

Alles geht so mühelos heute. Aber was ist, wenn wir die Mühe eigentlich bräuchten, um uns gesund und stark zu erhalten? Wie groß die Erleichterung des Raumgewinns durch Automobil, Bahn, Schiff und Flieger auch (gewesen) sein mag: Gesünder und robuster sind wir durch diese sicherlich bahnbrechenden Erfindungen der Menschheit nicht geworden. Wir sind also dazu *angehalten*, Ausgleich zu schaffen. Leider ist das jedoch mit dem Ausgleich nicht ganz so einfach, wie manch einer sich das vorstellt.

Ein Beispiel: Der sympathikotone Zweig des autonomen Nervensystems wird auch „Kampf-oder-Flucht-Nerv" genannt. Sicherlich reagiert der Körper auf eine Streßsituation heute genauso, wie er auf eine Streßsituation vor rund 10.000 Jahren reagiert hat, beispielsweise bei der Konfrontation mit einem Bären in seiner Höhle. Mit dem kleinen, aber feinen Unterschied, daß unsere Vorfahren vor 10.000 Jahren dem Höhlenbären davonlaufen mußten. Heute muß man nur noch aufs Gaspedal treten, wobei uns – um dem Ganzen die Krone aufzusetzen – in den seltensten Fällen ein Höhlenbär verfolgt.

Im archaischen Erleben, im Ereignishorizont unserer prähistorischen Ahnen war diese Art von Streß gleichbedeutend mit einer Konfrontation mit realen Ängsten: Ausweglosigkeit durch unmittelbare Bedrohung durch die Umwelt wie z. B. durch die eben erwähnte Konfrontation mit einem Bären. Angst, existentieller Druck und Gefühle von Ausweglosigkeit aus einer Situation kamen überwiegend im Angesicht des unmittelbar bevorstehenden Todes auf oder bei der Aussicht auf eine zumindest schwere, womöglich sehr schmerzhafte und höchstwahrscheinlich tödliche Verletzung. In diesem Erleben realer Todesangst schaltet der rationale Verstand ab, der Körper aktiviert ein Notprogramm, das die – wenn auch geringe – Chance, aus der existentiellen Bedrohung doch noch heil herauszukommen, vergrößern soll(te). Da diese Gefahren in der vorgeschichtlichen Zeit fast ausnahmslos physischer Natur waren, zielte das Notprogramm des Körpers in erster Linie auf die Aktivierung von körperlichen Kraftreserven ab. Der erste Schreck erhöht die Muskelgrundspannung (Tonus), beschleunigt die Atmung, erhöht Blutzuckerspiegel und Herzfrequenz – Vorgänge, die sich der Kontrolle durch den Verstand entziehen und gemeinhin mit der Aktivierung des eben erwähnten Sympathikusstrangs des autonomen Nervensystems gleichgesetzt werden. Im Englischen umschreibt man die Sympathikusaktivierung kurz mit: fright, fight, flight (Schreck, Kampf, Flucht).

Mehr oder weniger gleichzeitig – es kommt bei unserer Betrachtung nicht so sehr auf den genauen zeitlichen Ablauf an – schaltet sich das hormonelle System ein. Adrenalin und Noradrenalin, auch als Streßhormone („Katecholamine“) bekannt, verstärken den sympathikotonen Effekt, indem sie eine Verengung der Blutgefäße veranlassen, was den Blutdruck erhöht. Ferner werden vermehrt Mineral- und Glukokortikoide ausgeschüttet. Als prominenteste Vertreter seien hier Aldosteron und Cortisol genannt, wovon letzteres den Blutzuckerspiegel erhöht und eine vorübergehend gesteigerte Leistungsfähigkeit der Muskulatur bewirkt. Spätestens jetzt ist ein Zustand erreicht, der eine deutlich erhöhte physische Leistungsfähigkeit sicherstellt. Der Körper ist bereit für Kampf oder Flucht. Mit einer gegenüber dem Normalzustand um 30 bis 50 Prozent gesteigerten körperlichen Leistungsfähigkeit ist die Chance, aus einer eigentlich ausweglosen Situation – ein Kampf mit einem Bären oder/und die Flucht vor ihm – doch noch heil herauszukommen, deutlich erhöht. Insofern handelt es sich um ein sinnvolles Notprogramm der Natur, vor allem, wenn man ein Cro-Magnon-Mensch ist und sich auf seiner Suche nach Nahrung auf Abwege begibt.

Nun, die Welt hat sich seither ein wenig weiter gedreht, der Cro-Magnon-Mensch ist ausgestorben und durch den gemeinen Zivilisationsmenschen ersetzt worden. Kämpfe mit Höhlenbären und anderen Untieren finden in der Realität der ca. 6,4 Milliarden Mitglieder der Spezies Homo sapiens sapiens nicht statt. Dennoch: Das gerade beschriebene Notprogramm zum Überleben wird Tag für Tag, überall auf der Welt, unzählige Male aktiviert.

Daher Szenenwechsel, weg vom Höhlenbären zu einer alltäglichen Situation auf der Landstraße: Wir sind unter Termindruck, müssen in einer halben Stunde an einem bestimmten Ort sein, die Straße ist kurvenreich und unübersichtlich, und vor uns ein Laster! Nicht gerade eine Situation zum Entspannen. Dann ist er da, der für die nächsten ca. 15 Kilometer einzige, rund 500 Meter weit einsehbare Straßenabschnitt, auf dem eine Überholmöglichkeit besteht. Der nutzbar ist und den Sie auch ausnutzen. Doch plötzlich taucht Gegenverkehr auf. Da ist er wieder, der Höhlenbär, wie weiland einst in der Wildnis..., nur jetzt in mechanischer Verpackung, drohend, uns zu zerfetzen. Der Sympathikus tritt auf den Plan, so wie einst in der Prähistorie auch. Auch hier stellen Tonussteigerung, Hormonausschüttung, Blutdruck- und Zuckersteigerung uns ein Mehr an Kraftreserven zur Verfügung, die wir einsetzen, um ...

...vehement auf das Gas- (oder Brems-) Pedal zu treten, das Lenkrad abrupt herumzureißen und urplötzlich wieder auf der eigenen Spur einzuscheren. Ein sicherlich gewaltiger Kraftakt! Oder?

Die Wahrheit ist, daß wir für diese Aktionen keine nennenswerte körperliche Kraft brauchen, jedenfalls mit Sicherheit nicht einen Bruchteil von der Kraft, die wir einsetzen würden, um einem uns nachstellenden Bären (s. o.) davonzusprinten und dabei mindestens einen Kilometer Boden gutzumachen (Bären können verdammt schnell sein!). Man hat sich schlußendlich nicht, wie es so schön heißt, „ausgepowert". Der Sympathikus hat zwar unsere Kraftreserven mobilisiert, aber die Reserven bleiben auf der Reservebank – erkennbar am Herzrasen nach (überlebtem) Raumgewinn auf der Landstraße, an angezogenen Schultern, erhöhter Muskelspannung, verkrampften Bewegungen (plötzliches Bremsen, Gasgeben und Lenken).

So, jetzt ist der Sympathikus voll da, und wir wissen nichts rechtes mit all der Energie anzufangen. Schöne Bescherung! Sinnvoll wäre in solchen Momenten eigentlich, ein Springseil im Fahrzeug bereitzuhalten, gleich am nächsten Parkplatz stehenzubleiben und die freigewordene Energie durch fünf Minuten flottes Springen auch zu verbrauchen. Andererseits: Der eben überholte LKW würde bei dieser Gelegenheit mit Sicherheit wieder vorbeirauschen. Das wäre natürlich ein Ding der Unmöglichkeit!

So ist das Leben aber nun mal, und niemand, ja wirklich niemand kann sich seinen eisernen Naturgesetzen entziehen. Auch nicht der ausgebuffte Rennfahrer, der kalt und abgebrüht auch in Alltagssituationen überholen kann und vermutlich gerade *deswegen* viel sicherer auf unseren Straßen unterwegs ist als der eher ungeübte Otto Normalfahrer. Denn er hat sich selbst mit dieser Situation wieder und wieder konfrontiert, bis der Adrenalinschub für ihn zur Normalität geworden ist. Beziehungsweise nicht der Adrenalinschub an sich, sondern die Situation, die ihn auslöst, so daß der eben erwähnte Schub sich nach gewisser Zeit überflüssig gemacht hat. Denken Sie allen Ernstes, es wäre gesund, sich auf diese Weise abzuhärten?

Nein, auch abgebrühte Naturen wie Profi-Boxer, Freeclimber, Rennfahrer oder andere Extremsportler bezahlen früher oder später den Preis der Sympathikuserschöpfung. Bewegung ist ein Muß für jeden – wobei sich Boxer und Freeclimber ja immerhin noch bewegen, nur kommt es bei ihnen auf Lockerheit und Entspannung an, Dinge, die unter massiver Sympathikusaktivierung unmöglich sind! – besonders dann, wenn man Belastungen ausgesetzt ist, die alle Zeichen der Sympathikusaktivierung auf den Plan rufen. Ohne Bewegung kann man zwar sicherlich eine ganze Weile **überleben**, doch **leben** kann man ohne sie nicht. Im Kapitel über Bewegung werde ich Ihnen zeigen, daß jeder, der sein Nervenkostüm ins Gleichgewicht bringen und langfristig körperlich und geistig gesund bleiben will, zwei Arten von Bewegung benötigt: moderate, länger andauernde Bewegung wie etwa ein Spaziergang von einer Stunde oder länger oder lockeres Laufen und kurzes, aber hartes Training, wobei bei sehr intensivem Training, wie etwa Squash, eine halbe Stunde genügt.

3. Zeitmanagement und Lebenstempo

Man hört ja immer wieder Bemerkungen wie: „Ach, die Zeit vergeht ja so schnell!" und ist gleich geneigt, sich zu fragen, ob das früher auch schon so war. Daß Zeit relativ ist, wissen wir ja bereits seit Einstein. Wir übersehen dabei nur eine Sache und schieben gerne die Schuld auf die Zeit an sich: Alles, was wir tun und tun können, geht heute irgendwie schneller. Glauben Sie mir nicht? Na gut, hier einige Beispiele:

- So schnell, wie James Dean vor 50 Jahren mit seinem Porsche Spyder *Little Bastard* war, ist heute nahezu jeder anständig motorisierte Kleinwagen.
- Vor fünf Jahren haben wir einige Minuten benötigt, um im Internet etwa ein gutes Bild herunterzuladen. Heute laden wir im gleichen Zeitraum einen ganzen Film herunter.
- Vor 50 Jahren hat eine gute Hausfrau zur Zubereitung eines leckeren Essens mindestens eine Stunde, eher anderthalb oder zwei Stunden benötigt. Heute gibt es Fertigessen: Tüte auf, rein in die Mikrowelle, eine Minute bestrahlen, fertig. Toll ist das sicherlich nicht, geht aber unbestritten deutlich schneller.
- Vor 60 Jahren war Landwirtschaft Schwerstarbeit. Heute gibt es Maschinen, die mehrere Arbeitsgänge (ernten, dreschen, trennen und Strohballen auf das Feld kippen) in einem Arbeitsgang erledigen.
- Eine E-mail kann heute theoretisch binnen weniger Sekunden das andere Ende der Welt erreichen. Noch vor zwanzig Jahren benötigte ein Brief selbst mit Luftpost zumindest einige Tage.

„Moment!“ werden Sie jetzt sagen, „wir sind doch auch schneller geworden! Sicherlich hat sich unser Gehirn, haben sich unsere Reflexe und unsere Reaktionsfähigkeit dem erhöhten Lebenstempo angepaßt!“

Sind Sie sicher? Vielleicht ist es so, daß ein trainierter Computerspieler sehr flink, geradezu reflexartig mit Tastatur, Joystick und Maus umgehen kann. Doch setzen Sie mal einen durchtrainierten Kampfsportler, der noch nie Computerspiele gespielt hat, aber mit den Reflexen einer Katze gesegnet ist, an den Rechner, erklären Sie ihm das Spiel und wie man es handhabt, und lassen Sie ihn eine halbe Stunde üben – ich bin mir sicher, er wird genauso schnell sein wie der „durchtrainierte“ Computerspieler. Umgekehrt vergehen allerdings viele Jahre, bis Sie sich die Reflexe eines Kampfsportlers antrainiert haben! – Der Unterschied? Kampfsport gibt es bereits seit vielen Jahrhunderten, wenn nicht Jahrtausenden. Computerspiele haben ihren Siegeszug in den 80er Jahren angetreten.

Sie sehen also: Wenn Sie glauben, Sie – oder die Menschheit allgemein – könnte(n) sich mühelos in der kurzen Zeit dem wachsenden Lebenstempo anpassen, dann machen Sie sich etwas vor. Bedenken Sie: Vor 200 Jahren konnte man sich mit maximal ca. 65 km/h fortbewegen (so schnell ist ein Pferd im Galopp). Vor etwa 100 Jahren konnte der Mensch eine maximale Geschwindigkeit von etwa 180 bis 200 km/h erreichen – so schnell waren in dieser Zeit die schnellsten Rennwagen, Eisenbahnen und die ersten Flugzeuge. Heute ist es theoretisch möglich, bis zu 40.000 km/h zu erreichen (Raumkapsel). Glauben Sie allen Ernstes, der Mensch hätte sich seiner Natur nach dieser Entwicklung anpassen können?

Dieser Umstand ist gemeint, wenn wir sagen, das Lebenstempo habe sich erhöht. Heute sitzen unterdurchschnittliche Autofahrer mit Reaktionszeiten, die mehrere Sekunden betragen, am Steuer von 300 PS starken und noch stärkeren Automobilen – Wagen mit Kräften, die bis vor wenigen Jahren noch allein Rennfahrern vorbehalten waren. Wie, frage ich, kann man erwarten, daß diese Autos auch noch beherrscht werden? Da helfen weder ABS noch ASR oder ESP etwas: Wir müssen uns der Tatsache stellen, daß wir mit Kraft und Tempo vieler selbstverständlichen Dinge heute überfordert sind, zumindest die meisten von uns!

Das Streßpotential ist gewaltig, denn alles ist wesentlich schneller geworden, ohne daß der Mensch auch nur ansatzweise mithalten könnte. Ein ähnliches Problem wie unter Punkt 2, Bewegung, tut sich auf: Wir können heute viel schneller und müheloser als früher Dinge tun, und das mit viel weniger Kraft- und Bewegungsaufwand. Gerade dieser Aufwand ist jedoch eine Komponente, die wir im Leben bitter benötigen, um uns kurzfristig wach und klar, mittelfristig nervlich ausgeglichen und langfristig körperlich, geistig und seelisch gesund zu erhalten. Deswegen gehört Bewegung und körperliche Anstrengung unbedingt zum Kaktus-Prinzip dazu!

4. Die Diskrepanz zwischen Erwartungen von außen und den eigenen Wünschen

Dieser Punkt gehört zu den Faktoren, die Ihr Nervenkostüm mit der Zeit zuverlässiger aufreiben können als ein alter Mühlstein das Korn: Was sind die Erwartungen, die an Sie gestellt werden? Was sind Ihre eigenen Erwartungen an sich selbst? Und was wollen Sie eigentlich wirklich? Hier tun sich meiner Meinung nach zwei Probleme auf:

- Die Erwartungen, die von außen an Sie herangetragen werden, beispielsweise im Beruf, in der Ausbildung oder aber im

Familienverband, entsprechen nicht dem, was Sie selbst vom Leben erwarten und erhoffen.
- Oberflächlich betrachtet stehen zwar Ihre Wünsche und Erwartungen mit denen anderer an Sie im Einklang, aber nur, weil Sie Ihre eigenen, wahren Wünsche ins Unterbewußtsein verdrängt haben.

Ist ersteres der Fall, werden Sie Ihren Unmut an der Umgebung auslassen. Nicht unbedingt gut für die Umgebung, aber besser für Sie als der zweite Fall. Denn wenn Sie sich Ihre Wünsche nicht eingestehen können, bekommen Sie nicht einmal mit, wie in Ihnen der Konflikt schwelt. Die Reaktionen Ihres Nervenkostüms werden Sie zwar beizeiten daran erinnern, doch nehmen Sie sie – das ist menschlich! – in diesem Moment nicht als Signale Ihres Unterbewußtseins wahr. Auch der ins Unterbewußtsein verschobene Wunsch stimuliert beinahe unmerklich, aber dafür dauerhaft den sympathikotonen Zweig des autonomen Nervensystems (**wollen**, ohne zu **können!**).

Sie müssen sich immer wieder klarmachen, daß Ihr Stoffwechsel permanent am seidenen Faden des Gleichgewichts zwischen Sympathikus und Vagus hängt. Viele Menschen mit ungelebten Wünschen essen häufig zuviel, meist zuviel Kohlehydrate (Süßes) – warum wohl? –, um die Schieflage in ihrem autonomen Nervensystem unbewußt in den Griff zu bekommen.

Wunsch und Konflikt, in beiden Fällen unbewußt, sind zu 90 Prozent die eigentliche Ursache sogenannter psychosomatischer Erkrankungen, denn sie beide setzen über den Solarplexus – das Zentrum von Macht und Ohnmacht – Reaktionen zunächst des autonomen Nervensystems und nachfolgend des hormonellen Systems in Gang, welche in die bis dato harmonischen Vorgänge ihres Stoffwechsels eingreifen.

5. Die Diskrepanz zwischen Erwartungen an sich selbst und dem sogenannten „inneren Schweinehund"

Hierbei handelt es sich um einen weiteren inneren Konflikt, der richtig nervenaufreibend sein kann, insbesondere dann, wenn Sie von Natur aus eher ein Sympathikotoniker, also meist aufgedreht, kribbelig und nervös sind. Sie werden lernen, daß sowohl zu starker Druck, den Sie sich selbst machen, als auch ein zu ausgeprägter „innerer Schweinehund" (also das Gegenteil) dafür sorgen, daß Sie hinter Ihren Möglichkeiten zurückbleiben. Sie müssen die richtige Einstellung im Leben zu Leistung, Lernen und Vorankommen (z. B. im Beruf oder Studium) entwickeln, eben nicht zu viel und nicht zu wenig, die goldene Mitte finden, die im konkreten Sinne Gold wert sein kann. Wenn Sie zu übertriebener Sensibilität neigen, werden Sie dazu tendieren, sich selbst bei Ihren Vorhaben zu torpedieren, indem Sie sich für ein Ziel, das sie erreichen wollen, z. B. eine Abschlußprüfung, zu sehr aufreiben. Ebenso wie jemand, der abgestumpft und geistig träge ist, seine Arbeit torpediert, indem er sie nicht ernst genug nimmt.

6. Die Diskrepanz zwischen Moralvorstellungen und „dunklen Trieben" („dark desires")

Sex, Gewalt, Manipulation, Drogen und andere „moralisch verwerfliche" Dinge gehören untrennbar zu unserer Gesellschaft, werden aber fein säuberlich in einer gut abgeschirmten Ablage angehäuft, sprich: verdrängt. Täglich werden diese Dinge in den Medien offiziell angeprangert und damit unterschwellig beworben, denn sie sprechen eine Ebene in uns an, die keiner wahrhaben will, die aber doch unverkennbar zu uns allen gehört. Und zwar ohne Ausnahme. Sobald wir nur einen Blick auf das „Seite-eins-Girl“ des Revolverblattes werfen, das uns im Supermarkt anspringt, haben wir mit dieser Ebene in uns bereits Kontakt aufgenommen, wenn auch auf einem eher harmlosen Level.

Wir finden doch sicherlich Entführungen und sexuellen Mißbrauch etwa von Kindern abscheulich, kaufen aber die Zeitung, um Näheres darüber zu erfahren. Und daß es für all die Action- und Katastrophenfilme, die allabendlich geraume Teile des Programms der Privatsender für sich einnehmen, keinen Markt gibt, ist eine angesichts der TV-Quoten doch etwas sehr weit hergeholte Behauptung.

Lange Rede, kurzer Sinn: Alles, was wir nicht „dürfen“, sprich: Gewalt, Perversion, Intrigen, Lügen und Verbrechen, projizieren wir nur allzu gerne auf die Fremdebene. Kommt so etwas dann auch noch in uns selbst auf – es wird ja hinreichend stimuliert –, dann haben wir damit ein Problem.

Den Versuch, den Konflikt zwischen Nicht-Dürfen, aber dabei heimlich „Faszinierend-Finden“ über ausgiebiges Fernseh- und Filmschauen oder das Lesen von Romanen billigster Machart abzubauen oder gar auszusöhnen, halte ich ehrlich gesagt für nicht erfolgreich oder sehr geschickt. Jedenfalls nicht, solange wir nicht in der Lage sind, in uns vorhandene Konflikte um unsere dunkle Seite (und die haben wir ausnahmslos alle!) ehrlich zu betrachten und wenigstens einzugestehen, daß uns diese Themen zumindest beschäftigen oder faszinieren. Können wir dies erst einmal tun, findet tatsächlich eine nervliche Entlastung statt. Allerdings ist es nicht einfach, eine Haltung zu solchen Themen zu finden, die anerkennt, daß sich der Geist mit diesen Themen zumindest beschäftigen will. Zu sehr sind die allgemein akzeptierten Vorstellungen von Sitte, Anstand und Moral in uns verankert. Wir reiben uns nervlich auf mit der Vorstellung, irgendwo doch „nicht so ganz normal“ zu sein.

Zu Ihrer Beruhigung kann ich nur anbieten: Sehen Sie sich in der Welt um, und Sie werden schnell feststellen, daß es mit der Umsetzung hehrer gesellschaftlicher Werte nicht allzu weit her ist. Wenn Sie dies erkennen, fällt es Ihnen leichter, sich selbst zu betrachten und vielleicht auch die weniger schönen Seiten an sich anzunehmen. Probieren Sie es, ich bin mir sicher: Die Erkenntnisse, die Sie bei dieser Selbstschau gewinnen, werden Sie gelassener machen. Das heißt natürlich nicht, daß Sie diese Seiten dann auch ausleben sollten. Müssen Sie auch nicht, denn das Kaktus-Prinzip kennt Mittel und Wege, die Ebene, auf der diese „Auswüchse der Seele“ zu finden sind, anzusprechen und das vorhandene destruktive Potential dieser „dark desires“ abzubauen bzw. umzuwandeln.

7. Die Beziehungen zu unserer Umwelt

Sind Sie freundlich und kommen mit Ihren Mitmenschen gut klar, so ist das noch lange kein sicheres Zeichen für Konfliktfreiheit. Im Gegenteil: Geheuchelte Freundlichkeit ist nämlich belastender und fataler für das autonome Nervensystem als ehrlich gelebte Feindseligkeit, so makaber das klingt. Doch die ist schon belastend genug, vergiftet Sie doch Ihre Beziehungen. Geheuchelte

Gefühle vergiften zwar nicht die Beziehungen zu Ihrer Umwelt, wohl aber Ihre Innenwelt. Eine Zeitlang können Sie damit klarkommen, vielleicht sogar recht gut, denn Ihre Mitmenschen kommen dieser Freundlichkeit ja entgegen. Nur: Vor sich selbst können Sie damit nicht bestehen, jedenfalls nicht für alle Zeit.

Andererseits: Wenn Sie jedem sagen, was Sie von ihm halten, ist das auch nicht unbedingt von Vorteil, weder für Sie noch für Ihr Gegenüber. Am besten wäre es natürlich, Ihre Mitmenschen würden Ihnen erst gar keinen Grund für Groll und Zorn liefern, doch das gehört wohl ins Reich der Utopie. Und hier kommen wieder die „dark desires" (s. o.) ins Spiel. Wenn Sie sich nämlich öfter bei der Vorstellung ertappen, Ihre Schwiegermutter durch einen gezielten Schlag mit dem Vorschlaghammer ins Jenseits befördern zu wollen, obwohl Sie – schon Ihrem Ehegatten zuliebe – freundlich sein müssen, dann liegt zweifellos ein Konflikt vor. Der wird neben Ihrem Seelenleben auch Ihren Stoffwechsel nicht sonderlich begeistern, vor allem dann nicht, wenn die verhaßte Schwiegermutter beim Essen am selben Tisch sitzt. Zumal die Möglichkeiten, sich abzureagieren, begrenzt sind.

Natürlich ist es nicht immer so extrem. Jedenfalls hat Ihr Seelenfrieden eher dann Bestand, wenn der Ausdruck, den Sie Ihren Mitmenschen gegenüber tatsächlich *zeigen*, mit dem übereinstimmt, was in Ihrem Inneren vorgeht. Diese Übereinstimmung zu erreichen ist gar nicht so leicht, wenn wir uns verdeutlichen, wie wir in vielfältiger Weise in Abhängigkeitsbeziehungen verstrickt sind. Wenn Sie sich mit den Menschen, auf die Sie angewiesen sind (oder die von Ihnen abhängig sind), nicht wohlfühlen, müßten Sie schon mit allem brechen, wenn Sie einen „Offenbarungseid der Gefühle" leisten wollen oder müssen. Dem Chef mal die Meinung zu geigen ist gerade in der heutigen Zeit nur dann möglich, wenn Sie die Option auf eine vakante Arbeitsstelle in einer anderen Firma, die Selbständigkeit oder aber den berühmten Lottogewinn haben.

Auch hier tut sich wieder eine Diskrepanz von Wollen und Können auf, die Ihrem Innenleben gar nicht gut tut. Oft hangeln wir uns irgendwie durchs Leben und fühlen uns unwohl, da wir eingebunden sind in die Zwänge der Gesellschaft sowie der, die unsere lieben Mitmenschen uns auferlegen. Wir müssen uns aber auch eingestehen, daß wir einen großen Teil dieser Zwänge selbst zu verantworten haben. Sie haben natürlich die Möglichkeit, einiges zu ändern. Dies kann natürlich – diese Konsequenzen müssen Ihnen klar sein – soziale und wirtschaftliche Nachteile zur Folge haben. Die andere Möglichkeit ist, sich die Nische des eigenen Selbst zu erschließen, d. h. etwas, wohin Sie sich zurückziehen können, wenn Ihnen alles zuviel wird. Mehr hierzu im praktischen Teil.

8. Das Gefühl von Abgesondertsein und Anonymität

Machen Sie sich einmal die Tatsache bewußt, daß Sie Ihren Chatpartner in Australien wahrscheinlich besser kennen als den Nachbarn ein Stockwerk unter Ihnen. Das Problem ist: Je mehr Menschen um einen herum sind, desto einsamer fühlt man sich. Natürlich sind Singles von diesem Problem stärker betroffen als Paare. In einer Großstadt ist es noch schlimmer. Verhältnisse zu den unmittelbar um einen herum lebenden Nachbarn entwickelt man erst dann, wenn die Not gebietet, daß **alle** etwas mehr zusammenrücken. Es heißt ja, daß alte Menschen vereinsamen, und das ist sicherlich eines der größten sozialen Probleme überhaupt. Allerdings wird wenig von der seelischen Not junger Menschen gesprochen, die allein leben. Man stellt sich die Kontaktaufnahme bei jungen Menschen einfach vor, zahlreiche Freizeitangebote suggerieren dies auch, und doch ist dies für junge, sensible und schüchterne Menschen alles andere als einfach.

Hier kann ich Ihnen leider nur eine Vermutung anbieten, ob sie sich bewahrheitet, muß sich von Fall zu Fall zeigen: Ich denke, daß das Kaktus-Prinzip die Möglichkeit bietet, neben übermäßiger Sensibilität auch starke Schüchternheit auf ein normales, gesundes Maß zurückzuführen. Was ich definitiv sagen kann: Eine durch das Kaktus-Prinzip gestärkte Persönlichkeit kommt mit Einsamkeit und Alleinsein besser zurecht, kann aus ihr sogar Nutzen ziehen und geht deswegen sicherlich auch entspannter auf Kontaktsuche.

9. Druck durch äußere Umstände

Kein modernes Problem, aber eines, das sich durch die vorgenannten, erst in der letzten Zeit verschärften Faktoren potenziert. Krankheit, finanzielle Probleme, Beziehungsprobleme, Druck und Streß bei der Arbeit sind, für sich genommen, die Faktoren, die eigentlich unser Leben bestimmen oder vielmehr: es eigentlich ausmachen. Und das sollten wir uns einmal wieder bewußt machen.

Denken Sie einmal darüber nach, was wäre, wenn Sie nicht der/die kleine Selbständige wären, der oder die entweder mit der Bank oder mit dem Finanzamt kämpft, oder der/die kleine Angestellte, der/die mehr schlecht als recht so eben die Familie durchbringt. Was wäre denn anders, wenn Sie statt dessen reich und berühmt wären? Ganz einfach: Sie hätten Ihre Probleme gegen andere getauscht. Nicht mehr und nicht weniger!

Ist für Sie der Kontostand ein existentielles Problem, ist es für den Prominenten, daß ihm die Paparazzi ins Privatleben schnüffeln. Vielleicht hat er das existentielle Problem, daß der Expartner seinen Ruhm und Reichtum weidlich ausnutzt und ihn/sie erpreßt.

Jeder Mensch hat Probleme. Andere Menschen mögen andere Probleme haben, aber ohne ist kein Mensch auf diesem Erdenrund, einmal abgesehen von Menschen, die alles Irdische hinter sich gelassen haben. Denken Sie, Ihre Probleme würden sich lösen, wenn Sie im Lotto gewinnen würden? Vielleicht wären Sie dann einige Probleme los. Aber dafür würden Sie es mit Sicherheit mit neuen Problemen zu tun bekommen. Denn Probleme sind immer subjektiv und nur dem Schein nach von äußeren Umständen abhängig.

Das Kaktus-Prinzip geht davon aus, daß jeder Mensch – unabhängig von seinem gesellschaftlichen Status – Probleme hat. Deswegen sieht es keine Strategien zur Problemlösung vor. Probleme existieren unabhängig von uns, aber sie betreffen uns. Sie lassen sich auch nicht durch Affirmationen, Positives Denken oder Meditation aus der Welt schaffen.

Das einzige, was wirklich zählt, ist Ihre Einstellung zu Problemen. Wenn der Pleitegeier droht, Sie es mit Mobbing in der Firma zu tun oder Sie das Gefühl haben, daß Sie niemand leiden kann oder es auch nur ehrlich mit Ihnen meint, dann zehren diese Umstände zu Recht an Ihrem Nervenkostüm, machen Sie emotional und seelisch fertig und können Sie sogar in existentielle Krisen stürzen. Und Sie müssen davon ausgehen, daß sich Ihre Probleme nicht ändern. Also ändern Sie sich! Probleme gehören zwar zum Leben wie Geburt und Tod, aber sie relativieren sich auch gerne. Nämlich immer dann, wenn man den Standpunkt ändert. Vergessen Sie Affirmationen und Sprüche aus der Positivdenker-Mottenkiste wie „Ich werde reicher/schöner/besser" oder „Es geht mir von Tag zu Tag in jeder Hinsicht immer besser und besser". Damit machen Sie sich nur etwas vor. Es kommt im Leben nicht darauf an, daß Sie reicher, schöner oder besser sind. Das einzige, was Sie im Leben wirklich weiterbringt, ist Authentizität. Und die bekommt man nicht mit Geld, nicht mit Schminke und auch nicht mit frommen Sprüchen. Das Kaktus-Prinzip kann Ihnen zu mehr Authentizität verhelfen. Vielleicht werden Sie dann auch reicher oder schöner. Mit Sicherheit werden Sie aber **gesünder**, und zwar nicht nur körperlich, sondern auch geistig, und darauf kommt es eigentlich an!

Sie sehen, es hängt viel davon ab, wie Sie zu sich selbst stehen. Ziehen Sie alles, was Sie haben (oder zu haben glauben) ab, betrachten Sie sich sozusagen nackt – und Sie wissen, wie es um Sie bestellt ist. Wenn Sie sich „Stacheln zulegen", werden Sie, unabhängig von äußeren Bedingungen oder dem, was um Sie herum vorgeht, echter, freier und glücklicher.

Dieses Kapitel auf den Punkt gebracht:

- ➡ Das moderne Leben sensibilisiert uns auf allen Ebenen, betrifft Körper, Geist und Seele. Dies ist der Preis für seine Bequemlichkeit und Mühelosigkeit.
- ➡ Denaturiertes Essen greift in den Stoffwechsel ein und bringt das autonome Nervensystem durcheinander.

- Das Lebenstempo hat sich unseren Bedürfnissen und Erfordernissen angepaßt, aber unsere körperliche und geistige Struktur nicht dem Lebenstempo. Das Verhältnis von Aufwand zu Ergebnis im Hinblick auf erzielbare Geschwindigkeiten stimmt nicht mehr.
- Streß wird nicht mehr auf natürliche Weise abgebaut.
- Disharmonie zwischen uns und anderen sowie auch zwischen Erwartungen an uns selbst und dem „inneren Schweinehund" führen zu psychischer Spannung und damit zu selbst aufgebürdetem Streß.
- Die ständige Konfrontation mit Tabus bei gleichzeitigem Verbot, sie zu thematisieren oder gar zu leben, führt zu inneren Spannungen, Konflikten und Unruhe, da sie „das Ungeheuer in uns" berührt.
- Einsamkeit und Isolation sowie Druck durch äußere Umstände verstärken bereits vorhandenen Streß.
- Streß ist subjektiv. Jeder Mensch, egal welchen Standes, sieht sich mit Angriffen auf seine körperliche, emotionale und mentale Integrität konfrontiert. Ein Leben ohne Probleme ist ein schöner Wunschtraum in den Köpfen der Menschen, eine Utopie.

3 Wie Streß uns krank macht

„Dieser Streß macht mich noch ganz krank“, denken Sie, und meinen damit das, was Ihre arme Magengrube alles schlucken muß an fiesen Chefs, arroganten Kollegen, dummdreisten Kunden, dem nörglerischen Ehepartner, dem mit Scheuklappen durch die Gegend schleichenden Autofahrer vor Ihnen, der schnippischen Schwiegermutter, dem mürrischen Nachbarn, der...

Sie haben im letzten Kapitel gesehen, was unser angekratztes Nervenkostüm unter Streß verbucht. Und wenn Sie sich den Allgemeinplatz „Streß macht krank“ (was so auch nicht immer stimmt!) vor Augen führen und wissen wollen, wieso das so ist und vor allem welche Gegenmaßnahmen Sie dagegen ergreifen können, dann ist eine „Wegbeschreibung“ vom Streß zur Krankheit, wenn man dies so drastisch ausdrücken will, sicherlich von Vorteil.

Rüdiger Dahlke beispielsweise hat in seinem Buch *Krankheit als Sprache der Seele* dargelegt, daß bestimmte Probleme, die man mit sich und der Umwelt wälzt, zu Anfälligkeit und Krankheit führen können. Wer sich einen Schnupfen einhandelt, hat auch im übertragenen Sinne „die Nase voll“. Wobei man ganz nebenbei auch noch lernt, wie weise die Volkssprache sein kann.

Nun ist dieser Ansatz, Krankheiten als Folge von seelischem Mißbefinden zu erklären, an vielen Stellen sehr weitschweifig und auch abstrakt genug, Menschen, die für diese Thematik eigentlich offen sind, zu verunsichern. Zumindest mir ging es vor rund zehn Jahren so, als ich begann, mich mit dieser Materie zu befassen. Diese Ansicht der psychosomatischen Medizin im Sinne von Schuld („mit meiner Seele stimmt was nicht") und Sühne („deswegen bekomme ich die Krankheit X") ist gewiß in vielerlei Hinsicht nicht sehr geschickt und insbesondere für den Betroffenen abschreckend.

Vielleicht ist es daher von Vorteil, die ganze Thematik aus dem Kontext von „Seelenthemen" herauszulösen und einmal nüchtern den Weg „vom Streß zur Krankheit" zu beschreiben. Denn es ist nun mal so, daß eine sensible, dünnhäutige Person eher und schneller zu allen möglichen Krankheiten neigt als eine robuste Person mit einem dicken Fell. Die Ursache hierfür liegt im Solarplexus begründet, der Schaltstelle zwischen Körper und Psyche, dem Zentrum des autonomen Nervensystems (Sympathikus und Vagus).

Das autonome Nervensystem steuert und koordiniert Aktivität und Erholung, Tonus und Hormonhaushalt, glatte und quergestreifte Muskulatur, Hormondrüsen, ja indirekt sogar das Immunsystem, Anfälligkeit für Infektionen und viele andere Dinge. Wie ich bei meiner Arbeit mit *Reckewegs Homotoxikologie* sowie mit dem Ernährungssystem *Metabolic Typing* in letzter Zeit immer häufiger festgestellt habe, arbeitet der Solarplexus mit der Nebennierenrinde Hand in Hand. Ein Ungleichgewicht im autonomen Nervensystem hat unter Umständen massive Störungen im Hormonhaushalt, gerade im Bereich der Nebennierenhormone zur

Folge. Nun bin ich in meiner Praxis als Heilpraktiker täglich mit solchen Störungen konfrontiert, wobei mir vor allem folgendes auffiel:

- Zwei Personen können durch ihr Umfeld bedingt sehr ähnlichen körperlichen, mentalen und emotionalen Belastungen ausgesetzt sein und dennoch eine unterschiedliche Krankheitsanfälligkeit aufweisen.
- Die allgemeine Umwelt- und Schadstoffbelastung trifft jeden von uns, aber dennoch scheint es Menschen zu geben, die das so gut wie nicht belastet. Obwohl viele von just diesem Menschentypus nicht einmal besonders diszipliniert in Bezug auf ihr Eß- und allgemeines Gesundheitsverhalten sind.
- Besonders wichtig für Homöopathen: Zwei Menschen haben fast das gleiche Beschwerdebild, und dennoch bedürfen sie völlig unterschiedlicher Therapieansätze.

Warum ist das wohl so? Die Antwort liegt in vielen Fällen im autonomen Nervensystem begründet. Denn das steuert nicht nur viele Eigenschaften im Körper, sondern gibt auch die grobe Richtung für menschliche Eigenarten vor. So ist der Sympathikustyp typischerweise der nervöse, hoch aufgeschossene, sehnige Typ mit der schlechten Verdauung, hektisch, kopfgesteuert und intellektuell, leicht gereizt und ständig in Unruhe, der Vagustyp der gemütliche, untersetzte Typ, der gerne ißt und trinkt, gesellig ist und emotional warmherzig, nicht besonders ehrgeizig und wenig aufgeschlossen für Sport und Bewegung.

Wichtig ist vor allen Dingen: Das autonome Nervensystem steuert sowohl körperliche als auch psychische Eigenschaften. Umgekehrt läßt sich dieses System nicht nur über die Psyche – durch Streß – beeinflussen, erregen, reizen und erschöpfen, sondern auch über den Körper! Zum Beispiel durch die Wahl der Nahrungsmittel! Über Genußmittel! Über Sport! Über Farben! Und natürlich auch über all die Umwelteinflüsse, denen wir ausgesetzt sind.

Sie greifen vielleicht zur Zigarette oder zur Schokolade, weil Sie nervös sind und Streß abbauen wollen, das ist wirklich nichts sensationell Neues. Sie kennen Sprüche wie „Nudeln machen glücklich!" und Sie wissen – vielleicht aus eigener Erfahrung? –, daß Menschen mit Liebeskummer oft Unmengen an Süßigkeiten in sich hineinstopfen. Und was lernen wir daraus? Anscheinend ist es dem autonomen Nervensystem egal, ob Sie etwas Immaterielles durch etwas Materielles ersetzen wie beispielsweise Entspannung durch Schokolade. Jedenfalls für den *Moment, in dem dies geschieht.*

Ein Beispiel: Wenn Sie ständigem Streß an Ihrem Arbeitsplatz ausgesetzt sind, wird der sympathikotone Zweig des autonomen Nervensystems chronisch gereizt. Diese Reizung können Sie beispielsweise durch Autogenes Training abbauen. Sie können sie aber auch durch Kuchen abbauen. Beides dämpft nämlich den Sympathikus. Es findet ein Ausgleich statt. Genauso könnten beispielsweise Zärtlichkeit und Umsorgung den Streß abbauen. Oder eine schöne erholsame Urlaubsreise mit Aufenthalt in einem Spa. Diese Dinge wirken anscheinend alle gleich oder zumindest ähnlich auf das autonome Nervensystem, sie gleichen nämlich die Auswirkung von Streßbelastungen aus. Sie haben sozusagen die Wahl. Natürlich haben Sie auch die Wahl unter den Nachteilen: Autogenes Training ist zeitaufwendig, und Sie haben keine Zeit. Kuchen schadet der schlanken Linie und ist Ihrer Gesundheit nicht förderlich, der Traumurlaub ist ziemlich teuer, und einen liebevollen, umsorgenden Partner hat nicht jeder (abgesehen vom Phänomen der Reizverflachung durch Routine, das wir zunächst einmal außer acht lassen). Sehen wir jedoch von diesen Problemen einmal ab, ist die freie Wahl, eine Belastung von Körper und Seele über verschiedene Ebenen auszugleichen, sicherlich ein Vorteil.

Wir stellen fest, daß ein Urlaub, Kuchen, Zärtlichkeit und Autogenes Training auf Körper und Seele oder, wie ich es formuliere: auf den Geist-Körper-Wirkkomplex quasi den gleichen Einfluß haben. Das bedeutet, daß sie über einen ähnlichen oder gar gleichen Informationsgehalt verfügen müssen, und da sich dieser Informationsgehalt auf die nervliche und emotionale Befindlichkeit bezieht, habe ich ihn ganz einfach „emotionaler Informationsgehalt" getauft.

Kuchen beispielsweise ist süß. Wenn Kuchen süß ist, Urlaub und Zärtlichkeit den gleichen emotionalen Informationsgehalt besitzen wie Kuchen (da sie im Körper das gleiche bewirken, nämlich Streßausgleich), dann müssen auch Urlaub und Zärtlichkeit „süß" sein oder anders ausgedrückt: den emotionalen Informationsgehalt „süß" besitzen. Nur besetzen sie unterschiedliche Ebenen:

- Kuchen ist „materiell" süß (enthält Zucker)
- Zärtlichkeit ist „emotional" süß (denken Sie an die Redewendungen: „Ist die/der aber süß! Die/den würde ich gerne mal vernaschen!")
- Urlaub ist „mental" süß (im „la dolce vita", also im süßen Leben, entspannt sich der Geist!)

Und was ist mit Autogenem Training? Es fällt leider insofern ein wenig aus diesem speziellen Rahmen, weil … na, haben Sie das Problem erkannt? Richtig: Für Autogenes Training müssen Sie *selbst einen Aufwand* betreiben, es ist „Schulung" und erfordert Disziplin, während Kuchenessen, Urlaub und Zärtlichkeit wirklich mit den süßen Seiten des Lebens, und zwar pur, zu tun haben. Hier können Sie sich im konkreten wie übertragenen Sinne einmal richtig „gehenlassen". Gleichsam ein Geschenk des Lebens. Diese Geschenke neutralisieren andere emotionale Informationsgehalte wie beispielsweise Streß, Streit, Kampf, hartes, körperliches Training (als sportliche Herausforderung), Hektik, aber auch Fleisch, die ich als „sauer" bezeichne, das Gegenteil von „süß". All die aufgeführten „sauren" Aktivitäten putschen zudem das autonome Nervensystem auf. In ihrer Wirkung nennt man diese beiden emotionalen Informationsgehalte auch komplementär zueinander.

Ich habe mir erlaubt, die emotionalen Informationsgehalte an die fünf Hauptgeschmacksrichtungen der traditionellen chinesischen Medizin (TCM) anzulehnen, ohne Korrektheit im dem Sinne, wie TCM betrieben wird, für mich zu proklamieren. Die emotionalen Informationsgehalte decken sich außerdem größtenteils mit gewissen Urprinzipien der Astrologie. Beide Systeme, Astrologie wie TCM, sind ganzheitlich und können daher auf Körper, Geist und Seele gleichermaßen bezogen werden. Betrachten Sie die emotionalen Informationsgehalte als Analogien, als Eselsbrücke, um die Zusammenhänge besser zu verstehen.

Autogenes Training beispielsweise ordne ich von seinem emotionalen Informationsgehalt her dem Geschmack „salzig" zu. Ich beziehe diesen Informationsgehalt auf die praktischen Dinge des

Lebens, auf alles, was mit Arbeit, Geschäft, Wert, Aufwand und Ergebnis, aber auch mit Erhaltung, Lernen und Bildung zu tun hat. Beispielsweise betreibt man Autogenes Training (Aufwand), um als Ergebnis ein ruhigeres Nervenkostüm zu erhalten. Konservierte Nahrungsmittel gehören zu dieser Analogiekette ebenso wie Geschäftsgespräch, Routine und Sparsamkeit. Das Salz in der Suppe erhält den Informationsgehalt „salzig" ebenso wie „trockene Materie", wobei diese Materie auch in Lehrinhalten bestehen kann (Salz trocknet aus und konserviert!).

Es gesellen sich noch „bitter" und „scharf" hinzu, wobei „bitter" auf der einen Seite für bittere Pflanzen, andererseits auch für die bittere Niederlage oder ein bitteres Leiden steht; auch Be**leid**igung ist ein integrativer Bestandteil dieser Analogiekette. „Scharf" hingegen verleiht dem Leben die rechte Würze, und das kann auf ein Chili-Gericht ebenso zutreffen wie auf eine heiße, leidenschaftliche Liebesaffäre (mit Schwerpunkt auf Sex und weniger auf Zärtlichkeit, die eher zu einer liebevollen Partnerschaft und damit dem emotionalen Informationsgehalt „süß" zu rechnen ist) oder den Abenteuerurlaub.

Sie können davon ausgehen, daß alle Dinge, die *einer* Analogiekette angehören, auch ähnliche Wirkungen auf den Geist-Körper-Wirkkomplex ausüben. Sie reizen oder dämpfen, machen träge oder erregen, lassen uns entspannen oder verkrampfen. Wir benutzen sie beständig, um – bewußt oder unbewußt – ein Ausgeglichensein in unserem Geist-Körper-Wirkkomplex zu erzielen.

Es ist ein Denkmodell, das aber erstaunlich gut funktioniert. Beispielsweise ist es auf körperlicher Ebene so, daß eine erschöpfte Nebennierenrinde Lust auf salzige Speisen anregt, ja diese geradezu fordert. Übrigens spielt die Erschöpfung der Nebennierenrinde immer mit eine Rolle beim sogenannten Burnout-Syndrom, das die Folge von chronischem, lang anhaltendem Streß ist. Und so wie der Körper in diesem Falle nach Salz verlangt, verlangt der Geist nach einer Phase langer Anstrengung, etwa aufwendigen Projekten im Beruf, nach materiellem Gegenwert, sprich: klingender Münze. Sehen Sie die Analogie?

Was hat dies alles aber mit der Wissenschaft vom dicken Fell zu tun? Die Wirkungsrichtung verschiedener emotionaler Informationsgehalte ist eine Sache. Ihre Wirkungs**intensität** allerdings wieder eine andere. Und die hängt von uns ab, unserer körperlichen wie psychischen Konstitution, sprich: der Dicke unseres Fells. Konkret: Streß wirkt intensiver auf den zart besaiteten Zeitgenossen, der deswegen *mehr Kuchen* (Urlaub, Streicheleinheiten etc.) benötigt, um seinen Streß zu kompensieren, als derjenige mit dem dickeren Fell. Das bedeutet allerdings wiederum, daß eine objektiv gleich starke Streßbelastung subjektiv unterschiedlich intensiv erfahren wird. Es gibt kein objektives Raster, um ein Ereignis in seiner Schwere und Tragweite für den einzelnen zu bewerten.

So kann der monatelange Kampf gegen eine Insolvenz von einer Person mit entsprechend dickem Fell als weniger belastend empfunden werden als ein kleiner, harmloser Auffahrunfall nur mit Blechschäden von einem sehr sensiblen Menschen. Die subjektive Intensität eines Ereignisses, das in unser Leben tritt, wird von der „Filterfunktion" des autonomen Nervensystems bestimmt. Diese Filterfunktion bestimmt, wie stark wir Ereignisse an uns heranlassen. Sie bestimmt auch, ob wir durch Streß schnell zu Krankheit neigen, oder ob unsere Gesundheit davon nur wenig bis gar nicht beeinträchtigt wird. Ja, eigentlich bestimmt sie zu einem großen Teil, ob wir überhaupt robust oder doch eher anfällig für alle möglichen Krankheiten und Zipperlein sind.

Unser Gehirn, unser Verstand kann nicht alle emotionalen Informationsgehalte in jeder beliebigen Menge verarbeiten. Es hängt von der Stärke des jeweiligen Filters ab, wie groß der Anteil eines emotionalen Informationsgehaltes ist, der bewußt, sprich: gedanklich verarbeitet werden kann, und wie groß der übriggebliebene Anteil, der dem Bauchhirn über das autonome Nervensystem zur Verarbeitung überantwortet wird. Und da hat unser Sensibelchen alle Nachteile auf seiner Seite. Denn: Seine Filter sind schwach und lassen mehr Informationen ins Bauchhirn. Das Eindringen dieser Informationen entzieht sich der direkten Kontrolle durch unseren Verstand. Das wird besonders deutlich bei Phobien, wenn Sie beispielsweise Magenkrämpfe allein bei der Vorstellung bekommen, einen Fahrstuhl zu betreten, ganz davon zu schweigen, über den Atlantik zu fliegen!

Ein anderes Beispiel: Jemand beleidigt Sie. Wenn Sie ein dickes Fell haben, also der Filter für diesen emotionalen Informationsgehalt – in diesem Fall „bitter" – stark ist, wird die Information vollständig in Ihr Kopfhirn gelangen und von Ihrem klaren Verstand überprüft werden. Dieser kann die Situation analysieren und kommt entweder zu dem Schluß, die Bemerkung Ihres Gegenübers sei völlig lächerlich und bedürfe keiner weiteren Beachtung, oder aber zu dem Schluß, sie sei zwar ernstzunehmen, aber als falsch einzustufen. Dann können Sie mit dem klaren Verstand – ohne daß sich Ihr Streßpegel auch nur ein Jota über Normalnull erhoben hätte – mit Gegenargumenten „zurückschlagen".

Haben Sie aber **kein** dickes Fell, so ist der Filter schwach und wird daher einen gewissen Anteil des emotionalen Informationsgehaltes in Ihr Bauchhirn durchlassen und damit das autonome Nervensystem temporär aus dem Gleichgewicht bringen. Sie stehen unter Streß. Der Adrenalinpegel steigt, Aggression und Wut regen sich (keine Sache des Verstandes!). Sie werden Ihr Gegenüber beschimpfen. Dieses freut sich, daß es Sie mit seinen Bemerkungen zur Weißglut gereizt hat, und wird – wenn Sie Pech haben – munter damit fortfahren, Sie zu reizen. Doch das steht auf einem anderen Blatt.

Nun zum Thema Streß und Krankheit: Wenn ich behaupte, daß Belastungen, egal welcher Art, das Sensibelchen schneller mit körperlichen Symptomen reagieren lassen als die berühmte „deutsche Eiche", liegt das an der Menge der ins Bauchhirn übertretenden Streßinformation. Denn die bringt das autonome Nervensystem aus seinem natürlichen Gleichgewicht, vor allem dann, wenn die Information nicht angemessen verarbeitet wird. Wer beispielsweise Wut im Bauch hat, kann diese loswerden, indem er sie herausschreit, -schlägt, -schimpft oder tobt. Betrachten Sie den Geist-Körper-Wirkkomplex als ein im physikalischen Sinne geschlossenes System. Wenn Sie die potentielle Energie „Wut im Bauch" nicht in kinetische Energie „Schlagen" umwandeln, verbleibt sie als potentielle Energie im Körper und bringt Ihre Stoffwechselprozesse durcheinander. Ihr Körper erschöpft und wird krank.

Anliegen des Kaktus-Prinzips ist es, die schwachen Filter angemessen zu stärken, damit Ihr Bauchhirn von all den negativen Emotionen, die durch Streß hervorgerufen werden, nicht über Gebühr belastet wird. Es will sie nicht *unangemessen* stärken, denn ein zu starker Filter für emotionale Informationsgehalte steht für Abstumpfung, die in vielen Lebensbereichen auch nicht von Vorteil ist (mehr dazu im nächsten Kapitel). Es ist vielmehr die goldene Mitte, die angestrebt werden sollte.

Natürlich ist dieser Filter üblicherweise nicht für alle emotionalen Informationsgehalte gleich stark. Im obigen Fall, der Beleidigung, hätten wir es mit „bitter“ zu tun, und da ist der Filter bei den meisten Zeitgenossen ziemlich schnell überfordert. Das gleiche gilt für den emotionalen Informationsgehalt „sauer“, der vielen Menschen im wahrsten Sinne des Wortes ebenso sauer aufstößt. Mit „süß“ hingegen verhält es sich gänzlich anders. Eigentlich sollte es ja so sein, daß wir alles, was diesem emotionalen Informationsgehalt zuzuordnen ist, dankbar mit dem Verstand aufnehmen. Wir lieben süß. Das süße Leben, den süßen Nachtisch, den süßen Nachbarn/die süße Nachbarin, das süße Nichtstun… Doch sogar hier tun sich Defizite auf. Denn all diese Dinge sind in Ordnung, solange man sie *bewußt* wahrnimmt. Doch leider ist es mit der Bewußtheit in diesem Bereich nicht allzu weit her. So schlingen wir achtlos den Kuchen hinunter, anstatt ihn zu genießen, lassen den Urlaub vorbeiziehen, gehen Zärtlichkeit und Zuwendung mit Routine an und sind nicht einmal in der Lage, bewußt faul zu sein. – Was ist hier los? Was läuft falsch?

Es ist ganz einfach: Wir sind in diesem Bereich abgestumpft. Wir gönnen uns zuviel des „Guten“, wir sind übersättigt mit „la dolce vita“. Die Information dringt nicht einmal bis zum Kopfhirn vor!

Vielleicht ist das ein noch größeres Problem als der zu schwache Filter bei den uns unangenehmen Dingen. Aber ich denke, daß beides miteinander zusammenhängt, da die angenehmen und unangenehmen Seiten des Lebens ja einander komplementär gegenüberstehen. Komplementär heißt bekanntermaßen nicht nur gegensätzlich, sondern auch ergänzend, und so stehen echte Defizite in einem Bereich einer Übersättigung und Abstumpfung in einem anderen Bereich gegenüber. Denn wie gesagt: Wir lieben das süße Leben, aber auf der anderen Seite hassen wir den sauren Schweiß, der uns die Stirn hinabrinnt, und die bittere Wahrheit und die bittere Niederlage mögen wir auch nicht.

Wer daran geht, die Filter für die verschiedenen emotionalen Informationsgehalte bewußt auszugleichen, hat zwar zunächst einmal eine ungeliebte Arbeit vor sich, ansonsten aber langfristig alle Vorteile auf seiner Seite. Und genau darum geht es im Kaktus-Prinzip: Sie tun Dinge, die Ihre Filter für die unangenehmen Dinge des Lebens stärken, so daß Sie mehr davon mit dem Verstand verarbeiten können und Ihr Bauchhirn schonen. Dies macht Sie robuster und ist zudem ein guter Schutz vor allen möglichen vegetativ bedingten Krankheiten. Es bringt Ihren Stoffwechsel, Ihr autonomes Nervensystem, Ihr Hormon- und das Immunsystem ins Gleichgewicht. Es macht Sie gelassen, souverän und verleiht Ihrer Selbstsicherheit Flügel. So werden Sie angemessener und ruhiger auf Belastungen und Anforderungen des Alltags reagieren.

Das Modell des Geist-Körper-Wirkkomplexes beantwortet auf eine klare, unmystifizierende Weise die Frage, wie Streß als immaterielle Energieform körperliche Erscheinungen – von Schweißausbruch über Muskelverspannungen bis hin zu chronischen Krankheiten – nach sich ziehen kann. Es schlägt damit eine Brücke zwischen dem naturheilkundlichen und dem psychosomatischen Krankheitsmodell, ohne Vollständigkeit für sich zu proklamieren. Natürlich ist es sehr vereinfacht, und die Wirklichkeit ist, wie alles, wesentlich komplexer. Es ist ein zusammengefaßtes

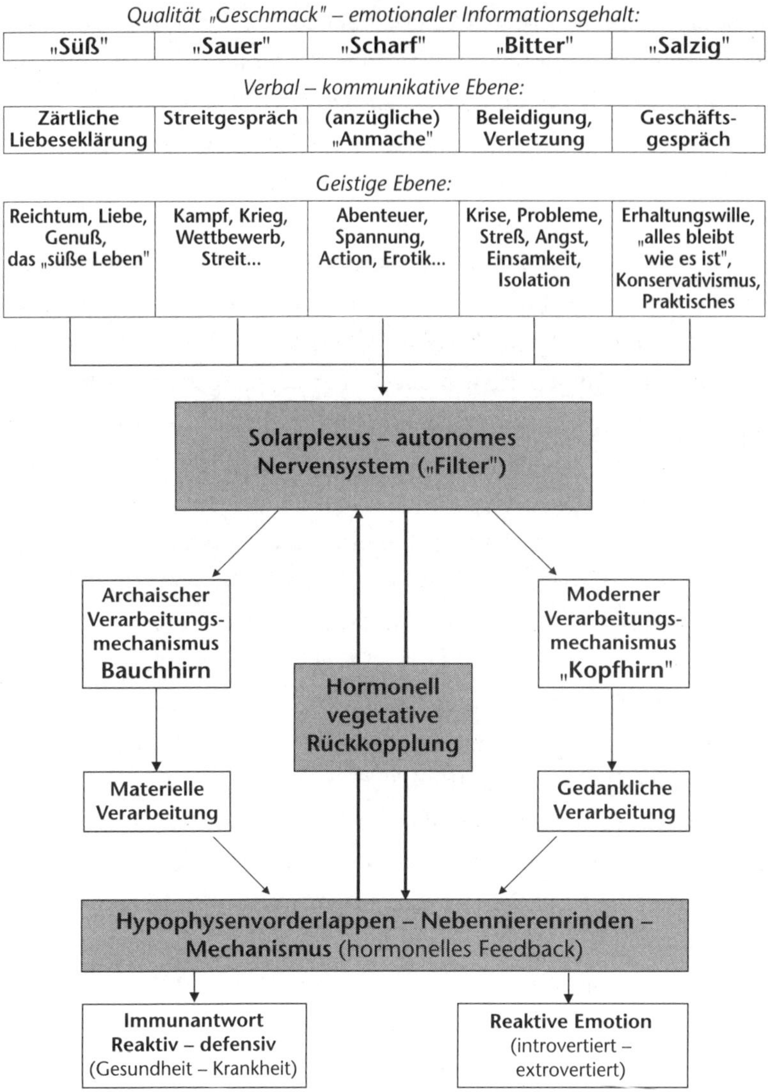

Abbildung 1 : Der Geist-Körper-Wirkkomplex nach Ulmicher

Modell, in das Erkenntnisse etwa der Kinesiologie, der Homöopathie, der Naturheilkunde und der Physiologie einfließen, ein simples Modell, das in erster Linie auf das Verständnis abzielt und weniger auf Vollständigkeit in einem exakt wissenschaftlichen Sinne, welche auch den Rahmen dieses Buches sprengen würde.

Wichtig im Sinne der Wissenschaft vom dicken Fell ist dabei Folgendes: Nehme ich „la dolce vita“, das süße Leben, oder vielmehr seine Geschenke bewußt in mich auf? Oder registriere ich diese Dinge gar nicht mehr, bin ich zu abgestumpft bzw. ist der Filter für „süß“ zu stark, so daß ich die schönen Dinge des Lebens nicht einmal mehr bewußt registriere? Und wie ist es mit den unangenehmen Dingen des Lebens? Ist der Filter stark genug, so daß ich die Möglichkeit habe, die Informationen dieser Dinge bewußt zu verarbeiten, um nicht an ihnen krank zu werden?

Sie sehen jetzt, wie Streß Sie krank machen kann. Mit Betonung auf **kann**, denn es ist keineswegs ein Muß, daß Streß Sie krank macht. In bestimmten Dosen ist er sogar notwendig, regt Sie an und verhindert, daß Sie lethargisch und träge werden. Das nämlich ist das andere Extrem.

Keines der beiden Extreme – sich zu sehr stressen zu lassen oder aber auf der anderen Seite Streß überhaupt nicht an sich heranzulassen – ist gut. Die goldene Mitte ist richtig. In diesem Bereich werden Sie optimal gefördert und gefordert, und hier bringen Sie auch optimale Ergebnisse zustande. Im nächsten Kapitel werde ich anhand eines konkreten Beispiels nachweisen, wieso das so ist.

Dieses Kapitel auf den Punkt gebracht:

- Emotionale und mentale Belastungen können langfristig Krankheiten auslösen. Diesen Umstand haben viele Autoren von Lebenshilfebüchern erkannt. Allerdings bringen ihre Ansätze einen aufgrund der mystischen (oder „karmischen") Komponente von „Schuld und Sühne" oft im konkreten Fall nicht weiter. Für die Interpretation und Lösung eigener Probleme ist ein pragmatischerer Weg in vielen Fällen hilfreicher.
- Pragmatischer ist es aus meiner Sicht, die Reaktionen von Körper und Seele auf alltägliche Belastungen als ganzheitliches Wechselspiel des „Geist-Körper-Wirkkomplexes" zu begreifen, zu erkennen, wie Informationen von außen auf uns einwirken und über die Schnittstelle des Solarplexus verarbeitet werden.
- Ein „Filter" entscheidet darüber, ob eine Information von außen über den rationalen Verstand verarbeitet werden kann, oder ob sie teilweise oder vollständig ins unterbewußte „Bauchhirn" eindringt.
- Über die Stärke dieser Filter entscheiden Sensibilität, Robustheit und Abgestumpftheit. Übertriebene Sensibilität schwächt den Filter, wodurch mehr Informationen ins Bauchhirn gelangen und dort das archaische Streßprogramm (Kampf- oder Fluchtmechanismus) auf den Plan rufen.
- Findet keine angemessene Verarbeitung statt, verbleibt die Energie der Information im Geist-Körper-Wirkkomplex und beeinflußt das autonome Nervensystem, das hormo-

nelle System und den Stoffwechsel, mit entsprechenden Konsequenzen für die körperliche Gesundheit.

➡ Kurzfristig können daraus Infektanfälligkeit, Muskelverspannungen und funktionelle Beschwerden aller Art resultieren, langfristig sogar chronische Krankheiten.

➡ Die Stärke eines Filters entscheidet auch über den Grad der Bewußtheit, mit der ein emotionaler Informationsgehalt aufgenommen wird. Durch Übersättigung im Bereich der angenehmen emotionalen Informationsgehalte sind viele Menschen einseitig abgestumpft, obwohl sie in anderen Bereichen übertrieben sensibel sein können.

➡ Streß macht nicht notwendigerweise krank. Entscheidend ist neben der Stärke des Streßreizes auch diejenige des entsprechenden Filters. Er bestimmt, inwieweit eine Information bewußt über das Kopfhirn verarbeitet werden kann.

4 Übersensibel oder gleichgültig

Warum Sie mit beiden Extremen deutlich hinter Ihren Möglichkeiten zurückbleiben

Streß ist nichts an sich Objektivierbares. Daher kann es auch kein Buch zur „Streßbewältigung" geben. So etwas wie Streßbewältigung gibt es gar nicht, es ist ein irreführender Begriff, denn er setzt ja voraus, daß Streß etwas grundsätzlich Negatives ist, das es zu vermeiden gilt. Das Gegenteil ist der Fall. Streß ist lebensnotwendig und gut. Streß stärkt die Persönlichkeit und feilt den Charakter. Schon die antiken Griechen wußten: „Der nicht geschundene Mensch ist nicht erzogen!" Streß ist ein Faktor bei der persönlichen Evolution, der körperlichen wie der geistigen. Evolution ist Anpassung, und ohne Anpassung ist kein Lebewesen überlebensfähig.

Wenn Sie mal wieder unter Streß „leiden", führen Sie sich vor Augen, daß Streß relativ ist und in erster Linie etwas mit *Ihnen* zu tun hat. Dazu ein Beispiel aus meinem Leben:

Ich wollte Naturwissenschaften und Physik studieren – trotz mäßiger Schulnoten in diesem Bereich. Also absolvierte ich einen sogenannten „Studieneingangstest", der sich insofern von den

Klausuren im Gymnasium unterschied, als keinerlei Erwartungen und Druck darauf lasteten. Ich kannte weder den Prüfungsstoff noch dessen Schweregrad, ging aber absolut entspannt und frei von Erwartungen in den Test – und erzielte prompt das beste Ergebnis aus insgesamt 6 Jahrgängen, die diesen Test absolvierten! Ohne Streß und Druck. Zumindest ohne solchen, unter den sensible Persönlichkeiten sich mitunter selbst zu setzen pflegen.

Eine typische Lebenssituation eines Auszubildenden mit einer objektivierbaren Herausforderung ist eine Prüfung. Eine Prüfungssituation fordert und stellt damit einen Streßfaktor dar. Es gibt drei Komponenten, die die Intensität des Stresses bestimmen. Zwei davon sind objektiv: die Größe der Herausforderung und die dazu zur Verfügung stehende Zeit. Diese beiden Größen betreffen das Ereignis an sich. Die dritte Größe bezieht sich auf den, der dieser Herausforderung ins Auge sieht: *Inwieweit setzt sich der Betroffene selbst unter Druck*?

Für mich, der ich ja auch zur eher sensiblen Sorte zähle, war die Schule belastender Alltag, den ich manchmal *zu* ernst nahm. Der Studieneingangstest war eine interessante, lustige Abwechslung. Und damit für mich keine Situation, in der ich mich selbst unter Druck gesetzt hätte.

Der Druck, unter den man sich selbst setzt, kann den Aufwand, den man betreibt, torpedieren. Und das ist eine Frage der *Intensität* des Stresses. Hierzu müssen Sie sich zunächst einmal von dem Gedanken lösen, daß „negativer" oder Di-Streß zwangsläufig das *Gegenteil* von „positivem" oder Eu-Streß ist. Steigert man den „guten Streß" bis zu einem gewissen Grad, wird er als anregend empfunden, überschreitet man eine gewisse Grenze, wirkt er lähmend. Genauso wie wir „Kälte" als das Gegenteil von „Wärme" betrachten, und beide doch nur unterschiedliche Ausprägungen einer physikalischen Größe, nämlich der Temperatur, sind. Genauso wie zwei bis drei Äpfel am Tag gesund, der Verzehr von 40 Äpfeln jedoch krank macht.

Kehren wir an diesem Punkt einmal zum objektiven Streß zurück: die Größe einer Herausforderung und die dafür zur Verfügung stehende Zeit. Es ist ein Unterschied, ob die Abschlußprüfung der Berufsausbildung noch 6 Monate oder eine Woche in der Zukunft liegt. Ein halbes Jahr vor einer wichtigen Prüfung wird der Auszubildende kaum Streß erkennen, jedenfalls wird ihn die Situation nicht zum Lernen anregen. Doch sobald der Prüfungstermin näherrückt, kommt unser Prüfling in spe irgendwann an einen Punkt, an dem die Bewältigung des Stoffs zunehmend zur Herausforderung wird. Erst diese Herausforderung **motiviert** den Azubi, sich mit dem Prüfungsstoff auseinanderzusetzen. Es ist also bereits Motivation da, aber noch keine Angst. Diesen Zustand nennt man Eu-Streß. Eu-Streß ist also die Motivation, die aus der Erwartung erwächst, bei der Prüfung ein optimales Ergebnis zu erzielen.

Verpaßt unser Auszubildender diesen optimalen Startzeitpunkt, wächst der Druck, und irgendwann kommt der Moment, ab dem selbst unter größten Anstrengungen die Fülle des Lernstoffes nicht mehr komplett zu bewältigen ist. Zu der Erwartung, es sei nicht mehr möglich, das bestmögliche Ergebnis zu erzielen, kommt die Angst zu versagen. Aus dieser Motivation heraus geschieht Lernen, jetzt allerdings unter dem Vorzeichen „negativen Stresses" in Form von Sorgen, Druck und Nervosität. Sie sehen: die gleiche Herausforderung, nur weniger Zeit. Und prompt wird aus Eu-Streß Di-Streß. Fünfundzwanzig Grad werden als angenehme Wärme empfunden. Vierzig Grad als Belastung. Streß kann also durchaus motivierend sein, andererseits aber auch (wenn es zuviel wird) lähmend.

Doch gibt es Typen, die Ihre Leistungsfähigkeit erst unter extremem Druck wirklich entfalten können, die beispielsweise drei Tage (um an dieser Stelle bewußt zu übertreiben) vor der Diplomprüfung zu den Büchern greifen. Zu jedem Zeitpunkt davor macht sich raumgreifende Lethargie breit, und in Zeiten, in denen normale Menschen vor den Anforderungen kapitulieren würden, blühen diese Typen erst richtig auf.

Man könnte meinen, es wäre ein Vorteil, von dieser Wesensart „deutsche Eiche" zu sein. Nicht unbedingt. Denn wer erst wenige Tage vor einer wichtigen Prüfung die Motivation entwickelt, sich mit dem Lehrstoff zu befassen, wird mit der objektiven Realität der Menge des zu bewältigenden Stoffes konfrontiert. Und die ist, auch wenn sich der Proband in seiner persönlichen Eu-Streß-Phase befindet, in drei Tagen schlicht und ergreifend nicht zu bewältigen.

Jetzt zu dem Menschentypus, der zu diesem Buch greift: dem Übersensiblen. Er kann noch so begabt sein, Versagensangst ist bei ihm Programm. Der Sensible produziert sich seinen Di-Streß kontinuierlich selbst! Egal wieviel er tut, wie intensiv er sich auch vorbereitet: Immer wird ihn das Gefühl beschleichen, doch nicht genug getan zu haben. Gewissensbisse machen sich breit. „Reicht es? Oder war es immer noch zu wenig?" Ich weiß dies deswegen so genau, weil es mir früher ähnlich gegangen ist. Noch zu Zeiten der Heilpraktikerprüfung vor mittlerweile rund 10 Jahren habe ich mich „aufgerieben". Ohne Grund, wie sich hinterher herausstellte, aber dennoch: Ich habe bei dieser Prüfung, wie bei vielen anderen Prüfungen in meinem Leben auch, mehr „Nerven gelassen“ als nötig.

Wer sich nun bereits in der Eu-Streß-Phase Kopfzerbrechen bereitet und nervös und ängstlich ist, zieht die Di-Streß-Phase gewissermaßen vor, denn seine Motivation, das Beste aus sich herauszuholen, ist durch Versagensangst überschattet. Versagensangst ist natürlich in gewisser Weise auch eine Form von Motivation, aber keine, mit deren Hilfe sich das optimale aus einer Prüfungssituation herausholen ließe.

Und das ist in anderen Lebenssituationen nicht anders. Ob es nun um den Aufbau eines Geschäfts geht, um einen Flirt in der Bar oder um die erotische Begegnung eines Mannes, dessen Potenz zu wünschen läßt: Immer wirkt Versagensangst sich lähmend aus. Sie führt zwar nicht zwangsläufig zu tatsächlichem Versagen, doch sie schmälert selbst unter günstigsten Umständen die theoretisch mögliche, optimale Leistungsfähigkeit.

Die goldene Mitte ist es, die letztlich in jedem Lebensbereich optimale Resultate – natürlich abhängig von Ihren objektiven Fähigkeiten – garantiert. Sie brauchen als sensibler Mensch nicht neidisch zu sein auf die erwähnte „deutsche Eiche“, und erst recht sollten Sie diesen Daseinszustand nicht als Ideal anstreben. Es ist auch utopisch, mittels Übung von einem Extrem ins gegenteilige zu gelangen. Den Mittelweg sollten Sie anstreben, und den *können* Sie auch anstreben – denn der ist für Sie in Reichweite. Ob es nun ums Flirten, eine Rede, eine Prüfung oder sonst eine Arbeit geht: Sie erreichen und erhalten sich „Eu-Streß“ und nutzen seine Vorteile am besten, wenn Sie Ihrem Wesen nach weder zu ängstlich, noch zu abgestumpft sind.

Dieses Kapitel auf den Punkt gebracht:

- ➡ Streß an sich ist nichts Objektivierbares. Seine Wirkung hängt vom Geisteszustand der Persönlichkeit ab, die er betrifft.
- ➡ Streß ist an sich nichts Negatives. Eher ist er ein Motor der menschlichen Entwicklung wie überhaupt der Evolution jedes Lebewesens.
- ➡ Eine Arbeits- oder Prüfungssituation ohne äußeren Druck kann eine sehr sensible Persönlichkeit beflügeln und ungeahnte Fähigkeiten und Kräfte freisetzen.
- ➡ Rückt eine Prüfung oder eine andere Herausforderung zeitlich näher, erlebt man durch den wachsenden Druck, sich vorzubereiten, drei Phasen: die der Lethargie, die Eu-Streß-Phase und die Di-Streß-Phase.
- ➡ Eu-Streß erwächst aus dem inneren Ansporn, ein optimales Ergebnis zu erzielen.
- ➡ Di-Streß erwächst aus der Angst zu versagen/zu scheitern.
- ➡ Eu-Streß und Di-Streß sind nicht notwendigerweise gegenteilig, sondern es kann durchaus sein, daß Di-Streß eine Steigerung des Eu-Stresses darstellt, genauso wie 25 Grad als angenehm warm empfunden werden, 40 Grad jedoch als unangenehm heiß
- ➡ Sensible Menschen, die sich schnell verrückt machen, profitieren kaum von der Eu-Streß-Zone, da die Angst vor Versagen größer ist als die Erwartung von Erfolg.
- ➡ Abgestumpfte Menschen entwickeln zu wenig und zu spät Motivation, um das optimal mögliche Ergebnis zu erzielen.

➡ Eine angemessene emotionale und mentale Distanz zu Herausforderungen und Prüfungen ermöglicht, aus sich das Beste herauszuholen. Die goldene Mitte ist richtig: sich nicht verrückt machen (lassen), aber auch nicht unbeteiligt und innerlich gleichgültig sein.

5 Was passiert eigentlich beim Burnout-Syndrom?

Das Burnout-Syndrom ist in aller Munde. Es scheint sich dabei um eine richtiggehende Modekrankheit zu handeln, ausgelöst durch unsere hektische, schnellebige, dabei aber muße- und bewegungsarme Zeit. Viele Ärzte und Therapeuten behaupten, es handle sich hierbei um nichts weiter als eine geistige Erschöpfung. Doch eine Erkrankung wird niemals rein geistig ausgelöst, ebenso wenig rein körperlich. Geist und Körper wirken immer zusammen, interagieren und drücken sich übereinander aus – auch beim Burnout-Syndrom. Das zu wissen ist für die Wissenschaft vom dicken Fell von höchster Bedeutung. Und wie immer, wenn Geist und Körper miteinander interagieren, liegt die Schaltstelle auch hier beim autonomen Nervensystem und dessen Schalten und Walten.

Wie wir bereits wissen, aktivieren die Herausforderungen des modernen Alltags die gleichen archaischen Programme in unserem Organismus wie in prähistorischer Zeit die Begegnung mit einem Höhlenbär. Dieser tritt uns heute z. B. in Form einer plötzlichen Gefahr beim Autofahren entgegen, in Form von Überforderung im Beruf oder als Existenzangst. Sofort setzt das bewährte Notfallprogramm der Sympathikusaktivierung ein, nur daß die freiwerdende Extra-Energie (zum Weglaufen gedacht) nicht abgebaut wird. Das Programm wird auch in weniger dramatischen Momenten ausgelöst, etwa bei einer Rüge vom Chef.

Grundsätzlich dienen die dabei aktivierten Stoffwechselprozesse dazu, Kampf oder Flucht zu ermöglichen. Wenn wir unserem Chef, unseren Existenznöten und den Gefahren des Autoverkehrs nicht entfliehen können, „kämpfen" wir auf unsere Weise mit ihnen, versuchen uns irgendwie statt mit Fäusten mit Hilfe unseres Verstandes „durchzuboxen". Allerdings ist der rationale Verstand im Notfallprogramm zur Sympathikusaktivierung nicht vorgesehen. Zeit zum Nachdenken genehmigt der Organismus erst dann, wenn der Körper in die Ruhephase eintreten kann und der Parasympathikus seine wohltuende Wirkung entfaltet.

Der Sympathikus läßt uns instinktiv und spontan handeln – doch der Instinkt ist heutzutage bei den meisten Menschen ziemlich verkümmert. Und so mag rationales Nachdenken die Aktivität des autonom agierenden Sympathikusnervs zwar gewissermaßen bremsen, nicht aber die bereits ausgeschütteten Streßhormone. Während der „Besitzer" seines aufgeputschten Organismus nämlich noch versucht, durch Bemühen seines Verstandes zu Ruhe und Räson zu kommen, drehen die Hormone quasi noch eine Extrarunde im Blutkreislauf – hormonell-vegetativer Rückkopplungseffekt inklusive. Die Folge ist eine Vorstufe des Burnout-Syndroms, die Sympathikusreizung.

Wer kennt ihn nicht, den Managertypen, der ständig wie unter Strom zu stehen scheint? Während er mit ans Ohr geklemmtem Hörer einer Telefonkonferenz beiwohnt, verfolgen seine Augen am Bildschirm gespannt die neuesten Agenturmeldungen von der Börse, und seine Hand hangelt in der dritten Schublade rechts gleichzeitig noch nach der Akte von Kunde Meier. So jemand hat das

Gefühl, als könne er ohne diesen Druck gar nicht mehr leben, und tatsächlich würde er ohne nach neuen Herausforderungen suchen.

Nun mögen Sie vielleicht denken: Ist doch gut, wenn der Organismus immer mehr an solche Belastungen oder Herausforderungen gewöhnt wird, das stärkt und härtet doch den Sympathikus ab, und man ist weniger anfällig für die Nebenwirkungen von Streß!

Schön wär's, kann ich dazu nur sagen. Schließlich ist unser autonomes Nervensystem in seiner ursprünglichen Form bereits etliche Hunderttausend Jahre alt, die Belastungen der heutigen Zeit aber erst wenige Jahrzehnte. Wie können wir da so etwas wie Anpassung erwarten? Finden wir uns damit ab: Die durch Sympathikusaktivierung bereitgestellten Kräfte werden nur dann wirkungsvoll abgebaut, wenn sie in harte, körperliche Aktivität umgesetzt werden. Punkt. Alles andere ist Kokolores.

Müssen Manager deswegen härter trainieren? Vielleicht. Doch Sie sollten wissen, daß auch Training kontraproduktiv sein kann, wenn man es nicht richtig macht. Mal ganz abgesehen davon, daß die körperliche Belastung eigentlich direkt im Anschluß an die Sympathikusaktivierung stattfinden sollte. Und wem ist das schon möglich und vor allem wann, dies so zu halten?

Natürlich läßt sich der Körper dieses Treiben nur eine gewisse Zeitlang gefallen. Denn was ständig gereizt wird, wird langfristig nicht gestärkt, sondern *geschwächt*. Man könnte auch sagen, das Vegetativum wird „verschlissen". Das Schalten und Walten von Sympathikus, dem „Kampf- und Fluchtnerv", und dem Vagus, dem Erholungsnerv (der unter anderem die glatte Muskulatur, den Verdauungstrakt und das Immunsystem steuert), ist dann gesund, wenn sich beide in ihrer Tätigkeit *abwechseln und aus-*

gleichen. Wird der Sympathikusnerv jedoch ständig gereizt, ohne daß die durch ihn bereitgestellten Kräfte abgebaut werden, kippt das Gleichgewicht im Vegetativum irgendwann zu Gunsten des Vagus. Wird dieser *zu stark*, treten alle Anzeichen einer vegetativen Erschöpfung auf den Plan, was der Betroffene erst in Zeiten merkt, in denen er zur Ruhe kommt.

Wenn also der total überarbeitete Managertyp in Urlaub fährt, wird er prompt krank. Er fühlt sich merkwürdigerweise gerade am Wochenende besonders schlecht, ohne wirklich den Grund dafür zu kennen. Eigentlich sollte es ja umgekehrt sein, das wäre zumindest logisch. Man könnte sagen, man fühlt sich erst dann *wirklich* überarbeitet, wenn einem bewußt wird, daß man überarbeitet *ist* – und das ist bei der Arbeit selten der Fall! Zeichen einer vegetativen Erschöpfung gehen mit erhöhter Infektanfälligkeit, Müdigkeit, Kopfschmerzen, Migräne, Hautirritationen, Reizdarm, Herzrhythmusstörungen und ähnlichen „funktionellen" Beschwerden einher. Selbst wenn jemand in dieser Phase während der Arbeitszeit noch einen fitten, ja aufgedrehten Eindruck macht, ist er unterschwellig doch bereits erschöpft.

Das voll manifestierte Burnout-Syndrom beginnt in dem Moment, wenn der Sympathikus aufgrund ständiger Reizung unter dem täglichen Streß und Druck keine ausreichenden Kräfte mehr mobilisieren kann, um die Gegenbewegung des Vagus auszugleichen. Man ist quasi permanent erschöpft, fühlt sich unwohl, krank und hat das Gefühl, bald zusammenzubrechen – egal ob während der Arbeit oder in Ruhephasen. Jetzt ist der Parasympathikus (= Vagus) stets deutlich stärker als der Sympathikus – auch dann, wenn letzterer stark gereizt wird. Man ist im wahrsten Sinne des Wortes „am Ende".

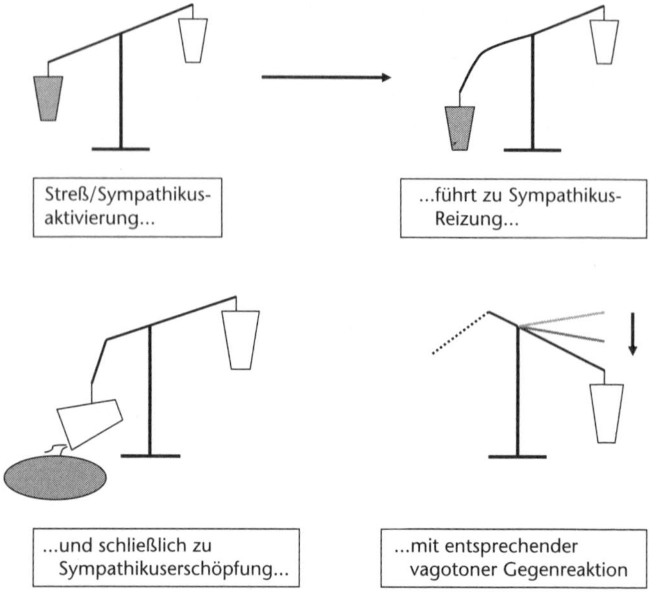

Abbildung 2. Die Entstehung des Burnout-Syndroms hat in erster Linie mit dem Vegetativum zu tun. Bei Sympathikuserschöpfung kommt es zu einer absoluten Vagusdominanz, die zahlreiche funktionelle Beschwerden nach sich ziehen kann, von Reizdarm bis Herzrhythmusstörungen.

Es ist wichtig zu verstehen, daß eine Sympathikusreizung und später -erschöpfung nicht unbedingt von einer enormen Arbeitsbelastung ausgehen muß, bei der der Betroffene vor lauter Arbeit, Streß und Druck nicht ein noch aus weiß. Die beständige Sympathikusreizung kann auch von einem subtilen Reiz ausgehen – z. B. von chronischer Existenzangst, Finanznot oder einer chronischen Beziehungskrise –, der zwar ständig vorhanden, aber als eigentliche Streßbelastung kaum wahrnehmbar ist, zumindest nicht bewußt. Das erklärt auch, warum beispielsweise ein Selbständiger, der in den ersten Jahren seines Unternehmensaufbaus noch wenig zu tun hat, weil er sich erst seinen Kundenstamm aufbauen muß, trotz objektiv wenig Arbeit nach spätestens drei Jahren das Gefühl hat, absolut urlaubsreif zu sein. Finanznot, Drohungen von Banken und Gläubigern, ein Leben zwischen Hoffen und Bangen – bekommt man den Auftrag oder nicht? – erschöpfen die Kapazität des autonomen Nervensystems langsam, subtil, aber dafür umso sicherer.

Wenn Sie dies erst einmal verstanden haben, wird auch klar, warum die Wissenschaft vom dicken Fell mit all ihren Übungen und Methoden sowohl den Körper als auch den Geist behandelt. Jedes Ungleichgewicht, egal ob hormonell, vegetativ, emotional oder mental, wird natürlicherweise ausgeglichen. Nur wir Menschen halten uns für so klug und sind dabei in Wirklichkeit so dumm zu meinen, wir könnten diese eisernen Gesetze ignorieren und auf Ausgleich verzichten.

Die Wissenschaft vom dicken Fell, das Kaktus-Prinzip, ist für jeden. Besonders für jeden mit Burnout-Syndrom. Der Wille, etwas zu tun, und das Gefühl, das Richtige zu tun, sollten bei jedem Menschen, und zwar bei allem, was er tut, im Einklang miteinander stehen.

Dieses Kapitel auf den Punkt gebracht:

- ➡ Die immer schnellebigere Zeit hält uns in unserem Bemühen, den Problemen, Prüfungen und Herausforderungen des täglichen Lebens gerecht zu werden, permanent in der Di-Streß-Zone.

- ➡ Sensible sind besonders anfällig für das Burnout-Syndrom, da ihre vergleichsweise schwachen Filter für die emotionalen Informationsgehalte „sauer“ und „bitter“ viele dieser Informationen auf unbewußtem Wege – über das Bauchhirn – verarbeiten lassen. Mit entsprechenden Folgen für das autonome Nervensystem.
- ➡ Sympathikusreizung ist ein Alarmzustand. Obwohl man das Gefühl hat, ständig aktiv sein zu müssen, sind, sofern man in seinem Lebenswandel nicht innehält, die Erschöpfung und später der totale Zusammenbruch (chronische Krankheit, Depression) vorprogrammiert.
- ➡ Sympathikusreizung kann auch durch eine chronische, nicht bereinigte Situation auftreten (Finanzsorgen, Partnerschaftsprobleme etc.), wenn die Filter in diesen Bereichen entsprechend geschwächt sind. Auch wenn diese Belastungen dem Betroffenen nicht unbedingt bewußt sind, kann sich langfristig, beinahe schleichend und unbemerkt, ein Burnout-Syndrom einstellen.
- ➡ Bei beginnendem Burnout-Syndrom merkt man solange nichts von einer Erschöpfung des Vegetativums, wie man unter Anspannung steht. Erst in einer Ruhephase macht sich die Erschöpfung – oft auch in Form plötzlicher Krankheiten – bemerkbar.
- ➡ Voll manifestiert sich das Burnout-Syndrom, wenn der Betroffene sich permanent krank, unwohl und erschöpft fühlt, egal ob unter Belastung oder in einer Ruhephase.

6 Immer schön auf dem Boden der Tatsachen bleiben!

„Daß es im Leben nicht immer nur rund läuft, weiß ich ja!“ sagen Sie vielleicht. „Aber Positives Denken kann doch da helfen, oder?“ Gehen wir dieser Frage einmal nach. Es gibt da diese beliebten Mitbringsel, Geschenke von wohlmeinenden Freunden und Verwandten, mit denen diese uns über Lebenskrisen hinwegtrösten und aufmuntern wollen nach dem Motto: „Laß dich nicht so hängen, das wird schon wieder!“ Wir kennen sie alle: Es sind Bücher über das sogenannte Positive Denken. Sind auch Sie schon – und das wahrscheinlich mehr als einmal – mit einem solchen Opus beschenkt worden? Klar, liebe, tröstende Worte, Aufmunterungen und Belehrungen nach Art des Sprüchleins: „Mach es wie die Sonnenuhr, zähl’ die heit’ren Stunden nur!“ kommen gut an. Zumindest beim Schenker, der als edler Samariter bei den armen, sensiblen, dünnhäutigen Zeitgenossen dasteht, die gerade in einer schweren Krise stecken. Ob lange Krankheit, berufliche Krise, Liebeskummer oder was auch immer: Carnegie, Murphy, Höller und wie sie sonst noch alle heißen mögen, werden nie aus der Mode kommen, jedenfalls nicht bei den Schenkern.

Die „Beschenkten“, also Sensibelchen wie Sie und ich einer sind, sehen sich da eher mit einer unangenehmen Wahrheit konfrontiert: Positives Denken wirkt nicht. Und ich verrate Ihnen auch, warum es nicht funktioniert. Zunächst einmal tut es mir leid,

Sie bezüglich vielleicht heimlich doch noch gehegter Hoffnungen enttäuschen zu müssen. Sie sind ja nicht der einzige mit einem angekratzten Nervenkostüm, das angesichts der vielen Probleme und Enttäuschungen, die das Leben bereithält, wirklich robuster sein könnte. Und wäre es nicht doch irgendwie schön gewesen, eine solche „Allzweckwaffe" im Kampf gegen die Unbilden des Schicksals zur Hand zu haben? Aber besser jetzt enttäuscht als nach vielen weiteren vergeblichen Versuchen des Positiven Denkens, des Affirmierens, des…

Nehmen wir einmal an, Sie befinden sich tatsächlich in einer Lebenskrise. Wie auch immer die konkret aussieht, ist im Prinzip egal. In jedem Fall raubt sie Ihnen Energie und läßt Ihr Nervenkostüm immer dünner werden, da die Tatsache, daß (fast) nichts so läuft wie geplant oder gar gewollt, Sie beständig unter negativen Streß setzt. Da kommt ein wohlmeinender Freund oder Bekannter daher, der Sie in dieser elenden Verfassung sieht, und beschenkt Sie mit einem der oben genannten Werke, das Ihnen dazu verhelfen soll, sich die Welt wieder „schön zu denken". Und Sie, der/die Sie am liebsten alles hinschmeißen und aufgeben würden, um am besten noch einmal ganz woanders und mit etwas völlig anderem von vorne anzufangen, werden nun damit konfrontiert, daß der „Geist die Wirklichkeit manifestiert". Eine Chance? Voller Neugierde beschäftigen Sie sich mit der Materie. Und die Erwartungen steigen: „Wende die Formel XY an, und dein Leben wird sich binnen so und so viel Wochen auf magische Weise ändern!" Täglich affirmieren Sie die „Erfolgsformeln". Und auf einmal dämmert es Ihnen: Sie haben sich ja durch Ihre bisherige „negative" Haltung selbst am Erfolg gehindert. Weil Sie frustriert, mit den Nerven am Boden, launisch und depressiv, weinerlich und schnippisch waren. Kein Wunder, daß Sie in die Krise geschlittert sind! Doch das wird sich jetzt ändern!

Was aber passiert tatsächlich? Ihre Gedanken kreisen um das Thema der Krise: Liebeskummer, Geldsorgen, Gesundheit oder was auch immer. Dies zehrt an Ihrer Energie. Mehr oder weniger die gesamte mentale Energie ist auf die Krise fokussiert. Nehmen wir einmal an, jeder Finger einer Hand stünde für einen Lebensbereich (Gesundheit, Partnerschaft, Finanzen, Freundeskreis, Arbeit), und Sie schlagen sich mit dem Hammer mit voller Wucht auf einen der Finger. Was dann? Denken Sie: „Das ist nicht weiter schlimm, ich habe ja noch vier andere Finger?“ Ganz sicher nicht! Es ist der eine Finger, der schmerzt, dem Sie Ihre gesamte Aufmerksamkeit widmen, der Sie gefangennimmt.

Sie richten im Falle einer Finanzkrise Ihre mentale Energie auf Ihre Finanzen, z. B. in der Form: „Oh mein Gott, ich muß Insolvenz anmelden, wenn das so weitergeht!“ Aber was tun Sie, wenn Sie „positiv denken“? Sie affirmieren z. B. : „Meine Finanzlage wird sich zum Positiven wenden!“ Sie können dies drehen und wenden, wie Sie wollen: Ihre Gedanken, Ihre mentale Energie gehören dem Thema so oder so. In beiden Fällen besteht Fixierung auf das Lebensthema.

Moment! Da war doch noch irgendwas anderes, oder? Ach ja, richtig! „Loslassen!“ – Jetzt sage ich Ihnen etwas: Sie lassen ein Lebensthema nicht los, indem Sie sich Sorgen darum machen, und Sie lassen es ebenso wenig los, indem Sie es „positiv affirmieren“. In der Reihe *Bestellungen beim Universum* von Bärbel Mohr ist das Loslassen jedoch die wichtigste Voraussetzung für wirkliches Glück, für Zufriedenheit und für das Erreichen seiner Wünsche und Ziele.

Fixierung, egal ob in Form von Erwartung des Negativen oder Erhoffen des Positiven ist nichts anderes als Erwartung und Verhaftetsein in der Dualität. Mephisto sagt in Goethes unsterblichem *Faust*: „Ich bin ein Teil der einen Kraft, die stets das Böse will und stets das Gute schafft!“ und drückt damit in gewisser Hinsicht seine Verzweiflung darüber aus, daß er der Dualität verhaftet ist und ihr nicht entrinnen kann. Dasselbe gilt für Sie – nur umgekehrt, wenn Sie „positiv denken“.

Anders ausgedrückt: Sie beschäftigen sich mit dem Thema Armut, wenn Sie Reichtum affirmieren, mit Einsamkeit, wenn Sie Partnerschaft visualisieren, mit Krankheit, wenn Sie sich auf Gesundheit konzentrieren. Sie können es drehen und wenden, wie Sie wollen: Wenn Sie sich mit dem Hammer auf einen Finger schlagen, gehört Ihre Aufmerksamkeit diesem Finger, und nur diesem einen! Oder im übertragenen Sinne: Man setzt sich immer mit den Dingen auseinander, die am meisten wehtun. Also noch einmal: Warum funktioniert Positives Denken nicht? Sie neigen als sensibler, seelisch fein strukturierter Mensch dazu, über alles nachzugrübeln, sich Gedanken und Sorgen zu machen. Und diese Haltung zum Leben bestimmt – ob Ihnen das nun recht ist oder nicht – Ihr Unterbewußtsein. Sorgen, Grübeln und Pessimismus sind damit Teil der Persönlichkeit und keine lästige Angewohnheit, die man ablegen kann. Sie gehören zu Ihnen wie Ihre Augenfarbe, Ihr natürlicher Körperbau und Ihre organischen Schwachstellen. Wenn Sie damit beginnen, „positiv zu denken“, versuchen Sie im Grunde genommen, Ihr Unterbewußtsein auszutricksen, zu belügen. Sprüche wie „Es geht mir jeden Tag und in jeder Hinsicht immer besser und besser!“ bleiben im Verstand haften. Das hat aber nichts mit Ihrer *inneren Haltung* zu tun.

Und jetzt das vielleicht Wichtigste: „Positives Denken" in diesem Sinne stärkt Ihre Erwartungshaltung und erhöht den Grad der Fixierung noch angesichts der Erwartung, Sie könnten sich mit Ihrem Geist Ihre Wunschrealität erschaffen. Höhere Erwartungen bergen jedoch bereits im Keim eine noch herbere Enttäuschung, die wiederum – siehe Kapitel 3! – durch den sowieso schon schwachen Filter für den emotionalen Informationsgehalt „bitter" ins Bauchhirn und damit ins Unterbewußtsein eingespeist wird. Mit entsprechenden Folgen für Sie und Ihre Gesundheit!

Grund genug für einen Herrn Günter Scheich, ein Buch mit dem Titel: *Positives Denken macht krank!* herauszubringen, in dem die Modewelle des Affirmierens und Positivdenkens im allgemeinen und die Motivationstechniken der Protagonisten dieser Modewelle im besonderen angeprangert werden. Leider nicht zu Unrecht.

Kommen wir noch einmal auf das Thema „Loslassen" zurück. Wenn beispielsweise Bärbel Mohr schreibt, man solle einen Wunsch formulieren, seine Erfüllung beim Universum bestellen und ihn dann „loslassen", so ist damit ganz klar die Aufforderung gemeint, sich nicht mehr mit dem Thema zu beschäftigen. Aber geht das überhaupt? Kann man sich eigentlich gedanklich/mental von einem Thema trennen, das einen existentiell beschäftigt, da es einen erst in die Lebenskrise geführt hat? Es ist ungefähr so, als würde man den Finger, auf den man sich mit dem Hammer geschlagen hat, ignorieren wollen. Stellen Sie sich das einmal bildlich vor. Ein hoch entwickelter Yogi kann das vielleicht schaffen, aber Sie?

Menschen verrennen sich in ihre Lebensthemen, da sie von ihnen bestimmt werden. Richtig: Das Lebensthema, das „nicht stimmt“, bestimmt *Sie*, nicht umgekehrt! Es ist wie eine Mauer, die man einreißen möchte, weil sie viel zu hoch ist, um darüber zu klettern, gegen die man sich stemmt, da man schlicht und ergreifend gegen das Thema ist, das sie repräsentiert (beispielsweise Armut, Einsamkeit oder Krankheit). Diese Mauer existiert einzig und allein in Ihrem Kopf! Aber trotzdem – oder vielleicht *gerade deswegen – gehört* sie auch zu Ihnen!

Man könnte auch behaupten, Positives Denken ließe sich aus einem Buch erlernen. Genau an diesem Punkt liegt das große Mißverständnis. Denn Positives Denken ist keine „Technik“, mit der man sich mal eben seine Wunschrealität erschaffen kann. Versuchen Sie, als ein von Sorgen und Nöten geplagter Mensch, positiv zu denken. Es geht nicht. Nicht nur, daß es nicht funktioniert. Sie können nicht einmal die „Technik“ anwenden. Sie läßt sich auch nicht erlernen. Sie werden sich allenfalls furchtbar anstrengen, gegen die Mauer in Ihrem Bewußtsein zu drücken. Das läßt die Mauer völlig unbeeindruckt und trägt Ihnen im wahrsten Sinne des Wortes einen mentalen Krampf ein. Und da helfen auch kein Tepperwein, kein Murphy und kein Carnegie, oder wie sie sonst noch alle heißen mögen.

Sie können es nicht lesen, lernen oder sich über Audiokassetten aneignen. Es wird Sie nicht erreichen, nie und nimmer. Weil es einfach nicht Teil Ihres Wesens ist! Die Aufforderung, positiv zu denken und den Wunsch anschließend loszulassen, ist so, als würde Sie jemand auffordern, nicht mehr auf die Toilette zu gehen oder nicht mehr zu schlafen. Sie sind mit einem dünnen Fell „gesegnet“ („gestraft“ trifft es vielleicht eher!). Sorgen, Ängste und Pessimismus gehören zu Ihrem Wesen, und da der Filter für den emotionalen Informationsgehalt „bitter“ – persönliche Niederlagen, die man im Leben hinnehmen muß – so schwach ist, werden diese Eindrücke schnell Teil Ihres Unterbewußtseins und lassen Sie immer pessimistischer, mutloser und ängstlicher in die Zukunft blicken. Das ist die Natur der Sensiblen. Leider.

Ganz abgesehen davon belügen Sie sich nur selbst, wenn Sie vor sich selbst und anderen stets den Strahlemann geben müssen, und das macht Sie unauthentisch. Ihre Mitmenschen merken das. Sie wirken ganz einfach unglaubwürdig auf sie. Doch darum geht es hier nicht. Viel wichtiger ist, was in Ihrem Inneren vorgeht. Also vergessen Sie das Thema zunächst einmal. Legen Sie den Carnegie weg. Oder anders ausgedrückt: Nehmen Sie Ihre Hände von der Mauer weg und ruhen Sie sich aus. Es ist besser für Sie, wenn Sie nicht positiv denken. Auch wenn sich das vielleicht merkwürdig anhört.

All das Gesagte bedeutet jedoch nicht, daß Positives Denken schlecht ist. Im Gegenteil. Es ist sogar sehr gut. Wenn es geschieht. Wohlgemerkt mit Betonung auf „es geschieht" und nicht auf „es wird gemacht". Die Wissenschaft vom dicken Fell sieht in Positivem Denken nicht etwas, das man sich aus Büchern aneignet, sondern etwas, das sich *natürlicherweise entwickelt.* Und zwar dann, wenn Sie ein dickes Fell gewinnen. Oder um noch mal auf die Analogie mit der Hand zurückzukommen: Wenn Sie sich mit dem Hammer auf den Finger hauen, dann tut das furchtbar weh. Alle anderen Finger werden plötzlich unwichtig. Wenn Sie nicht gesund sind, sind Ihnen Finanzen, Beziehung, Arbeit und soziales Leben absolut unwichtig. Sie sind auf den Finger fixiert, der schmerzt. Ob Sie nun laut jammern oder ihn verarzten, ist egal. Wenn der Finger schmerzt, können Sie dies nicht ungeschehen machen.

Aber Sie können etwas anderes tun. Wie wäre es mit adäquater Schutzkleidung beim Hämmern? In dem Moment, in dem Sie sich beim Arbeiten ein Paar dicke, gepolsterte Arbeitshandschuhe überstreifen, können Sie sich auch mal mit dem Hammer auf einen Finger hauen. Es schmerzt dann nicht so sehr, und der Schmerz vergeht rasch, Sie sind nicht so darauf fixiert. Das gleiche gilt für Lebensthemen. Sicherlich gibt es existentielle Probleme, denen sich niemand entziehen kann. Wenn Sie hart genug zuschlagen, nützt auch der Arbeitshandschuh nicht viel. Aber andererseits: Viele Hammerschläge (Schicksalsschläge?) werden mit dicken Arbeitshandschuhen (einem dicken Fell) erträglich.

Da, wo Fixierung auf den Schmerz aufhört, beginnt Loslassen. Ein Buch aber kann Ihnen nicht zeigen, wie man losläßt. Auch dieses Buch kann dies nicht tun, denn Loslassen ist nicht erlernbar, sondern ein natürlicher Prozeß, der sich mit fortschreitender Entwicklung – und zwar in Richtung eines dicken Fells! – einfach von selbst einstellt, ohne irgendein Zutun von außen und vor allen Dingen ohne Beeinflußbarkeit durch den Verstand. Wer diese simple Gesetzmäßigkeit erst einmal erkannt hat, begreift, daß Loslassen einfach eines Tages von allein geschieht.

Das Ende der Fixierung – das Loslassen – stellt sich natürlicherweise mit der Entwicklung eines dicken Fells ein. Ohne dickes Fell ist Positives Denken einfach nur ein mentaler Widerstand gegen das Schicksal und damit (vergebliche) Kraft, die Sie aufwenden, um die Mauer in Ihrem Leben wie in Ihrem Kopf zum Einsturz zu bringen.

Es ist in gewisser Hinsicht eine Ironie des Schicksals, daß diejenigen, die Positives Denken eigentlich am dringendsten benötigen, am wenigsten davon profitieren können. Gerade diese Menschen bekommen all die sicherlich schönen und gut gemeinten Bücher und Ratschläge geschenkt. Doch Fakt ist nun mal: Positives Denken ist ein irreführender Begriff, denn eigentlich handelt es sich dabei um eine Grundeinstellung jenseits von Denken und demzufolge auch jenseits von Wollen und Nichtwollen. Und diese positive Grundeinstellung ergibt sich natürlicherweise mit einem dicken Fell!

Wenn ich Sie auffordere, auf dem Boden der Tatsachen zu bleiben, will ich erreichen, daß Sie sich nichts vormachen. Bis Sie ein dickes Fell entwickelt haben – und gleich verrate ich Ihnen, wie es geht –, gilt folgende Faustregel: **Wer ein dickes Fell hat, benötigt kein Positives Denken. Wer ein dünnes Fell hat, dem hilft keins.**

Dieses Kapitel auf den Punkt gebracht:

- ➡ Wer in einer Lebenskrise steckt, dessen gesamtes Denken ist auf diese Krise fixiert, mit ihrer Thematik beschäftigt. Unabhängig davon, ob er/sie sich darüber Gedanken macht oder positiv denkt.
- ➡ Ihre Haltung gegenüber Ihren Problemen wird von Ihrem Unterbewußtsein gesteuert, auch und vor allem bei sensiblen Menschen, die bei Krisensituationen leichter rational überfordert sind und deshalb über einen schwachen Filter den emotionalen Informationsgehalt „bitter“ ins Bauchhirn/Unterbewußtsein verschieben.
- ➡ Sorgen, Grübeln und Pessimismus sind Eigenschaften einer sensiblen Persönlichkeit und keine lästige Angewohnheit, die man ablegen kann. Sie gehören zu Ihnen

wie Ihre Augenfarbe, Ihr Körperbau und Ihre organischen Schwachstellen.

- ➡ Positives Denken stärkt Erwartungen. Werden diese enttäuscht, wird die Niederlage als noch größer empfunden. Eine pessimistische Grundeinstellung wird dadurch gestärkt.
- ➡ Loslassen läßt sich nicht lernen oder willentlich steuern. Es ist vielmehr ein Prozeß, der sich nicht beeinflussen läßt, sondern ganz einfach geschieht. Er setzt sein, wenn Fixierung aufhört, die Gedanken also nicht mehr um das Lebensthema kreisen. Dies wiederum ist eine natürliche Folge eines dicken Fells.
- ➡ Wer ein dickes Fell hat, benötigt kein Positives Denken. Wer ein dünnes Fell hat, dem hilft keins.

7 Unseren täglichen K(r)ampf gib uns heute...

... und auf welcher Ebene kämpfen Sie?

Schnellebige Zeit, Burnout-Syndrom, „emotionale Informationsgehalte", „Filter", Kopfhirn und Bauchhirn, Eu- und Di-Streß, Kampf- und Fluchtmechanismus. Das ist eine ganze Menge Theorie.

Sie haben gelernt, daß es in dieser Zeitqualität, die wir im Moment erleben, nicht gerade leicht ist, zart besaitet und sensibel zu sein. Und vor allen Dingen: Es funktioniert auf Dauer nicht, sich etwas vorzumachen bezüglich all der Probleme und Herausforderungen, von denen man betroffen ist. Viele der weniger angenehmen Dinge des Lebens werden über den Filter zwischen Körper und Geist, Verstand und Unterbewußtsein ins Bauchhirn verschoben, ohne adäquat verarbeitet zu werden. Mit der Folge, daß über das autonome Nervensystem und das Hormonsystem der Stoffwechsel aus dem Gleichgewicht gebracht wird – die Ursache für fast alle sogenannten „psychosomatischen Krankheiten". In jedem Falle benötigen wir eine Wissenschaft vom dicken Fell.

Im Zuge der New-Age-Welle und der Esoterik sind viele, viele Bücher verfaßt worden, die darauf verweisen, der Quantensprung in der geistigen Entwicklung liege im Loslassen. Man solle aufhören zu kämpfen und die Situation so annehmen, wie sie sei. Das ist prinzipiell richtig, und ich begrüße eine solche Haltung (lesen Sie hierzu einmal die bemerkenswerten Bücher von Werner Ablass!). Doch gilt hierbei das gleiche wie für das Positive Denken. Man kann eine solche Akzeptanz nicht einfach "herstellen", sondern entwickelt sich allmählich durch die Herausforderungen des Schicksals in das Annehmen, Loslassen und Nicht-mehr-Kämpfen hinein. Dies hat ebenso wie Positives Denken nichts mit dem Verstand zu tun, sondern ergibt sich irgendwann von selbst. Doch was stellen wir mit der Zeit an, bis dies geschieht?

Die Wissenschaft vom dicken Fell fordert Sie nicht dazu auf, loszulassen und nicht mehr zu kämpfen. Aber sie leitet – wenn sie richtig verstanden wird – eine geistige Entwicklung in eben diese Richtung ein.

Wenn Sie übertrieben sensibel sind, geschieht in vielen Lebenssituationen etwas Paradoxes: Sie nehmen große Ungemach auf sich, da Sie sich vor der ungewissen Leere fürchten, die sich einstellen könnte, wenn Sie sich von einer belastenden Situation trennen:

- Sie ertragen weiterhin eine für Sie belastende Beziehung, da die Angst vor Einsamkeit größer ist als die, weiter in der bestehenden Situation zu verharren. Sie sind zu Kompromissen bereit, die Ihrer Psyche so gar nicht gut tun.
- Sie erdulden die Seelenqualen durch Mobbing und Intrigen am Arbeitsplatz, da Sie sich vor der Unsicherheit bei einem Stellenwechsel, einer Selbständigkeit oder gar möglicher Arbeitslosigkeit fürchten.

- Aus Angst, alles verlieren zu können, gehen Sie keine Risiken ein, geben sich mit wenig zufrieden, obwohl die gegebene Lebenssituation Sie nicht befriedigt.
- Sie gehen die Herausforderung eines Studiums oder einer höherqualifizierenden Fortbildung nicht an aus Angst, bei den Prüfungen versagen zu können.
- Konflikte werden „um des lieben Friedens willen“ nicht ausgetragen, allerdings werden sie damit auch nicht bereinigt und schwelen so unter der Oberfläche weiter.
- Eine übertriebene Dünnhäutigkeit hindert Sie ebenso wie übertriebene Gleichgültigkeit an der Entfaltung Ihres möglichen Potentials.
- Die Beschränkung des persönlichen Potentials kann bei der Suche nach der Lebensaufgabe und damit dem Lebensglück zusätzlich behindernd sein und zu mehr Angst und verkrampftem Festhalten an einer gegebenen Situation führen. Mit der Folge, daß sich nichts mehr bewegt im Leben, keine Entwicklung mehr stattfindet. Stagnation!

Solange Sie den Punkt noch nicht erreicht haben, an dem Sie von selbst zu kämpfen aufhören und bereit sind, sich bedingungslos „dem Fluß des Lebens“ anzuvertrauen, können Sie nur die Ebene des Kampfes wählen. Sie können wählen, ob Sie beim Alten bleiben, auch wenn es überkommen und für Sie chronisch belastend ist, oder aber mit dem Alten brechen und den Sprung zu einer neuen Herausforderung wagen. Kämpfen werden Sie in jedem Fall.

Das Leben ist dynamisch, nicht statisch. Es zwingt uns in jedem Moment neu, den status quo in Frage zu stellen und zu neuen

Horizonten aufzubrechen. Insofern ist es sogar hilfreich, davon auszugehen, daß Sie in jedem Fall weiterkämpfen werden. Wir sind gar nicht in der Lage, es uns längerfristig allzu bequem zu machen. Gerade feinnervige, sehr sensible Naturen wissen davon ein Lied zu singen, sind sie doch besonders leidensfähig und bereit, ausdauernd um den Erhalt einer leidvollen Situation zu kämpfen. Das kann wie gesagt eine Partnerschaft sein, die keine mehr ist, eine unerträgliche Arbeitssituation, die falsche Studienwahl und so weiter. Sie benötigen eine Menge Energie, um sich in einer solchen Situation mental, emotional, ja sogar körperlich einigermaßen über Wasser zu halten. Wobei Ihnen das Unterbewußtsein, allerdings beinahe unhörbar, ständig zuraunt: „Lohnt sich das eigentlich überhaupt?"

Es ist diese Sensibilität, die Sie daran hindert, die Energie, die Sie in diesem „Kampf" verbrauchen, dazu zu nutzen, eine andere Situation zu schaffen. Für die Sie wieder kämpfen müssen. Aber in einem Kampf, der sich für Sie lohnt!

Nehmen wir ein alltägliches Beispiel: der leidige Arbeitsplatz. Nehmen wir an, Sie fühlen sich an Ihrem nicht wohl, weil Sie einen nervigen Chef haben oder gehässige Kollegen, oder weil Sie sich unterbezahlt fühlen oder unbezahlte Überstunden unter ständiger Drohung der Kündigung ableisten müssen. Nehmen wir weiterhin an, Sie hätten zumindest theoretisch das Potential, sich selbständig zu machen: das Know-how, die Ausbildung, vielleicht sogar einen guten Teil der nötigen finanziellen Mittel. Sie haben sogar einen Kurs besucht, in dem Sie gelernt haben, wie man Fehler bei der Existenzgründung vermeidet. – Vom Verstand her ist alles klar: ein Arbeitsplatz, der Ihnen nicht schmeckt, und die Möglichkeit auszubrechen. „Aber" dann kommen ja noch die „Abers"...

- Werde ich in diesen Zeiten wirtschaftlich überleben können?
- Bin ich geschickt genug, mir einen festen Kundenstamm aufzubauen?
- Bin ich wirklich gut genug für die Selbständigkeit?
- Wird meine Standortwahl sich als richtig erweisen?
- Was ist, wenn die Wirtschaftskrise noch schlimmer wird? Und so weiter...

Es geht in diesem Beispiel nicht darum, Sie zur Selbständigkeit ermuntern zu wollen. Es geht einzig allein um die wertungsfreie Feststellung, daß der Kampf in jedem Fall weitergeht. Ob Sie nun gegen Mobbing und Intrigen, Unterbezahlung und den biestigen Chef an Ihrer alten Arbeitsstelle kämpfen oder sich als Selbständiger mit Banken und Finanzamt herumschlagen: Die Wissenschaft vom dicken Fell verhilft Ihnen zur nötigen emotionalen Distanz, objektiv entscheiden zu können, was für Sie besser ist. Sie fordert Sie nicht auf, etwas zu riskieren. Sie will Ihnen nur zu mehr Objektivität bei der Beurteilung Ihrer Lage verhelfen.

Es gibt objektiv gesehen kein „besser" und kein „schlechter" im Leben. Wohl aber gibt es Entscheidungen, die Sie, Ihr ganzes Dasein, Ihren Geist-Körper-Wirkkomplex entlasten. Das hat wiederum etwas damit zu tun, einen subjektiv unbefriedigenden oder sogar qualvollen Ist-Zustand als Herausforderung anzunehmen, sich weiterzuentwickeln und umzuorientieren. Diese Entscheidungen treffen Sie für sich.

Mit dieser Erkenntnis und den Übungen im praktischen Teil des Kaktus-Prinzips werden Sie nach und nach eine andere Einstellung zu den Dingen gewinnen. Sie können mit Hilfe der Übungen und Ratschläge Filter an der Schnittstelle zwischen Ober- und Unterbewußtsein verstärken oder dämpfen, um einen bewußten Ausgleich aller emotionalen Informationsgehalte in Ihrem Leben herbeizuführen und dabei zu erkennen, daß im Sinne des Kaktus-Prinzips auch die oberflächlich betrachtet unangenehmen emotionalen Informationsgehalte wie „sauer“ (der Überlebenskampf zählt zu diesem emotionalen Informationsgehalt) notwendig sind. Dazu gehört als erste Lektion, daß der „Kampf“ nicht vermeidbar ist, man sich ihm also nicht entziehen kann – egal was man tut. Sie werden aber auch erkennen, welcher Kampf sich lohnt und welcher nicht. Sie können natürlich auch einen Kampf verlieren, der sich lohnt. Jeder Selbständige kann heutzutage mit seinem Betrieb scheitern, egal wie gut, wie versiert er ist und wie geschickt er geplant hat. Das ist unvermeidbar. Genauso wie jede Partnerschaft scheitern kann, nachdem man sich – vielleicht nach einer langen Phase des Singledaseins – auf sie eingelassen hat, egal, wie engagiert und motiviert man das „neue Lebensglück“ angegangen ist. Seien Sie sich also bewußt, daß Sie kämpfen werden. Seien Sie sich aber auch dessen bewußt, daß Sie sich die „Ebene des Kampfes“ aussuchen können.

Wenn Sie die Wissenschaft vom dicken Fell anwenden, werden Sie nach einer gewissen Zeitspanne zunächst subtile, später dann aber gewaltige Veränderungen an sich und Ihrem Geist-Körper-Wirkkomplex bemerken. Diese Veränderungen werden Ihnen helfen, Ihr Potential voll auszuschöpfen. Besonders sehr sensible, dünnhäutige Menschen verfügen oft über ein gewaltiges, allerdings (aus Angst) brachliegendes Potential. Sie werden merken, wie Sie auf allen Ebenen, auch auf der körperlichen, deutlich zäher, robuster, ausgeglichener werden. Depressionen, Stimmungsschwankungen und Grübeleien werden die Macht über Sie verlieren, ebenso wie alle möglichen funktionellen Beschwerden des Körpers nachlassen werden. Das setzt mentale Agilität, Begeisterungsfähigkeit, Zielstrebigkeit und Kampfkraft frei. Und das alles werden Sie brauchen können, wenn Sie entschieden haben, wofür es sich zu kämpfen lohnt.

Dieses Kapitel auf den Punkt gebracht

- Viele körperliche und psychische Beschwerden resultieren daraus, an einer unangenehmen, aber einigermaßen abgesicherten Lebenssituation festzuhalten – mit entsprechenden Auswirkungen auf den Geist-Körper-Wirkkomplex.
- Unangenehme, aber sichere Situationen (wie etwa eine überkommene Partnerschaft oder unbefriedigende Arbeit) werden aus Angst vor dem Neuen, Unbekannten, Unsicheren aufrechterhalten. Diese Angst, die jegliche Entwicklung verhindert, ist bei sensiblen Menschen stärker ausgeprägt.
- Gleichzeitig haben die „Sensibelchen“ aber auch stärker unter den Auswirkungen der unangenehmen, aber vertrauten Lebenssituation zu leiden.
- Festhalten am Alten bedeutet Kampf. Wagnis des Neuen und Bruch mit dem Alten bedeutet ebenso Kampf.
- Wir können den Kampf an sich nicht vermeiden, denn er gehört zum Leben dazu. Wählen können wir allein die Ebene des Kampfes.
- Es gibt objektiv kein „besser“ und „schlechter“ im

Leben. Wohl aber gibt es Entscheidungen, die Ihren Geist-Körper-Wirkkomplex entlasten können.

➡ Sie werden mit Hilfe des Kaktus-Prinzips in der Lage sein, Ihre Lage und die möglichen Alternativen durch angemessene emotionale und mentale Distanz objektiver beurteilen zu können.

➡ Damit wird es Ihnen leichter fallen, sich zu entscheiden, welcher „Kampf“ sich für Sie lohnt.

TEIL II

Die Wissenschaft vom dicken Fell: Mentale und emotionale Harmonisierung

8 Drei Grundprinzipien fürs dicke Fell

Wenn Sie die Wissenschaft vom dicken Fell wirklich in Ihr Leben integrieren wollen, es anwenden und mit ihm lockerer, ausgeglichener, entspannter und authentischer werden wollen, müssen Sie folgende drei Grundprinzipien verinnerlichen:

1. Sie müssen sich selbst der beste Freund sein.
2. Sie müssen das „Böse“ – Ihre sogenannte „dunkle Seite“ – in sich akzeptieren.
3. Sie müssen Ausgleich anstreben, was die verschiedenen emotionalen Informationsgehalte angeht.

1. Sind Sie selbst Ihr bester Freund?

Im Leben scheint nicht immer die Sonne. Deswegen ist es klüger, man hat einen Regenschirm dabei. Denken Sie daran: Letztlich bleibt Ihnen nichts – außer Sie selbst. Stellen Sie sich einmal vor, Sie wären irgendwann in der Zukunft und hätten es endlich geschafft. Sie hätten Ihr Leben lang wie ein Verrückter gearbeitet und wären die Karriereleiter nach oben gehechtet, ohne Rücksicht auf Verluste. In dem Moment wird Ihnen all das durch höhere Gewalt weggenommen, in einem Moment. Wie würden Sie reagieren?

So ist es schon vielen Menschen ergangen. Sie würden in diesem Moment vielleicht verbittert sein und den verpaßten Chancen nachtrauern oder dem verpaßten Spaß, den Sie sich hätten gönnen können, wenn... tja, wenn. Aber vielleicht wird Ihnen eine solch große Katastrophe ja erspart bleiben. Was Ihnen aber mit Sicherheit nicht erspart werden wird, sind die vielen kleinen Katastrophen des Alltags. Und aus denen können Sie lernen.

Wenn Ihr langjähriger Partner Sie plötzlich verläßt oder Sie entlassen werden, werden Sie natürlich erst einmal wütend, traurig oder enttäuscht sein. Das ist nichts moralisch Verwerfliches, sondern normal. Lassen Sie der Wut oder der Trauer ruhig einmal freien Lauf. Sie können emotionalen Streß abbauen. Und wenn Sie ihn am Sandsack abbauen (siehe „Die 7 goldenen Schlüssel des Kaktus-Prinzips“), sinkt die Wahrscheinlichkeit, daß irgendwann, wenn sich viele Katastrophen in Ihrem Leben zu einem gigantischen emotionalen Desaster aufgetürmt haben, die Gäule mit Ihnen durchgehen, Sie sich ein Gewehr schnappen und Ihre halbe Nachbarschaft ins Jenseits befördern, um es einmal etwas übertrieben auszudrücken.

Dann, wenn Sie sich beruhigt haben, raffen Sie sich wieder auf: Egal ob die Frau oder der Mann auf und davon sind, der Chef Sie auf Schuhkartonformat zusammengefaltet hat oder Sie sich in der Disco den peinlichsten Korb Ihres Lebens geholt haben (was Ihr Selbstbewußtsein wahrscheinlich um Lichtjahre zurückwirft): Sie haben ja noch sich! Und was hält Sie davon ab, noch einmal ganz neu anzufangen? Das müssen wir doch sowieso ständig. Eigentlich ist das Leben eine kontinuierliche Aneinanderreihung von Neuanfängen. Ein Leistungssportler kann durch einen Unfall Jahre im Training zurückgeworfen werden, doch wenn er nicht aufhören will, muß er mit seinem Training ganz von vorne beginnen. Bei einer Partnerschaft das gleiche. Ist sie vorbei, fangen wir ebenso wieder von vorne an. Auch nach einer Insolvenz beginnen wir wieder bei Null. Wir haben letzten Endes nur uns selbst. Gewöhnen Sie sich an die Vorstellung. Wäre es da nicht auch sinnvoll, ein bißchen netter zu sich selbst zu sein? Netter zu sich selbst zu sein heißt auch, das richtige Verhältnis zu Disziplin, zur Arbeit, zum Leben zu gewinnen.

Ordentliche Arbeit ist gut. Wenn Sie gut zu tun haben, damit ordentliches Geld verdienen und dabei auch noch Spaß haben, ist das der Optimalzustand. Wenn Ihre Arbeit Sie allerdings aufreibt oder Arbeit und Lohn in keinem vernünftigen Verhältnis zueinander stehen, wird es Zeit, etwas zu ändern. Vergessen Sie die Sprüche von „die Zeiten sind schwer“ und „man muß immer Kompromisse machen“. Denken Sie an Kapitel 7: Man muß **immer** kämpfen. Kämpfen Sie für etwas, das sich lohnt!

Oder denken Sie an Partnerschaft. Sie ist das Wertvollste, was wir haben können, *wenn beide Parteien dabei gewinnen*. Ich beispielsweise lebe in einer solchen Partnerschaft. Wir haben beide durch einander gewonnen. Doch so eine Partnerschaft kann man nicht suchen. Sie kommt irgendwann, wenn die Zeit dafür reif ist. Viele Dinge fallen einem erst dann einfach zu, wenn man das Thema, das dahinter steht, nicht mehr verkrampft festhält. Aber das wiederum hat nichts mit Wollen zu tun. Es geschieht. Irgendwann passiert es einfach. Solange Sie noch wollen (eine Partnerschaft) oder nicht wollen (Einsamkeit), stehen Sie auch dazu. Es gibt Dinge, die kann man nicht erzwingen. Dazu gehört eine wundervolle Partnerschaft. Und es gibt Dinge, die kann man erlernen oder sich aneignen. Dazu brauchen Sie Zähigkeit und Biß. Das beispielsweise mußte ich erfahren, als ich als Kampfsportbegeisterter, aber durch viele Jahre chronischer Krankheit körperlich Gehandicapter begann, Kung Fu zu erlernen. Ich bin mit großer Entschlossenheit daran gegangen. Sich durchzubeißen und zu kämpfen kann irgendwann dazu führen, daß Loslassen automatisch geschieht, weil der Geist sich irgendwann einfach entspannen **muß**. Und gerade bei einer Sportart wie Kung Fu fällt der Groschen immer erst dann, wenn mentales Loslassen geschieht. Das war bei mir nach gut fünf Jahren einigermaßen vergeblichen Trainings der Fall, als der Groschen binnen weniger Wochen plötzlich fiel.

Es mag seltsam klingen, daß Kämpfen, Sich-Durchbeißen und innerliches Loslassen zusammengehören. Vielleicht ist bis jetzt nur niemand darauf gekommen. Sie kämpfen für etwas, was Sie wirklich **wollen** – Sie können sicher sein, daß Ihre Bemühungen **nicht** von Erfolg gekrönt werden. Sie sehen es, spüren es und kämpfen weiter – bis Ihr Geist im wahrsten Sinne des Wortes nicht mehr kann und einfach loslassen **muß**.

Ich glaube, daß auf diese Weise Erleuchtung geschieht. Zumindest aber geschehen auf diese Weise Erfolg und geistige Entwicklung. Wenn man dies weiß, sind das eigentlich ganz schöne Aussichten. Wenn Sie sich selbst der beste Freund sein wollen, suchen Sie sich ein paar solche Ziele für Ihr Leben aus. Mit Hilfe des Kaktus-Prinzips entwickeln Sie genügend innere Distanz zu den Dingen, so daß Sie beurteilen können, was gut für Sie ist und was nicht, und vor allem – und das ist das allerwichtigste überhaupt: Sie bleiben so lange motiviert, bis das mentale Loslassen einfach automatisch geschieht.

Viele Menschen verrennen sich in Dinge, die sie nicht wirklich glücklich machen, und verlieren so vor der Zeit, in der dieses Loslassen automatisch geschieht, die Motivation. Solche Menschen sind im Grunde genommen chronisch unglücklich und nie zufrieden mit sich. Das sind auch die Menschen, die *nicht* reich, gesund, stark oder glücklich werden.

Doch am Anfang steht die Wissenschaft vom dicken Fell. Verwirklichen Sie ihre Prinzipien, hilft sie Ihnen dabei, die Dinge, für die Sie kämpfen würden, zu finden. Und das kann etwas völlig Außergewöhnliches sein, das nur Sie glücklich macht. Das verleiht Ihnen Authentizität. Es dürfen übrigens auch gerne sogenannte „oberflächliche Wünsche“ sein. Wenn es ein Sportcabrio ist, warum nicht? Wenn es eine Modelleisenbahn ist, die die Welt noch nicht gesehen hat? Klar, aber immer! Wer glaubt, es würde ihn oder sie glücklich machen, mit 65 noch Kite-Surfen zu lernen – immer ran an den Braten!

Ich denke, all diese „oberflächlichen“ Wünsche haben genauso ihre Berechtigung wie die nach innerer Zufriedenheit, einem erfüllten Berufs- oder Privatleben, einer glücklichen Familie und, und, und.... Warum? Es sind **Ihre** Wünsche.

Wenn Sie merken, daß Sie etwas nicht glücklich machen würde, dann halten Sie diesen Zustand nicht fest. Er ist es nicht wert, daß Sie Ihre kostbare Lebenszeit und Energie verschwenden. Eine Partnerschaft, in der eine Partei verliert, ist nichts wert. Wenn beide Parteien verlieren und sich nur aneinander aufreiben, erst recht nicht. Sie ist noch nicht einmal dann etwas wert, wenn Sie gewinnen und Ihr Partner verlieren würde. Sicher, Sie könnten damit zufrieden sein, daß Sie einen Dummen gefunden haben, von dem Sie profitieren. Aber macht das wirklich glücklich? Schein(selbst)zufriedenheit ist sicher kein echtes Glück.

Nur mit einer gewissen emotionalen und mentalen Stabilität, sprich: Distanz zu den Dingen, können Sie wirklich weise entscheiden, was das Potential hat, Sie glücklich zu machen. Vielleicht ist es wirklich wichtig, sich in stillen, unbelasteten Momenten einmal ein paar Minuten lang hinzusetzen und gewisse Dinge gegeneinander aufzuwiegen: Lebe ich in einer Partnerschaft, in der wirklich beide Parteien gewinnen? Stehen bei mir Arbeit und Lohn in einem vernünftigen Verhältnis zueinander? Kann ich mit meinem Hobby wirklich die Welt um mich herum zeitweise vergessen? Würde es mich wirklich zufriedener machen, zu dieser Party zu gehen? Würde ich wirklich etwas verpassen, wenn ich nicht dorthin ginge und statt dessen einen Waldlauf machte, rudern ginge, mich vor meinen Computer setzte oder ein Buch läse? Gibt mir der Sport, den ich betreibe, wirklich ein gutes Gefühl? Brauche ich diese dicke Limousine wirklich? Würde mir ein kleines, dafür aber sportliches Auto nicht viel mehr Spaß machen?

Betreiben Sie „Kopfkino“ wenn Sie sich diese Fragen stellen. Was für ein Gefühl haben Sie dabei? Ich sage bewußt **Gefühl** und nicht etwa **Emotion**, denn die kann manchmal trügerisch sein. Ein Gefühl nicht. Es entspricht der inneren Stimme, die die meisten von uns nur sehr, sehr leise wahrnehmen und deswegen allzu oft ignorieren. Emotion hingegen kann Ihnen den Blick auf die Wirklichkeit versperren. Wenn Sie in jemanden verliebt sind, übersehen Sie doch zu Beginn auch seine/ihre „Macken“. Sie werden weisere Entscheidungen treffen, wenn Sie die Dinge mit Gleichmut betrachten, da Sie dann Ihre innere Stimme besser hören und damit verstehen. Und: Wenn Sie wirklich Ihr bester Freund sein wollen, dann sollten Sie sich die obigen Fragen ab und an stellen! Nicht nur einmal. Immer mal wieder. Halten Sie inne, in einem stillen Moment, immer wenn Sie das Gefühl haben, Ihre Lebenseinstellung hat sich geändert.

2. Akzeptieren Sie „das Böse" in sich.

Erinnern Sie sich noch an Kapitel 2? Dark desires (dunkle Wünsche), also „das Böse in uns“ ist tatsächlich ein Teil von uns allen. Vor einiger Zeit ging die aufgedeckte SS-Vergangenheit des Autors Günther Grass durch die Medien. Warum kommen über diesen berühmten Schriftsteller, der in den Köpfen der Menschen so moralisch integer erscheint, plötzlich diese schrecklichen Dinge ans Tageslicht? Ist es so schlimm mit unserer Welt geworden? Schwimmen unsere Vorstellungen von Werten und Moral jetzt endgültig davon? Werden wir denn nur noch für dumm verkauft? Ist die Welt so schlecht, daß „sogar die Besten unter ihren Bewohnern der moralischen Verderbtheit anheim fallen?“ (ein klassisches Cicero-Zitat aus dem Latein-Leistungskurs)

Ich kann Entwarnung geben. Denn das, was tagtäglich geschieht – und ob es uns nun ein Michel Friedmann flüstert („Es wurden Fehler gemacht!“) oder ein Günther Grass –, ist eigentlich normal. Es wird auch niemand für dumm verkauft. Im Gegenteil! Ist doch schön, wenn selbst solche Lichtgestalten wie Herr Grass auch mal zu unrühmlichen Details ihrer Vergangenheit stehen. Und selbst wenn die Lichtgestalten es von sich aus nicht immer zugeben wollen: Es ist auch in Ordnung, wenn man es von irgend jemand anders erfährt. Nicht, weil die Lichtgestalt dann verdammt werden kann und man selbst in einem besseren Licht dasteht. Das ist sowieso Unsinn. Was hätten wir denn davon, jemanden zu verurteilen? Hat Jesus nicht gesagt: „Wer von euch ohne Sünde ist, der werfe den ersten Stein“? Die Wahrheit ist: Wir kommen durch Vergleich mit anderen in unserem Leben nicht einen Schritt weiter. Und wenn Sie mal einen Moment innehalten und alle Ereignisse aus Ihrer Vergangenheit Revue passieren lassen, werden Sie zu der gleichen Erkenntnis kommen.

Richtig ist, es bringt uns keinen Schritt weiter, Günther Grass wegen seiner Vergangenheit zu verurteilen. Oder Jan Ulrich wegen Doping. Oder Zidane wegen seines Kopfstoßes bei seinem unrühmlichen Abgang bei der Fußballweltmeisterschaft 2006. Oder seinen Gegner wegen der offensichtlich ausgesprochenen Beleidigungen. Irgend jemanden zu verurteilen macht uns weder mental stärker noch emotional gelassener, noch macht es unsere Persönlichkeit authentischer, eher im Gegenteil. Denn wenn man mit dem Finger auf andere zeigt, liegt da nicht der Verdacht nahe, von sich selbst ablenken zu wollen?

Der Umstand, daß „so etwas“ passiert – und zwar andauernd –, kann uns helfen, authentischer zu werden. Selbst die integerste Lichtgestalt hat ihre Schattenseiten, ihre dunkle Vergangenheit, ihre „dark desires“. Warum also nehmen wir nicht einfach erst einmal hin, daß das auch bei uns Normalbürgern so ist? Nur wer Fehler macht, kann auch aus ihnen lernen!

Denken wir daran, daß wir am Ende nur vor uns selbst bestehen müssen. Nicht vor Günther Grass, nicht vor Zinedine Zidane, nicht vor unserem Chef, nicht vor unserer Frau oder unserem Mann, nicht vor Nachbar Karl-Heinz Müller. Nur vor uns. Jene „Lichtgestalten“, die uns tagtäglich vor Augen führen, daß sie eben auch *nur Menschen* sind, zeigen uns dies. Denn wenn die da – berühmt, bekannt, geliebt und verehrt – Mist bauen, kann ich als normaler 08/15 Durchschnittsbürger doch auch mal Mist gebaut haben, ohne vor mir selbst das Gesicht zu verlieren, oder?

Was würden Sie gerne tun, was vielleicht nicht so ganz den landläufigen Vorstellungen von Moral und Ethik entspricht? Oder haben Sie es schon mal getan? Das, was Sie mal getan haben, ist sowieso vorbei. Und das, was Sie gerne noch tun würden... ja, dafür gibt es wunderbare „Ersatzhandlungen", mit denen Sie die negative Energie wunderbar abbauen können. Das Kaktus-Prinzip wird Sie mit einigen Möglichkeiten zu diesem Bereich vertraut machen. Was Sie aber zuerst tun müssen, ist, sich ihre „dark desires" vor sich selbst einzugestehen.

3. Streben Sie Ausgleich bezüglich Ihres „emotionalen Informationsgehaltes" an.

Können Sie sich noch an die fünf „emotionalen Informationsgehalte" erinnern? Ich habe in Kapitel 3 versucht, Ihnen das Wechselspiel zwischen Körper und Geist beim Thema Krankheiten aus pragmatischer Sichtweise heraus darzulegen. So kann man jedem „emotionalen Informationsgehalt" bestimmte Dinge zuordnen, zum Beispiel aus dem Bereich der Nahrungsmittel, aber auch aus dem Alltag. **„Süß"** beispielsweise steht auf der physischen Ebene für Süßspeisen. Auf der emotionalen für Zärtlichkeit, Liebkosungen, auf der mentalen für das süße Nichtstun oder das süße Leben (la dolce far niente/la dolce vita). **„Sauer"** beinhaltet als großes Thema die Bereiche Kampf/Streit/Konflikt/Aggression, auf materieller Ebene wäre ihm Fleisch zuzuordnen, das auf der einen Seite den Stoffwechsel „säuert" (ist nicht immer richtig…), auf der anderen Seite von den „aggressiven Raubtieren" verzehrt wird. **„Bitter"** sind auf der materiellen Ebene (des Geschmacks) etwa saure Früchte, bittere Gemüse, Salate und Kräuter, auf emotionaler Ebene die „bittere Niederlage" (der „herbe Rückschlag"); mental zählen zu diesem Bereich Krankheit, Einsamkeit, Isolation, Armut und das Alter. **„Scharf"** findet auf geschmacklicher Ebene seine Entsprechung in Rettich, Radieschen, Knoblauch, Curry, allen Gewürzen, auf emotionaler Ebene ist es der „scharfe Sex", mental kann man Abenteuer und Aufregung (Action) im positiven Sinne diesem emotionalen Informationsgehalt zuordnen. Zuletzt noch **„salzig"**, dem auf materieller Ebene neben dem Salz Konserven entsprechen, auf emotionaler Ebene Sicherheiten, auf mentaler Ebene alles Praktische, Konkrete, Bildung, Handwerk, Geschäft, alles Sachliche, auch Sparsamkeit, Planung und alles „Konservative" (Salz konserviert!).

Betrachten Sie die Filter für diese emotionalen Informationsgehalte. Ein schwacher Filter, der zuviel „Negativität" in das Unterbewußtsein bzw. das Bauchhirn durchläßt, wirkt sich auf Dauer auf die körperliche, emotionale und mentale Integrität (Gesundheit, Stimmung, Ausgeglichenheit und so weiter) aus. Sie werden schneller krank, depressiv und verzweifelt, wenn Ihnen widrige Ereignisse widerfahren, von den kleinen Ärgernissen des Alltags bis hin zu den großen Schicksalsschlägen. Das eher Mystische an dieser Angelegenheit ist, daß diese emotionalen Informationsgehalte anscheinend immer ausgeglichen werden wollen, oder, wie es Leonardo da Vinci ausdrückte: „Wo viel Glück ist, ist auch viel Leid!" Kein Mensch wünscht sich Leid. Und niemand kann Leid in unbegrenzter Menge mit seinem Verstand verarbeiten.

Besonders sensible Menschen verkraften diese „vollbewußte Konfrontation" mit negativen Dingen schlechter, oder anders ausgedrückt: Ihr Filter für diese emotionalen Informationsgehalte ist schwächer. Dementsprechend wird ein größerer Anteil dieser Informationen in das Bauchhirn oder Unterbewußtsein verschoben, mit allen Konsequenzen für den Stoffwechsel des Betroffenen. Kurz: Negative Ereignisse machen krank! Und das gerade **weil** sie überwiegend vom Bauchhirn verarbeitet werden müssen. Wut und Trauer sind ebenso wie beispielsweise ein Gefühl von Leere oder Ausgebranntsein (Frust) Energien, die vom Bauchhirn/Unterbewußtsein als Reaktion auf Di-Streß erzeugt werden, je nach der konkreten Situation. Werden sie nicht umgesetzt, also ausgelebt, verbleiben sie als „potentielle Energie“, um diesen Ausdruck aus der Physik zu bemühen, im Geist-Körper-Wirkkomplex und führen mittel- bis langfristig zu Stoffwechselentgleisungen und damit zu Krankheit. Die Volksweisheit wird diesem Umstand mit dem Spruch: „Er/sie schluckt immer alles runter!“ gerecht.

Die gute Nachricht dabei: Sie können die Filter auf unterschiedlichen Ebenen stärken. Ein angehender Rennfahrer oder Boxer setzt sich immer wieder der Herausforderung (emotionaler Informationsgehalt: „sauer“) aus und härtet sich damit ab, so daß der Filter für diesen emotionalen Informationsgehalt stark wird. Das Ergebnis nennen wir bei Sportlern „Kaltblütigkeit“. Doch um sich unterbewußt/emotional gegen Schicksalsschläge zu wappnen, sprich: Ihre Filter zu stärken, müssen Sie sich nicht immer wieder Schicksalsschlägen „zur Abhärtung“ aussetzen.

Das wäre ja auch völlig unsinnig, denn „Schicksal“ bekommt man in aller Regel mehr als genug vom Leben geliefert. Vielmehr gilt es, die Sinne für die von uns positiven emotionalen Informationsgehalte (beispielsweise „süß“) zu verfeinern, indem man diese weniger, dafür aber umso bewußter an sich heranläßt. Das heißt beispielsweise, weniger Süßes naschen, die süßen Augenblicke des Lebens aber dafür umso bewußter erleben! Der erstaunlich konkrete Effekt: Das Nervenkostüm wird stabiler, die Filter für die von uns als negativ empfundenen emotionalen Informationsgehalte werden gestärkt! Warum das so ist, verrate ich Ihnen im letzten Teil des Buchs!

Mit mehr Bewußtheit sollten wir übrigens all die angenehmen Dinge, die in unser Leben treten, genießen. Wir holen auf diese Weise viel mehr heraus (beim Essen wäre dies beispielsweise intensives Kauen und Schmecken!) und benötigen auch weniger davon! Im folgenden Kapitel verrate ich Ihnen anhand der „7 goldenen Schlüssel", wie Sie schwache Filter stärken und zu starke sensibilisieren, wie Sie negative Emotionen abbauen, aus positiven Dingen mehr herausholen, mehr davon profitieren und schließlich den Geist-Körper-Wirkkomplex harmonisieren können. All diese Dinge sind gleichbedeutend damit, sich ein dickeres Fell zulegen. Sie haben dann immer noch kein besseres Schicksal. Aber Sie können mit dem, das Ihnen mitgegeben wurde, besser umgehen!

Rüdiger Dahlke geht sogar noch weiter, indem er die astrologischen Urprinzipien bemüht und sagt, es sei egal, auf welcher Ebene man ein Prinzip verwirkliche, nur: es muß verwirklicht werden. Beispielsweise das Saturn-Prinzip, das sich im Großen und Ganzen mit dem emotionalen Informationsgehalt „bitter" deckt und daher als unangenehm empfunden wird, zum Beispiel in Form von Krankheit. Letztere läßt sich vermeiden, indem man fastet oder einen relativ hohen Anteil an Salaten, bitterem Grün und Obst ißt (Saturn-Prinzip oder emotionaler Informationsgehalt „bitter").

Verwirklicht man das Prinzip bewußt und auf konkreter Ebene (Fasten, Rohkost), braucht man die abstrakte Ebene (Krankheit) nicht. Das macht in vielen Fällen Sinn. Es ist bekannt, daß Kinder, die zu wenig Liebe und Bestätigung bekommen (emotionaler Informationsgehalt „süß“ oder Urprinzip Venus), tendentiell mehr naschen und so auch zu mehr Leibesfülle neigen (ebenfalls emotionaler Informationsgehalt „süß“ und astrologisches Urprinzip Venus!).

Ich könnte an dieser Stelle noch viele Beispiele dazu anführen, aber darum geht es nicht. Es geht auch nicht darum, das Schicksal zu überlisten, sondern genug innere Stärke zu entwickeln, ihm ins Auge sehen zu können, ohne größere körperliche, emotionale oder geistige Blessuren davonzutragen. Und nun zeige ich Ihnen, wie es geht…

Dieses Kapitel auf den Punkt gebracht:

- ➡ Wenn Sie sich selbst Ihr bester Freund sein wollen, akzeptieren Sie Ihre negativen Emotionen als Reaktion auf Verlustereignisse und Schicksalsschläge.
- ➡ Seien Sie netter zu sich. Entwickeln Sie das richtige Verhältnis zu Disziplin, zur Arbeit, zum Leben.
- ➡ Streben Sie die Mitte an. Ständige Selbstaufopferung macht Sie auf Dauer genauso wenig glücklich wie der totale „Ego-Trip“. Grenzen Sie sich ab.
- ➡ Es gibt Dinge, die man loslassen muß, um sie zu gewinnen. Doch die Erkenntnis des Loslassens ist ein Prozeß, der sich überhaupt erst nach einer Weile des Kampfes einstellt. Man kann nicht loslassen wollen. Sie müssen

akzeptieren, daß allein „Wollen“ oder „Nichtwollen“, also Engagement in die eine oder andere Richtung mit der Zeit automatisch zum Loslassen führt – und damit in die Freiheit.

- ➡ Sie sollten all Ihre Wünsche beachten, auch die sogenannten „profanen Wünsche“. Denn Sie teilen Ihnen etwas über Sie mit.
- ➡ Stellen Sie sich immer wieder die Frage, ob die Dinge, die Sie bereits erreicht haben und die Sie umgeben, Sie auch wirklich glücklich machen, und fragen Sie sich , ob die Dinge, die Sie noch erreichen wollen, dies tun.
- ➡ Selbst die integerste Lichtgestalt hat ihre dunkle Seite. Akzeptieren Sie, daß dies auch für Sie gilt!
- ➡ Die Energie dunkler Wünsche läßt sich umwandeln, wenn man sich erst einmal eingesteht, daß man solche Wünsche hat!
- ➡ „Emotionale Informationsgehalte“ sind eine Umschreibung dafür, wie uns die Ereignisse des Lebens „schmecken“. Süß beispielsweise ist angenehm, sauer und bitter stehen für Negatives (bittere Niederlage, Einsamkeit, saurer Schweiß etc.).
- ➡ Besonders sensible Zeitgenossen sind nicht in der Lage, negative Ereignisse vollständig mit dem Verstand aufzunehmen. Die Information geht ins Bauchhirn/Unterbewußtsein über. In diesem Fall sind die betroffenen „Filter“ für diese „emotionalen Informationsgehalte“ zu schwach.
- ➡ Dies führt dazu, daß die Information negativer Ereignisse gleichsam „im Körper weiterarbeitet“. Das kann zu Unwohlsein, ja sogar Krankheit führen. Aufgrund des schwä-

cheren Filters werden sensible Personen durch Negatives leichter krank.

➡ Es besteht die Möglichkeit, den Filter für die negativen Ereignisse des Lebens zu stärken, sprich, ein dickeres Fell zu entwickeln, indem man Angenehmes bewußter aufnimmt und vor allem auf der materiellen Ebene (konkretes Beispiel: Süßspeisen) weniger davon zu sich nimmt. Dies stärkt über komplexe Stoffwechselprozesse und den Geist-Körper-Wirkkomplex die Filter für das Negative.

9 Die 7 goldenen Schlüssel des Kaktus-Prinzips

1. Erschaffen Sie sich Ihre „persönliche Gummizelle"

Viele Menschen sind sich nicht darüber im klaren, wieviel Schaden der Ärger, den sie tagtäglich herunterschlucken müssen, in ihrem Innern anrichten kann. Denken Sie noch einmal an die Filter. Der tägliche Ärger, Streß, die kleinen und großen Katastrophen des Alltages, mithin alles, worauf wir eigentlich gerne verzichten würden: Es macht vor allem die Sensibleren unter uns krank, weil es unseren Verstand überfordert und daher vom Unterbewußtsein/ Bauchhirn aufgearbeitet werden muß. Können Sie sich vorstellen, was sich da für „Abgründe" auftun? Was für ein Chaos in unserem Inneren herrscht, mental und emotional? Und welchen Einfluß dieses Chaos auf unser Gefühlsleben, unser rationales Ich, unser ganzes Sein hat?

Sie steuern sich nicht mehr selbst. Sie werden von dem Chaos in Ihrem Unterbewußtsein gesteuert. Sie könnten bei jeder Gelegenheit ausrasten. Doch Sie tun es nicht. Dadurch wird das Chaos in ihrer Innenwelt noch größer – und Sie damit noch anfälliger, gestreßter, launischer und kränker!

Der Müll in Ihrem Inneren, das Ergebnis von Belastungen, Streß, Enttäuschungen, insbesondere enttäuschten Erwartungen, Anspannung, Hektik und Rastlosigkeit, innerer wie äußerer Unruhe, sprich: Grübelei, Zweifel, Befürchtungen und Verbitterung beherrschen Sie. Alles, was Sie tun, sagen und denken, entspricht nicht wirklich Ihrem Innersten. Sie denken nur, daß Sie das sind. Aber Ihr Geist-Körper-Wirkkomplex, so wie er im Moment ist, ist das Ergebnis Ihrer bisherigen Kämpfe, Niederlagen, Erwartungen und Enttäuschungen. Dies hat Sie mißtrauisch, innerlich verspannt und rastlos werden lassen. Es hat Sie auch immer mehr sensibilisiert, Sie mit der Zeit richtig in Panik versetzt – vor weiteren Enttäuschungen, die Ihnen das Leben noch bereiten könnte. Und deswegen sind Sie nicht mehr „frei". Das ist das eine Problem.

Das andere: Es ist Ihnen verboten, „den Müll nach draußen zu tragen". Wenn Sie in Ihrem Wohnhaus den Müll entsorgen, wird das nicht als anstößig oder gegen irgendwelche Sitten und Gebräuche verstoßend empfunden. Doch wenn Sie das gleiche mit dem Müll Ihres „Körperhauses" (Geist-Körper-Wirkkomplex) tun wollen, gilt dies als regelwidrig oder moralisch verwerflich. Klar: Ihrem Chef die Keule über den Schädel zu ziehen ist nicht wirklich das Wahre. Aber eigentlich, gestehen Sie sich dies ruhig einmal ein, bräuchten Sie genau das, um einmal inneren Frieden zu finden. Was ist zu tun?

Ganz klar: Der Müll muß raus! Sie müssen ihn irgendwie in die Außenwelt befördern, wenn Sie nicht irgendwann emotional, geistig und natürlich auch körperlich an Ihren Giften ersticken wollen. Viele sogenannte „Gesundheitsapostel" entschlacken und entgiften Ihren Körper dauernd – und vergessen dabei, sich emotional und mental zu entschlacken. Dies ist jedoch ebenso wichtig, wie den Körper durch Tees, Fasten und Rohkost zu reinigen! Einige bezeichnen die emotionale und mentale Entschlackung als

„Innenweltbereinigung“, Osho nannte sie „dynamische Meditation“, ich nenne sie „die persönliche Gummizelle“.

Die „persönliche Gummizelle“ muß im konkreten wie im abstrakten Sinne existieren dürfen. Im konkreten Sinne heißt: Sie brauchen einen Ort, an dem Sie Ihre Wut, Ihre Trauer, die Rastlosigkeit, die Gedankenhetze, die Verbitterung und alles, was die Seele sonst noch belastet, mal herauslassen können. Im abstrakten Sinne heißt: Sie benötigen die ungehinderte und straffreie Möglichkeit, dies zu tun, gleichsam einen mentalen Ort als Refugium, an dem Sie – ohne daß irgend jemand zu Schaden kommt – „die Sau herauslassen können“. Optimal wäre dabei folgende Lösung:

Sie benötigen:

- einen schweren Sandsack, möglichst bis auf den Boden reichend (zum Boxen),
- ein paar leichte Trainingshandschuhe, die die Handgelenke stützen,
- leichte, bequeme Sportbekleidung,
- eventuell ein Bild der Person, die Sie am meisten hassen,
- eine Stoppuhr
- und natürlich einen Platz, wo Sie alles unterbringen.

Wenn Sie einen Raum im Keller haben, wo Sie alles deponieren und vor allem damit arbeiten können, wäre dies das Beste, denn die unterirdische Lage puffert einiges ab. Wenn Sie allerdings einen Raum haben, in dessen Ecke Sie ihre „Wutzone“ einrichten können, scheuen Sie sich nicht davor. Wenn Sie während des Schlagens stöhnen, keuchen und röhren, können Sie Ihren Nachbarn immer noch erzählen, wie hart Sie neuerdings trainieren. Hängen Sie den Sandsack auf jeden Fall da auf, wo er stabil hängt, zusätzlich sollte er noch auf dem Boden stehen, weswegen ein „langer“ Sandsack günstig ist. Die Füllung sollte ihn mindestens ca. 25 Kilogramm schwer machen (bitten Sie jemanden, Ihnen beim Tragen zu helfen, falls Sie mit diesem Gewicht nicht zurechtkommen). Gehen Sie beim Kauf der Handschuhe danach, ob sie Ihre Handgelenke auch bei harten Schlägen stabilisieren. Denn was dann kommt, ist nichts für zart besaitete Gemüter...

Es geht nicht darum, ausgefeilte Technik zu üben, ja es geht nicht einmal um sportliche Ambitionen. Es geht vielmehr um ununterbrochene, fünfzehnminütige, brutalste Gewaltanwendung. Ohne Kompromisse, ohne Pause und ohne Gnade. Sobald Sie anfangen, um den Sack herumzutänzeln und gelegentlich nach ihm zu schlagen, verfehlen Sie das Prinzip der „persönlichen Gummizelle“. **Es geht darum, daß Sie AUSRASTEN!!!** Das ist etwas sehr Privates und sogar Kostbares. Deswegen sollten Sie den Moment mit niemandem teilen, der gehört nur Ihnen. Und so geht es:

1. Sie suchen Ihre „Gummizelle“ auf.
2. Ziehen Sie ihre Kleidung aus und legen Sie Sportkleidung an, stellen Sie die Stoppuhr so ein, daß sie nach 15 Minuten ein akustisches Signal gibt.
3. Legen Sie die Handschuhe an.
4. Postieren Sie sich vor den Sandsack und stieren Sie, falls vorhanden, das Bild mit Ihrer „Lieblings-Haß-Person“ an.
5. Alternativ: Sammeln Sie in sich alles, was Sie an Wut auf-

bringen können, fangen Sie an zu knurren und die Zähne zu fletschen! Steigern Sie sich richtig in Ihre Wut hinein!

6. In dem Moment, in dem Sie glauben zu explodieren, stürzen Sie sich mit allem gesammelten Haß und aller Wut auf den Sandsack: Schlagen Sie! Treten Sie! Halten Sie ihn fest und decken ihn mit Kniestößen ein! Beißen Sie hinein, schlagen Sie wieder, mit aller Kraft! Pfeifen Sie auf Technik! Wie gesagt, es geht hier nur um Gewaltanwendung. Bis die Stoppuhr das Signal vernehmen läßt.
7. Hören Sie dann SOFORT auf! Lassen Sie sich fallen, langsam zu Boden sinken. Versuchen Sie mit Ihrem Atem zur Ruhe zu kommen (zwingen Sie sich nicht dazu, sondern lassen Sie Ihren Atem fließen!).
8. Beobachten Sie, was geschieht, vor allem, was in Ihnen vorgeht.

Es ist gut möglich, daß Sie nach zwei Minuten schon total erschöpft sind. Machen Sie trotzdem weiter. Ihre Kraft wird nachlassen. Das macht nichts. Sie machen mit der Intensität weiter, zu der Ihr Körper fähig ist, bis zum Schluß und ohne Pause. Sie denken, Sie würden zusammenbrechen. Das macht nichts. Es geht nicht darum, Ihre Kondition auf eine Probe zu stellen. Es geht einzig und allein darum, die angestaute Wut im wahrsten Sinne des Wortes verpuffen zu lassen. Wahrscheinlich sind Sie danach verschwitzt. Es ist egal. Es geht nicht um Ästhetik, sondern um innere Reinigung! Trocknen Sie sich ab und gehen Sie duschen.

Das sind meine persönlichen Erfahrungen mit der „Gummizelle“. Wegen mangelndem Platz für die Aufhängung eines Sandsacks in meiner Wohnung bin ich in einen Wald gelaufen und habe in einer sehr abgeschiedenen Gegend Bäume malträtiert. Nach der Viertelstunde bin ich zu Boden gesunken, habe mich einfach im Wald langgelegt. Es folgten einige Minuten völliger Gedankenleere, in denen die Sinne absolut auf den Augenblick ausgerichtet waren. Man kann dieses Gefühl nur schwer beschreiben, da der Kopf, sprich: der Verstand völlig unbeteiligt daran ist. Es ist ein Gefühl von totaler Bewußtheit im „Hier und Jetzt", ohne daß irgend etwas, weder Kopfhirn noch Bauchhirn, diesen Zustand „blockieren". Und als bei mir nach einigen Minuten der normale Verstand wieder zu arbeiten begann, waren meine ersten Gedanken: „Was mache ich eigentlich hier?", und ich begann zu lachen.

Diese völlig klaren Phasen, diese „lichten Momente" werden übrigens länger, je öfter man es tut. Und mit der Zeit weicht die innere Getriebenheit und Rastlosigkeit von Ihnen. Nach zwei Monate regelmäßigen Übens werden Alltäglichkeiten, die Ihnen vorher den letzten Nerv geraubt hätten, an Ihnen abprallen wie an einer Gummiwand! Im Sinne der Wissenschaft vom dicken Fell erneuern Sie mit dieser Übung die Filter für die emotionalen Informationsgehalte „sauer" und „bitter". Der Moment der Gedankenleere, den ich eben beschrieben habe, ist sozusagen der „Filtertausch".

Wenn Sie eine Familie haben, lassen Sie Ihre Frau/Ihren Mann und Ihr Kind/Ihre Kinder die „Gummizelle" ebenfalls nutzen. Sagen Sie ihnen, daß sie ihre Wut sammeln und dann auf den Sandsack einschlagen sollen so fest es geht. Eine Viertelstunde lang. Der Sohn, wenn er mal wieder die Mathearbeit verhauen hat. Die Tochter bei Liebeskummer, die Frau bei Besuchen durch die GEZ oder die Zeugen Jehovas (oder was auch immer). Jedes Ihrer Familienmitglieder kann von der „Gummizelle" profitieren. Auch als Frau sollten Sie sich nicht scheuen, diese Übung zur

Reinigung der Innenwelt anzuwenden. In vielen Familien, auch wenn sie aus dem traditionellen Rollenverständnis herausfallen, sprich: die Frau genauso berufstätig wie ihr Mann ist (vielleicht besser **gerade** dann!), nimmt die Frau/Mutter oft noch die Rolle des „Kummerkastens" und der Trösterin ein und ist dadurch zusätzlich mit den negativen Emotionen der übrigen Familienmitglieder belastet.

Wenn Sie keinen Platz haben oder sich aus sonstigen Gründen keinen Sandsack aufhängen können oder wollen, könnten Sie sich alternativ ein „Schlagpolster" besorgen – eine Erfindung aus dem Kampfsportbereich, japanisch „Makiwara" genannt. Im Internet finden Sie unter diesem Stichwort eine reiche Auswahl in diversen Online-Shops.

Es gibt zudem viele andere Übungen, die in den Bereich der „Innenweltreinigung" hineingehen, auch wenn ich die oben beschriebene persönlich für die beste halte. Einige sehr gute Anregungen zu diesem Thema finden Sie in *Das orangene Buch – Meditationen für ein neues Jahrtausend* von Osho, siehe Literaturverzeichnis.

Noch eine kleine Anmerkung zu diesem Schlüssel unter gesundheitlichen Aspekten: Seien Sie entsprechend vorsichtig mit der Umsetzung, falls Sie unter Anämie, Bluthochdruck, Herzrhythmusstörungen, hormonellen Störungen (beispielsweise Schilddrüsenüberfunktion), Gelenkproblemen oder massivem Übergewicht zu leiden haben. In diesem Falle gehen Sie es moderat an oder besser: Setzen Sie sich zu Beginn ein Zeitlimit von zwei Minuten, das Sie mit der Zeit langsam steigern. Ich habe des öfteren beobachtet, daß sich mit dem Lösen emotionaler Blockaden auf diese Weise auch einiges (Positive!) auf Körperebene tut!

2. Hören Sie auf, ein „besserer Mensch" werden zu wollen

Ich denke, Sie haben es schon immer geahnt: Das ganze Leben dreht sich um Persönlichkeitsentwicklung. In diesem Zusammenhang ist ja oft die Rede vom „besseren Menschen". Hier tut sich das in meinen Augen größte Mißverständnis der Menschheit auf, insbesondere in Bezug auf Religion und Spiritualität. Dieses Mißverständnis beruht auf der Annahme, der „bessere Mensch" solle sich gewissen Sitten- und Moralvorstellungen anpassen, die von Menschen gemacht wurden, um das Leben in der Gemeinschaft „reibungsloser" zu gestalten. Kurz: Ein „besserer Mensch" folgt allgemeingängigen Moralvorstellungen. – Und das ist grundfalsch.

Ein Beispiel gefällig? Nun, ich kenne Menschen, die glauben an nichts: nicht an Gott, eine unsterbliche Seele, ein Jenseits, einen Himmel, eine Hölle, Reinkarnation, also Atheisten und Materialisten. Trotzdem – und das ist ja bei diesem Background völlig irrational – ist das Leben dieser Menschen so sehr von kirchlich-theologischen Moralvorstellungen geprägt, daß sie a) nicht einen Hauch von Spaß in ihrem Leben zulassen und b) ihr wahres „Ich" kontinuierlich verleugnen.

Es sind diese Typen mit dem Grauschleier im Gesicht (vom verpaßten Spaß im Leben), die ständig mit warnend erhobenem Zeigefinger durch die Gegend laufen und in jedem zweiten Satz Floskeln in der Art „Das tut man doch nicht …", „das geht doch nicht…", „man muß doch anständig sein…" bemühen. Sie bleiben bei einem Partner, der sie geistig, ja sogar körperlich quält, weil sie sich einmal den Bund fürs Leben versprochen haben, sie legen jeden Cent auf die hohe Kante, damit die Nachkommen es einmal besser haben, sie bringen sich an den Rand des Zusammenbruchs, um anderen Gutes zu tun, ohne auf sich selbst zu achten.

Aus der Perspektive des Materialismus oder Atheismus erschließt sich mir der Sinn einer solchen Lebensführung nicht. Ehrlich gesagt, nicht einmal aus der Perspektive eines religiösen oder spirituellen Weltbildes. Aber zumindest kann ich ein solches Verhalten aus einer spirituellen Perspektive heraus bei anderen noch eher verstehen.

Mal ehrlich: Warum sollte man sich für andere aufopfern und das personifizierte schlechte Gewissen einer ganzen Kirchengemeinde geben, wenn man an nichts glaubt? Kein Leben nach dem Tod, keine Reinkarnation, kein Schuld-und-Sühne-Karma? Wäre ich ein Materialist, würde ich versuchen, das Leben auszupressen wie eine Zitrone und das letzte Quäntchen Spaß herauszuholen!

Was ist nun aber mit denen, die an etwas glauben, also keine Materialisten sind? Wie gesagt, ich kann Menschen verstehen, die sich aufopfern und sich selbst nichts gönnen, wenn sie dies in der Absicht tun, geistiges/spirituelles Wachstum anzuregen und sich seelisch weiterzuentwickeln. Doch auch solche Leute brechen irgendwann erschöpft zusammen: Menschen, die ein halbes Dutzend Ehrenämter auf einmal übernehmen und sich damit wirklich „übernehmen“, weil sie ja noch beruflich als Therapeut oder sonstwie als Menschenfreund „engagiert“ sind. Ihnen macht der Körper nach einer gewissen, meist längeren Zeit unmißverständlich klar, daß es so nicht mehr weitergeht. Sie werden krank, erschöpft, depressiv oder entwickeln ein Burnout-Syndrom.

Mal ehrlich: Halten Sie ein Burnout-Syndrom für das Zeichen einer abgeschlossenen geistigen Entwicklung oder gar des „Aufstiegs ins Licht“? Ich nicht. Gutes tun ist gut. Solange es der eigenen Natur entspricht. Geben muß aus der Fülle heraus geschehen, nicht aus der Leere. Wer aus der Leere gibt, verkrampft sich dabei. Das ist nur eine Analogie. Aber vielleicht die wichtigste für all die „Gutmenschen", die sich mit dem, was sie tun, übernehmen. Die irgendwelchen Ideologien folgen und sich dafür selbst ruinieren. Ob das nun Pazifisten, strenge Vegetarier oder Menschen sind, die unter einem „Helfersyndrom" leiden. Viele wollen sich unter dem Deckmäntelchen von Ideologie, Spiritualität und Religion „verbessern" und schaden damit sich selbst – im Extremfall sogar anderen!

Der Wunsch, ein besserer Mensch werden zu wollen, wurzelt meines Erachtens in einem tief sitzenden Minderwertigkeitskomplex. Ebenso das Sich-mit-anderen-Vergleichen. Vergessen Sie beides. Es ist Nonsens, ein „besserer Mensch" werden zu wollen. Persönlichkeitsentwicklung ergibt sich automatisch. Gegen die kann man sowieso nichts tun, sie geschieht einfach. Und das wissen Sie! Jede Situation, die uns begegnet, regt Persönlichkeitsentwicklung an. Dabei werden wir nicht besser oder schlechter, nur anders. Wir lernen dazu. Werden vielleicht ein bißchen weiser dabei. Aber ganz sicher nicht „besser" im Sinne landläufiger Moralvorstellungen.

Hören Sie auf, Ihre Persönlichkeit verbessern oder ein besserer Mensch werden zu wollen! Ich schlage Ihnen folgendes vor: Sammeln Sie alle Bücher und Schriften, die Sie zu diesem Thema besitzen, und alles, worin es ums „Verbessern" geht, sondern sie aus, bringen sie an einem schönen Tag zu einem Grillplatz und zünden sie an. Ich habe es vor Jahren auch so gemacht. Seien Sie Sie selbst. Helfen Sie, seien Sie gut, aber es muß aus Ihrem Innersten kommen. Nicht aus den Erwartungen anderer an Sie oder aus denen, die Sie für Ihre eigenen halten…

3. Ignorieren Sie das Zeitgeschehen KOMPLETT

Diesen Schlüssel sollten Sie als eine temporäre Maßnahme zum Selbstschutz betrachten. Es ist ein bißchen wie beim 1. Schlüssel. Auch diese Maßnahme hilft Ihnen, das Chaos in Ihrem Inneren zu lichten. Und zwar nicht, indem Sie das bereits vorhandene Chaos „entrümpeln", sondern indem Sie kein neues in sich hineinlassen. Sozusagen Giftvermeidung auf mentaler Ebene.

Deutschland, so heißt es, ist ein Land der Pessimisten. Menschen, die jammern, sich tagtäglich über dieses und jenes beklagen und dem Leben keine Freude abtrotzen können. Wenn man einmal die Nachrichtenseiten diverser Internetprovider betrachtet, findet man meist auch Internetforen eingerichtet, in denen sich die Leser über das aktuelle Tagesgeschehen austauschen können. Da wird dem Unmut über die angeblich immer schlechter werdenden Zustände Luft verschafft, über die Politik, den Staat, die Großkapitalisten und so weiter geschimpft und mit Revolution gedroht. So sieht es aus: schlechte Laune allerorten!

Ich persönlich betrachte unsere Zeit, in der das soziale Netz weitmaschiger wird und die allgemeinen Lebensbedingungen schwieriger sind als noch vor 20 oder 30 Jahren, eher als eine Herausforderung zu mehr Eigeninitiative und Tatkraft denn als Anlaß zum Jammern. Es gibt von daher so einige Gründe, die dagegen sprechen, sich jeden Tag mit dem Zeitgeschehen, den aktuellsten (schlechten) Nachrichten und so weiter zu befassen (vorausgesetzt, Sie müssen es nicht von Berufs wegen tun).

Zunächst einmal: Die Zeit, in der Sie sich mit dem Weltgeschehen auseinandersetzen, fehlt Ihnen, um sich mit *sich selbst* auseinanderzusetzen. Zeit mithin, die Sie eigentlich bräuchten, um sich selbst tiefer und nachhaltiger kennenzulernen. Zeit, die *nicht* Ihnen gehört, obwohl es eigentlich Ihre Zeit *sein könnte.* Wenn Sie sich in diesem Zeitabschnitt beispielsweise mit dem Kaktus-Prinzip auseinandersetzen – und wenn es nur um das Entwickeln neuer Rezepte geht –, haben Sie die Zeit viel sinnvoller genutzt. Das gilt selbstredend ebenso, wenn Sie die gewonnene Zeit Familie, Freunden oder Ihrem Hobby widmen.

Weiterhin sind schlechte Nachrichten ein Störfaktor für Ihr Vegetativum, Ihre sogenannte „Grundstimmung“. Ist diese schlecht, werden Sie anders, sprich: weniger gelassen auf die Probleme des Alltags reagieren. Ist Ihre Grundstimmung gut – weil Sie von der geplanten Anhebung der Mineralölsteuer nichts wissen –, stören Sie die Ärgernisse des Alltags viel weniger. Darum gilt für jede schlechte Nachricht das gleiche wie für jede Zigarette, jede Ernährungssünde und jede nicht genutzte Treppenstufe: Sie verkürzt Ihre Lebenserwartung und reduziert Ihre Gesundheit.

Ferner: Es gibt Dinge, die müssen Sie nicht wirklich wissen. Wenn am anderen Ende der Welt irgendein Prominenter in eine Schlägerei verwickelt wird oder Schlimmeres, was denken Sie: Um wieviel wird sich Ihr Leben deswegen ändern? Eben! Es ist so irrelevant für Sie wie der berühmte Sack Reis, der in China umfällt.

Der letzte Grund: Viele Menschen interessieren sich für die Katastrophen und Krisen dieser Welt. So läßt sich Informiertsein herauskehren, ebenso natürlich Mitleid. „Mich *bewegt*, was in der Welt passiert! Das ist ein Zeichen von Charakterstärke!“ Sollte Ihnen Ihr Gegenüber auf die Bemerkung Ihrerseits, daß Sie das Zeitgeschehen ignorieren, auf diese Art entrüstet antworten, entgegnen Sie ihm Folgendes:

„Mit einem starken, perfekten Charakter kann ich leider nicht dienen. Aber ich arbeite daran! Ich bin so sehr mit Selbstoptimierung beschäftigt, daß ich für Nachrichtensendungen leider keine Zeit habe!“ Diese Antwort ist zwar kein Zeichen für Charakterstärke, aber für Schlagfertigkeit (die Sie mit dem Kaktusprinzip *natürlicherweise* entwickeln!).

Das einzige, was für Sie an Nachrichten aus aller Welt *wirklich* interessant ist, ist das, was sie unbedingt für Ihren beruflichen Background brauchen. Ansonsten nur das, was Ihnen Spaß macht und Freude bereitet.

4. Schaffen Sie sich Ihr Refugium, einen Rückzugsort für sich selbst

Sie verbringen viel Zeit in der Woche mit Ihrer Arbeit, Ihren Aufgaben. Was Sie auch tun, es hat immer mit einem Dienst für andere zu tun. Sie dienen mit Ihrer Arbeitskraft Ihrem Chef, Ihrem Auftraggeber, Ihrem Kunden oder wem auch immer. Jenseits Ihrer Arbeit verbringen Sie die Zeit mit Ihrer Familie, Ihrer Frau oder Ihrem Mann und, falls vorhanden, mit Ihren Kindern. Oder mit Ihren Freunden und Bekannten. In dieser Zeit dienen Sie ihnen. Sie erhalten auch etwas dafür. Beziehungen, egal welcher Art, sind immer ein Geben und ein Nehmen. Befriedigend sind diese Verhältnisse für Sie, wenn Geben und Nehmen ausgeglichen sind und wenn Sie darüber hinaus auch noch gerne geben.

Doch egal, wie eingespannt Sie auch sein mögen: Sie brauchen etwas, das nur Ihnen gehört! Denn die wichtigste Beziehung ist die, die Sie zu sich selbst haben. Und das vergessen die meisten Menschen immer wieder. Viele Menschen gehen so in ihren vielen Beziehungen zu anderen Menschen auf, daß sie sich selbst dabei völlig vergessen, sich gar aufopfern. Dieses Thema hatten wir im 2. goldenen Schlüssel schon einmal. Es kann durchaus auch positiv sein, sich „selbst zu vergessen“, wenn es nicht zuviel wird, zum Beispiel in einer Partnerschaft. In der ersten Verliebtheit ist das ganz leicht. Man ist so sehr mit dem Partner beschäftigt, daß man sich selbst darüber vergißt. Genauso ist es, wenn man einer neuen und interessanten Tätigkeit nachgeht. Diese Form der Selbstvergessenheit ist zwar positiv, aber sicherlich nichts für die Ewigkeit. Sie geben gerne – Ihre Zeit, Ihre Aufmerksamkeit, eigentlich alles. Das ist sehr gut. Aber nicht unbegrenzt. „Die Dosis macht das Gift“, sagte einst Paracelsus. Das gilt auch für unsere Beziehungen.

Es heißt ja immer, daß wir in einer Gesellschaft von Egoisten leben und es gerade deswegen immer weniger Familien und feste Partnerschaften gibt, dafür aber immer mehr Singles. Daher ist es nicht verkehrt, wenn man seine Zeit und Aufmerksamkeit jemand anderem schenkt. Einen Teil davon. Sie geben einen Teil Ihrer Arbeit, einen Teil Ihrem Partner und eventuell Ihrer Familie, einen Teil Ihren Freunden und Bekannten. Und wenn Sie vernünftig und weise sind, geben Sie einen weiteren Teil sich selbst. Und zwar jeden Tag. Seien Sie nicht geizig mit der Zeit, die Sie sich selbst widmen. Stellen Sie sich nicht selbst hinten an. Sie könnten es irgendwann bereuen. Wenn Sie sich in einer Partnerschaft selbst so sehr hingegeben haben, daß Sie keine Zeit mehr für sich haben, vereinnahmt Ihr Partner Sie möglicherweise so sehr, daß Ihnen nichts für Sie selbst bleibt. Das wäre fatal. Es ist auch schlecht für die Partnerschaft. Denn wer sich vereinnahmt fühlt, fühlt sich nicht wohl – und bekommt früher oder später massive Probleme mit der Beziehung. Da ist es besser, von vornherein Grenzen zu setzen und sich nicht zu sehr vereinnahmen zu lassen. Nicht vom Partner, nicht von den Freunden, auch nicht vom Beruf.

Widmen Sie all diesen Bereichen einen Teil Ihrer Zeit. Aber nicht alles. Widmen Sie den Rest sich selbst. Verbringen Sie mindestens einige Stunden Zeit in der Woche mit sich und mit dem, was Ihnen Spaß macht. Wenn Sie Single sind, ist das leichter. Aber Vorsicht! Wenn Sie sich „auf die Suche" begeben, dann ist das nicht wirklich Zeit, die Sie mit sich selbst verbringen. Ausgehen und Spaßhaben hat nichts damit zu tun, Zeit mit sich selbst verbringen! Zeit mit sich selbst verbringen heißt: sich besser kennenlernen. Nicht die tolle Blondine oder den attraktiven Schwarzhaarigen mit dem Muscleshirt und dem Cocktail in der Hand, der/die gegenüber an der Bar steht, sondern sich selbst. Das kann durch ein Hobby geschehen, durch Sport. Tun Sie etwas, in dem Sie aufgehen und das nur Ihnen gehört. Ob das die Modelleisenbahn ist, der Oldtimer, an dem Sie schrauben, der Roman, den Sie schreiben, oder der Teppich, den Sie knüpfen. Ob das Hantelnstemmen oder Briefmarkensortieren oder Gitarrespielen ist: Diese Zeit gehört Ihnen.

Das klingt egoistisch. Ist es auch. Aber Egoismus ist nicht notwendigerweise etwas Negatives. Denken Sie immer daran: Die Dosis macht das Gift. Sie werden mit Sicherheit davon profitieren. Aber auch Ihre Lieben. Ihr Partner profitiert mehr von der Beziehung mit Ihnen, wenn Sie nicht aneinander kleben, als wären Sie voneinander abhängig wie der Raucher von der Zigarette. Ich wage zu behaupten, daß Ihre Lieben mehr von Ihnen haben, wenn Sie sich ab und an rar machen. Wenn Sie sich einige Stunden in der Woche um sich selbst kümmern. In einer Partnerschaft wird die Liebe so konzentrierter. Bei der Arbeit ist es Ihre Hingabe an ein Projekt.

Jede Tätigkeit, die unter dem Begriff „Hobby“ läuft, hilft Ihnen, sich selbst besser kennenzulernen – nicht durch Grübeln oder endlose Selbstanalyse, sondern durch Ihr Tun. Und dies hilft den Menschen, mit denen Sie zu tun haben, weil sie sich dann mehr auf Sie einlassen können.

5. Setzen Sie sich den Elementen aus (besonders dem Wind!)

Dieser Schlüssel ist sehr konkret. Denn ich glaube, daß Sie eine metaphysische Erfahrung machen können, wenn Sie sich z. B. dem Wind aussetzen. Es gibt verschiedene Möglichkeiten, sich dem Wind auszusetzen. Beispielsweise Cabriofahren oder Paragliding, aber auch Spektakuläres wie Drachenfliegen, Fallschirmspringen oder sogar Bungeejumping. Wenn Sie sich dies zutrauen, können Sie es auch tun. Notwendig ist es nicht. Der Schlüssel findet seine Erfüllung auch schon in etwas so „Profanem“ wie Cabriofahren.

Ich zähle zu meinem Bekanntenkreis einige sogenannte „spirituelle Meister“. Sie beschäftigen sich viel mit „der geistigen Welt“. Man könnte sie auch als abgehobene Spinner bezeichnen. In der Tat geben diese Menschen so manchen Unsinn von sich. Aber es gibt Momente, da finde ich ihre Äußerungen sehr weise. So hat zum Beispiel ein (deutschlandweit) bekanntes spirituelles Medium, eine Frau, einmal zu mir gesagt: „Cabriofahren reinigt die Aura!“

Ich möchte jetzt nicht von Aura oder so etwas reden, das ist mir – und Ihnen wahrscheinlich auch – zu abgehoben oder auch zu „esoterisch". Es geht auch nicht um den Begriff „Aura". Es geht mir vielmehr um den Begriff **„reinigen".** Wenn Sie sich dem Wind und den Elementen aussetzen und sich ihnen bewußt anvertrauen, geschieht etwas mit Ihnen. Und ich weiß, wovon ich rede, denn ich habe selbst ein Cabrio besessen, einen kleinen Spider. Immer, wenn ich sein Dach geöffnet habe und losgefahren bin, habe ich mich dem Wind nicht nur ausgesetzt, ich habe mich ihm hingegeben. Ich habe mich von ihm tragen und treiben lassen. Er zaust und zupft an den Haaren, und mit steigendem Tempo tost er um den Kopf. Ich habe nie an ein Windschott oder so etwas gedacht, ich wollte den Wind spüren. Intensiv. Es war, vielleicht mit ein bißchen verklärter Sicht, ein wenig wie Fliegen. Ihnen wachsen Flügel, und Sie schwingen sich in die Luft. Vielleicht machen Sie auch nur Urlaub. 15 Minuten, auf dem Weg von Ihrer Arbeit nach Hause. Man muß ja nicht immer gleich so pathetisch sein. Man wird gesehen im offenen Auto? Geschenkt! Das Leben beginnt hinter dem Ortsschild: ohne Windschott, ohne hochgefahrene Seitenscheiben, mit der Nase hart im Wind!

Auf diese Weise mit den Elementen Zwiesprache zu halten läßt niemanden unberührt, der sich wirklich darauf einläßt. Viele Menschen kaufen sich ein Cabrio, nur um „hip" zu sein oder zur Haute volèe zu gehören. Vergessen Sie diesen Unsinn! Das Geld kann man sich sparen. Diese Menschen haben nicht verstanden, worum es geht.

Doch Cabrio zu fahren und sich wirklich auf die Zwiesprache mit den Elementen einzulassen ist eigentlich unbezahlbar. Ich rate Ihnen, sich diesen Spaß einmal zu gönnen. Wie gesagt, es könnte eine metaphysische Erfahrung werden, wenn Sie sich **wirklich** auf die Fahrt einlassen und sie genießen: den Duft der Felder während der Heuernte, den erfrischenden, harzigen Geruch vom Wald oder, wenn Sie an der See wohnen, die steife Brise vom Meer, die sich durch den Fahrtwind noch intensiviert.

Leihen Sie sich ein Cabrio von einem Freund, mieten Sie eins für ein Wochenende, oder machen Sie eine Probefahrt bei einem Autohändler, bei der Sie das Auto ein oder zwei Stunden fahren. Das reicht. Ohne eine spezielle Automarke favorisieren zu wollen: Der Wagen sollte ein traditionelles Klappverdeck besitzen und möglichst zweisitzig sein. Autohändler sind heute sehr rührig und bieten gerne kurze Probefahrten an. Wenn Sie das Gefühl dafür bekommen, jede Faser Ihres Seins dem Wind auszusetzen und sich beherzt über eine einsame Landstraße zu bewegen, sind Sie „offen für das Offenfahren" und verwirklichen eine der angenehmsten Seiten des Kaktus-Prinzips.

Ich hatte beim Offenfahren immer das elementar körperlich spürbare Gefühl, daß sich mein vegetatives Nervensystem richtig entspannt. Aber wie gesagt, man muß sich wirklich auf diese Erfahrung einlassen, ohne groß über das Drumherum nachzudenken. Das gleiche gilt für jede andere Möglichkeit, sich dem Wind auszusetzen: Segeln, Paragliding, Wind- und Kitesurfen, Wasserskifahren, eine Deichwanderung bei stürmischem Wetter oder auch nur ein Bad in bewegter See. Denken Sie nicht darüber nach, sondern vertrauen Sie sich den Elementen an. Sie sind Ihre Freunde.

Setzen Sie sich der Sonne aus. Legen Sie sich ab und an einfach mal in die Sonne. Vergessen Sie Solarien. Die können Sie im Winter aufsuchen, wenn Sie ohne Besonnung Hautprobleme wie etwa Juckreiz bekommen. Setzen Sie sich im Urlaub besonders intensiv den Elementen aus: Sonne, Wind und Wasser. Machen Sie eine Bergwanderung und lassen am Gipfel die kalte, klare Luft auf sich einwirken (schützen Sie Ihre Haut allerdings immer vor Verbrennung durch die Sonne!). Genießen Sie das Meer, und stürzen Sie sich in die hoffentlich hohen Wellen. Baden Sie ausgiebig und lange im Meer, mit allen Sinnen. Wenn Sie irgendwohin fahren, egal wohin, erkunden Sie die neue Umgebung auch mit der Nase! Sie werden feststellen: Italien riecht anders als Hannover oder Göttingen!

Setzen Sie sich den Elementen aus! Tun Sie es immer dann, wenn Sie einmal keinem Druck von außen ausgesetzt sind. Tun Sie es bewußt, lassen Sie sich tragen und treiben. Es wird Ihnen Momente des absoluten Loslassens bescheren!

6. Geben Sie sich bei allem, was Sie für sich selbst tun, Zeit!

Wenn Sie in einem Angestelltenverhältnis arbeiten, kennen Sie diesen Satz zur Genüge: „Diese Aufgabe (Präsentation, Liste, Kalkulation etc.) muß bis XXX erledigt sein!“ Stimmt’s? Stimmt! Zumindest bei allen Dingen, die Sie für andere tun. Auf einen Nenner gebracht: Von anderen werden Sie gehetzt, unter Druck gesetzt, getrieben. In Kapitel 4 habe ich zu erklären versucht, wie unterschiedliche Typen auf Anforderungen beim Lösen von Aufgaben reagieren. Wenn Sie der eher zart besaitete Typ sind, brauche ich Ihnen sicherlich nicht noch einmal zu sagen, daß Sie sich wahrscheinlich bei allen Dingen, die an fixe Termine gebunden sind, zusätzlich noch selbst unter Druck setzen (noch einmal: Verwechseln Sie nicht Motivation mit innerem Druck!).

Und was ist mit den Dingen, die *nicht* von einer bestimmten Frist abhängen? Jedenfalls nicht von einer, die jemand anders Ihnen gesetzt hat? Wenn Sie auch dazu neigen, aus einem „in nächster Zeit zu erledigen“ ein „das muß bis zum soundsovielten so und so viel Uhr erledigt sein!“ zu machen, dann wird es Zeit, Ihre Haltung zu überdenken. Manche Dinge brauchen ihre Zeit. Es ist genauso wie mit dem Loslassen und dem Positiven Denken. Es geschieht. An manchen Dingen müssen Sie natürlich arbeiten. Aber deswegen müssen Sie sich noch lange keine Fristen setzen!

Ein Beispiel: Angenommen, Sie bringen zurzeit bei einer Körpergröße von einsdreiundsiebzig stämmige 84 Kilogramm auf die Waage, und die „Bugschürze“ (um brutalere Ausdrücke einmal bewußt zu vermeiden) ist unübersehbar. Es ist Anfang Mai, und bis zur Badesaison wollen Sie über eine Bikinifigur bzw. (für die männlichen Leser) einen Waschbrettbauch verfügen. Ist das machbar? Wenn Sie in diesem Zeitraum – ca. vier Wochen – eine radikale Fastenkur mit eisenhartem Hantel- und Fitneßtraining an vier Tagen die Woche, jeweils drei Stunden pro Trainingstag durchziehen, zumindest theoretisch. Wobei allerdings die Chance recht groß ist, daß Sie spätestens am 9. oder 10. Tag Ihres Abspeckprogramms lautlos unter der Langhantel, die Sie gerade stemmen, zusammenbrechen und im Krankenhaus landen. Und glauben Sie mir, es gibt bessere Möglichkeiten als eine Nährstoffinfusionslösung, um überflüssiges Gewicht abzubauen.

Manche Dinge brauchen Zeit oder vielmehr *haben* oder *nehmen* sich ihre Zeit. Das ist nur dann negativ, wenn der Mensch meint, die Zeit besiegen zu können, wenn er gegen sie kämpft. Tun Sie dies nicht. Sie führen letztlich nur einen Kampf gegen sich selbst und treiben Raubbau an Ihrem Organismus und Ihrer Gesundheit. Wenn Sie das Kaktus-Prinzip verinnerlichen wollen, geben Sie allen Dingen, die Sie für sich selbst tun, ihre Zeit.

Sie möchten Ihre Schulden abbauen, weil Sie vielleicht Ihr Konto bereits um 10.000 Euro überzogen haben und Ihr Banker allmählich Druck macht? Dann ist es sicherlich sinnvoll, einen Plan zu machen. Aber es ist nicht sinnvoll, sich zu kasteien, um dieses Problem in einem Zeitraum von sagen wir mal weniger als einem Jahr zu lösen, vor allem dann nicht, wenn Sie genau wissen, daß es Ihre Kapazitäten übersteigt. Denken Sie bitte einmal an Folgendes: Es ist wahrscheinlich leichter für Sie, über einen Zeitraum von sieben Jahren eine Reserve von 50.000 Euro anzusparen als über einen Zeitraum von einem Jahr 10.000 Euro Schulden loszuwerden.

Ein bekannter Finanzexperte hat einmal gesagt: „Die meisten Menschen überschätzen, was sie in einem Jahr tun können, und unterschätzen, was sie in zehn Jahren tun können!“ Das trifft nicht nur auf den Bereich der persönlichen Finanzen zu. Es ist das gleiche mit Ihrem Waschbrettbauch oder der Bikinifigur. Wenn Sie sich selbst kasteien, um möglichst schnell zur Traumfigur zu gelangen, wird sich die Natur bitterböse rächen. Denken Sie einmal an den „Jojo-Effekt“!

Das gleiche gilt für Schulden. Schulden haben ihre eigene Dynamik, ihre eigenen Gesetze. Wenn Sie Schulden nicht beachten, verlieren Sie sehr schnell die Kontrolle über sie. Wenn Sie zu verbissen und in möglichst kurzer Zeit Schulden abbauen wollen, werden Sie sich verzetteln. Das Ziel „Schuldenfreiheit“ ist manchmal wie eine Fata Morgana in der Wüste. Sie meinen, der Oase langsam näherzukommen, und wenn Sie das Gefühl haben, sie ist in Reichweite gerückt, löst sie sich vor Ihren Augen auf. Im Alltag nennt man dieses Phänomen übrigens „Unwägbarkeit“.

Unwägbarkeiten kann man nicht planen, und doch sind sie fester Bestandteil des Alltags. Diese Regel sollten Sie sich für Ihr Leben merken: Das Schicksal konfrontiert Sie besonders mit den Dingen, die Sie am liebsten ganz daraus verbannen wollen. Wenn Sie sich gerade in den Kopf gesetzt haben abzunehmen, werden Sie sich wundern, wie oft Sie plötzlich zum Essen eingeladen werden. Wenn Sie vorhaben, Schulden abzubauen, werden Sie sich wundern, wie viele unverhoffte Rechnungen plötzlich auftauchen. Wenn Sie sich das Rauchen abgewöhnen wollen, werden Sie staunen, wie oft man Ihnen eine Zigarette anbietet.

Schuldenfreiheit, Rauchfreiheit und Idealgewicht sind zwar in jeder Hinsicht gesünder, und natürlich sollten wir Sie anstreben. Aber bedenken Sie deren Dynamik, deren eigene Gesetze. Planen Sie, aber setzen Sie sich nicht unter Druck. Kombinieren Sie lieber zwei oder drei Punkte, die einen Bezug zueinander haben, wie Gesundheit, Finanzen oder Partnerschaft, und setzen Sie dafür das Fünffache an Zeit an. Beispielsweise so:

„Innerhalb von anderthalb Jahren habe ich mir das Rauchen abgewöhnt, gehe mindestens dreimal pro Woche laufen und habe mein Idealgewicht erreicht“ anstatt: „Innerhalb von acht Wochen habe ich mit dem Rauchen aufgehört“, oder:

„Binnen Jahresfrist habe ich meine Schulden abgebaut“ statt: „Innerhalb von sieben Jahren habe ich meine Schulden abgebaut und eine Reserve von 50.000 Euro aufgebaut“. Oder einfach nur:

„Ich bemühe mich, meinem Partner gegenüber liebevoller zu werden“ anstelle von: „Ab sofort werde ich mich mehr um meinen Partner kümmern.“

Geben Sie sich bei allem, was Sie für sich anstreben, Zeit. Setzen Sie sich nicht unnötig noch mehr unter Druck, als Sie von Berufs wegen oder aus anderen Gründen sowieso schon stehen. Denn wie gesagt: Es mag zwar gesünder zu sein, als idealgewichtiger Nichtraucher durchs Leben zu gehen, aber es ist sicherlich überhaupt nicht gesund, diese „Idealzustände" herbeizwingen zu wollen. Unter Umständen ist es sogar gesünder, ein wenig länger Raucher und übergewichtig zu sein, als sich wegen seiner Gesundheit übertrieben verrückt zu machen und die Entwöhnung übers Knie brechen zu wollen.

Wenn Sie gute Vorsätze für das neue Jahr haben, dann nehmen Sie sich vor, sich im neuen Jahr das Rauchen/das Naschen etc. abzugewöhnen, und nicht etwa: „Ab dem 1. Januar rauche ich nicht mehr." Dies wird Ihnen mit der Wissenschaft vom dicken Fell viel leichter fallen. Sie werden im letzten Teil des Buches erfahren, warum.

Dem noch fehlenden 7. Schlüssel habe ich ein eigenes Kapitel gewidmet.

Dieses Kapitel auf den Punkt gebracht:

- ➡ Negative Emotionen vergiften die Innenwelt, gerade wenn Sie sensibel sind. Wenn Sie sich der „persönlichen Gummizelle" oder dynamischer Meditation bedienen, reinigen Sie nicht nur Ihr Gemüt, sondern Sie stärken auch Ihre Wahrnehmungsfilter für Unangenehmes. Sie werden gelassener, ausgeglichener und innerlich stabiler.
- ➡ Machen Sie sich nicht kaputt, um Ideale oder allgemeine Vorstellungen von einem „guten Menschen" zu erfüllen.

Mag sein, daß Sie als „guter Mensch" irgendwann vor vielen als Vorbild dastehen. Aber Sie werden dadurch weder gesünder noch weiser oder gar erleuchteter.

- Die überwiegende Mehrheit aller Nachrichten sind schlechte Nachrichten. Sie sollten sie nicht an sich heranlassen, zumindest solange nicht, bis Sie ein dickeres Fell haben. Bis das der Fall ist, zieht der Konsum von schlechten Nachrichten Ihre Grundstimmung runter, lenkt Sie von sich selbst ab, stopft Ihren Kopf mit Dingen voll, die Sie nicht wirklich wissen müssen, und verleitet zu Selbstbetrug: Mitgefühl und Anteilnahme am Leid anderer wird oft als Grund vorgeschoben, um die neuesten Nachrichten zu konsumieren (und sich damit wieder von sich selbst abzulenken).
- Sie brauchen etwas, das nur Ihnen gehört, etwas, dem Sie einige Stunden pro Woche widmen können, unbehelligt von den Personen, die Sie normalerweise um sich haben, auch unbelastet von den Sorgen und Nöten des Alltags. Das verleiht Ihnen Kraft und Energie für den Alltag.
- Setzen Sie sich den Elementen aus! Halten Sie Zwiesprache mit Wind und Wetter, Sonne und Schnee, Wasser und Eis. Dies ist eine „Gefühlssache" und lenkt Sie von Ihrem überdominanten Verstand ab.
- Geben Sie sich und allem, was Sie für sich selbst tun, Zeit. Auch hier setzen Sie einen Kontrapunkt zu den Erwartungen anderer an Sie, die Ihnen meist ***keine*** Zeit geben.

10 Der Königsschlüssel: Erschließen Sie sich „innere Welten“

Viele Menschen sind so mit der Außen- oder Umwelt beschäftigt, daß Sie nicht einmal den Hauch einer Ahnung haben, daß ganze Universen noch ihrer Entdeckung harren – und zwar in ihrem **Inneren**!

Sie haben Ihren Alltag, Ihre Probleme, Sorgen, Ängste, kommen mehr oder weniger schlecht gelaunt und deprimiert oder auch mal gut gelaunt nach Hause, oder Sie sind auf irgend etwas wütend. Aber haben Sie eigentlich auch nur die leiseste Ahnung, was man mit Wut alles anstellen kann? (Ich meine, außer sie in der „persönlichen Gummizelle“ oder mithilfe einer dynamischen Meditation verpuffen zu lassen?). Wahrscheinlich nicht. Dann werde ich Ihnen etwas verraten. Man kann mit/aus Wut oder Trauer sogar sehr nützliche Dinge machen! Doch wie gesagt, die meisten Menschen sind so mit ihrer Wut auf den bösen Chef, Nachbarn, dusseligen Autofahrer, die fiese Regierung oder wer weiß was noch alles beschäftigt, daß sie gar nicht auf die Idee kommen, was man alles aus so einer zünftigen schlechten Laune machen kann. Ich stelle mal eine gewagte Hypothese in den Raum: Wut ist einer der besten, wenn nicht der beste Talentscout überhaupt!

Es ist jetzt ungefähr sieben, es mögen auch acht Jahre her sein, seit ich mich noch zu den Partnersuchenden zählte. Damals hatte ich ein „Blind date“, und zwar eines, für das ich etliche Kilometer weit gefahren bin, um genau zu sein 50. Ich kann mich an diese Geschichte deshalb so gut erinnern, weil an diesem Abend etwas Entscheidendes mit mir passiert ist. Die junge Dame hatte mich an jenem Abend versetzt. Ich hatte auch kein Handy, das heißt, ich besaß keins. Sie können sich vorstellen, daß ich im wahrsten Sinne des Wortes eine „Stinkwut im Bauch“ hatte.

Als ich wieder zu Hause war, fiel mir ein, daß ich noch einen Artikel für die Universität fertigzustellen hatte, ein Formblatt. Der Abgabetermin stand zwar nicht akut bevor, doch mangels vernünftiger Alternativen – mein Date hatte mich ja im Stich gelassen (und es auch nicht für nötig befunden, später anzurufen und sich zu entschuldigen) – machte ich mich schließlich seufzend an die Arbeit.

Auch bei mir stellt sich, wenn ich auf etwas wütend bin und es nicht wirklich herauslassen kann, ein Druck im Solarplexus ein, so auch an diesem Abend. Doch als ich den Artikel schrieb, geschah etwas Merkwürdiges: Nicht nur, daß ich mich mit jeder Faser meines Seins auf diese – eigentlich eher lästige – Arbeit einlassen konnte, nein: Als ich das letzte Wort getippt hatte, war der Druck in meinem Sonnengeflecht völlig verschwunden. Und nicht nur das: Beim Gegenlesen wurde mir klar, daß der Artikel, das Formblatt, zu einer runden Sache geworden war. Ich habe übrigens tatsächlich eine Eins dafür bekommen.

Erst einige Zeit später wurde mir klar, daß ich – wenn auch unbewußt – fundamentale physikalische Gesetzmäßigkeiten verwirklicht hatte, beispielsweise die: **„In einem geschlossenen**

System geht keine Energie verloren. Jede Energieform läßt sich in eine andere Energieform überführen.“ Sie tun dies beispielsweise in der dynamischen Meditation („persönliche Gummizelle“): „Potentielle Energie“ – innere Wut – läßt sich in „kinetische Energie“ sprich: Bewegungsenergie (Schläge) umwandeln! Wenn Sie Ihre Gefühls- und Gedankenwelt als eigenes kleines Universum sehen, macht das Sinn.

Um weiter in der Welt der Physik zu bleiben: Das Malträtieren einer Tastatur ist ja nun bei weitem keine so vitale „kinetische“ Energie – also „Bewegungsenergie“ wie Schlagen und Treten. Also kann man damit die Wut doch nicht *so* abbauen, wie man sich das eigentlich vorstellt, wenn man das Prinzip der „persönlichen Gummizelle“ bzw. die dynamische Meditation“, d. h. den 1. goldenen Schlüssel kennengelernt und bereits angewandt hat. Aber das muß ja auch nicht sein. Wenn ich sage, daß Wut unter Umständen der beste Talentscout sein kann, dann ist sie ja doch zu irgend etwas zu nutzen! Und da sage noch einer, Wut sei überflüssig!

Es gibt noch ein sehr viel subtileres physikalisches Gesetz, das deutlich weniger bekannt ist als der Energieerhaltungssatz, die sogenannte „Arndt-Schulz’sche Regel“. Sie besagt, daß eine kleine Menge einer bestimmten Sache das Gegenteil von dem bewirkt, was eine sehr große Menge derselben Sache bewirkt. – Können Sie sich noch an Kapitel 1? Dort habe ich unter anderem gesagt, daß zwei, drei Äpfel am Tag zwar für die allermeisten von uns gesund sind, 20, 40 oder mehr Äpfel allerdings nicht entsprechend gesünder sind oder allgemeiner formuliert: Wenn etwas von einer bestimmten Sache gut ist, ist mehr von der gleichen Sache nicht unbedingt besser, sondern kann vielmehr im Gegenteil sogar sehr schlecht sein. Nun, mit der Wut oder allgemein mit negativen Emotionen ist es umgekehrt. Denn in ihnen steckt so etwas wie ein Schlüssel zur Erschließung Ihrer „inneren Welten".

Dieses Kapitel ist ein Bauplan. Es lehrt Sie sozusagen, den Turm zu Babel zu bauen. Aber diesmal in einem positiven Sinne. In der biblischen Überlieferung ist der größte Turm ein Zeichen für Äußerlichkeiten, für die „Orientierung nach außen". Und da sprechen wir alle verschiedene Sprachen, denn jeder von uns hat eine andere Vorstellung davon, wie die Welt „da draußen" sein sollte. Bauen wir den Turm zu Babel aber, um das „innere Universum" zu erschließen, kehrt sich der Prozess um: Denn wir treten ein in eine Welt, in der für jeden die gleiche Sprache, die gleichen Gesetzmäßigkeiten gelten. Es geht um die praktische Anwendung der Wissenschaft vom dicken Fell: Indem wir unsere nicht so positiven Seiten konstruktiv nutzen, schlagen wir sozusagen dem Teufel ein Schnippchen und machen Dinge wie Empfindlichkeit, Überreaktionen, emotionale Schwankungen letztlich überflüssig.

Die Grundlagen zur Anwendung dieses Schlüssels sind:

a) Visualisierung und innere Bilder

Wenn Sie das Gefühl haben, mit Ihrer Visualisierungskraft und Ihrer Imagination ist es nicht weit her, dann sollten Sie zunächst Farben visualisieren. Beginnen Sie dabei mit Ihren Lieblingsfarben. Nehmen wir einmal an, Sie mögen die Farbe Türkisblau. Dann stellen Sie sich bitte zunächst einmal die Farbe vor, nur die Farbe. In einem nächsten Schritt denken Sie darüber nach, womit Sie die Farbe (in der Natur) assoziieren. Im Fall Türkisblau wäre eine naheliegende Assoziation die vom Meer, etwa in der Karibik. Ein Schritt: von der reinen Vorstellung der Farbe hin zu der Vorstellung, am Ufer der See, irgendwo in den Tropen, zu stehen, wo Sie dieses herrlich strahlend türkisblaue Wasser vor sich sehen.

Der nächste Schritt: Sie nehmen immer mehr Sinne in die Vorstellung mit hinein. Zum Sehen kommt das Hören. Hören Sie, wie das Meer rauscht? Das Fühlen. Fühlen Sie den leichten Wind? Fühlen Sie die Sonne auf der Haut, wie sie leicht brennt? Fühlen Sie den Sand unter Ihren Füßen? Fühlen Sie, daß die Lufttemperatur 27 Grad Celsius beträgt? Gut. Erst wenn Sie so weit sind, beginnen Sie, sich zu drehen, sich in alle Richtungen zu wenden. Ein Blick zurück – am Strand stehen die Palmen, und an zwei von ihnen gebunden Ihre Hängematte. Auch die ausgehöhlte Ananas mit der Caipirinha und dem Strohhalm ist da.

Sie können das Spiel mit verschiedenen Farben durchexerzieren, z. B. Grün = Wald, Gelb und Braun = Wüste (Safari?), Rot und Schwarz = Vulkane und so weiter. Wichtig ist dabei nur eins: Mit der Visualisierung einer Farbe begeben Sie sich in Ihre „Innenwelt“. Nach und nach nehmen Sie immer mehr Sinne hinzu, bis die inneren Bilder die Intensität von Tagträumen erreicht haben…

b) Tagträumen

Sie können z. B. in der Straßenbahn auf der öden Fahrt zur Arbeit oder nach Hause eine neckische kleine Phantasiereise machen: Stellen Sie sich vor, die Bahn nähert sich einer schwarzen (oder weißen) Wand. Sie erschrecken, da braust der Zug auch schon mitten hindurch. Aber es geschieht nichts, im Gegenteil. Ein kurzer

Lichtblitz, und die Landschaft um Sie herum ist völlig verändert. Eben noch eine triste winterliche Vorstadtlandschaft, urplötzlich eine bunte, subtropische Urlaubsregion, in der alles auf einmal blüht. Auf der anderen Seite das Meer, in Farben, die selbst auf dem Prospekt des Reisebüros nicht so satt blau erscheinen. Statt griesgrämiger, dick vermummter Gestalten auf einmal nur gut gebaute Männer und Frauen in Hawaiihemden und Bermudashorts auf dem Weg ins Surferparadies. Zapp! – die nächste Wand, und der Alltag hat Sie wieder.

c) Das „Erlebte" schriftlich niederlegen:

Wenn Sie so weit sind, daß Phantasiewelten in Ihrem Kopf sehr konkret und real werden oder anders ausgedrückt „plastisch", dann versuchen Sie, das „Erlebte" in Worten zu beschreiben. Diesen Schlüssel benötigen Sie später noch. Es kommt nicht darauf an, daß der Text in Ausdruck und literarischer Tiefe ein Meisterwerk wird. Das ist sowieso Blödsinn. Denn hier geht es um etwas, das Sie nur für sich tun. Niemand erwartet irgend etwas von Ihnen. Es könnte natürlich sein, daß Ihnen bereits der Deutschlehrer eingebläut hat, daß Sie „bloß ja kein Schriftsteller" werden sollten. Vergessen Sie es. Es ist nicht wichtig. Mir persönlich hat auch niemand Talent zum Schreiben zuerkannt. Jetzt bin ich Autor. Und so, wie ich dies hier gerade beschreibe, hat in gewissem Sinne auch meine „Autorenkarriere" begonnen. Ich habe mit belanglosen Geschichten angefangen. Bis ich aufgefordert wurde, doch mal zu beschreiben, wie ich mich von meinem Morbus Crohn geheilt habe. So endete eine „Schnapsidee" als Buch, das heute jeder im Laden beziehen kann.

Aber wichtig ist, es handelt sich hier um ein „Kann“, nicht um ein „Muß“. Ich denke, jeder Mensch sollte seiner Kreativität auf irgendeine Weise Ausdruck verleihen, und wenn er Zaubertricks einübt oder an einer Modelleisenbahn bastelt. Und für den Falle eines Falles: Es war noch nie so einfach wie heute, im Zeitalter von „Books on demand“ ein Buch zu schreiben und zu drucken.

Aber kehren wir noch mal zum Schreiben selbst zurück: Sie werden es immer wieder brauchen. Wenn Sie einen PC mit einem Schreibprogramm haben, ist das sehr nützlich, denn dann können Sie die Dateien speichern, immer wieder darauf zurückgreifen, und Sie können den Zugriff darauf verschlüsseln. So bleibt eine private Angelegenheit wirklich privat. Wofür ist das Niedergeschriebene nun wichtig?

d) Versuchen Sie, mit dem Niedergeschriebenen Gefühle zu verbinden – und dafür zu entwickeln!

Sie haben eine Phantasie in Worten beschrieben? Sehr gut. Vielleicht war es nicht schwer für Sie, mit der Phantasie selbst Gefühle zu verbinden. Beispielsweise sich wohlzufühlen im oben beschriebenen „Karibiktraum“. Es ist eine Art Rückkopplungseffekt, der sich hier einstellen sollte. Sie sollten beim Lesen die Vision der Phantasie wieder deutlich vor Augen haben können. Sprich: Die Beschreibung sollte die Phantasie plastisch genug schildern, um einen dauerhaften Bezug zwischen dem Tagtraum und der Beschreibung des Traums herstellen zu können. Dann ist es nämlich kein Problem, auch die Gefühle, die Sie damit verbunden haben, anhand des Niedergeschriebenen immer wieder zu reproduzieren.

Das alles braucht seine Zeit. Halten Sie sich daher an den 6. Schlüssel. Geben Sie sich Zeit für alles, was Sie für sich selbst tun. Und wenn Sie soweit sind (was durchaus einige Monate dauern kann!), sind Sie bereit für den ersten Schritt der Erforschung oder vielleicht besser: Eroberung der „inneren Welt".

Zerstören der Vergangenheit!

Unsere Vergangenheit bestimmt uns mehr als uns lieb ist. Egal, was für Fehler wir in früheren Tagen gemacht haben, es gab immer Dinge, mit denen wir nicht einverstanden waren, die wir, wie man so schön sagt, „nie richtig verwunden haben". Beispielsweise eine Abfuhr von einem Partner oder einem Menschen, den wir begehrten, die schon fast an „Körperverletzung" grenzte. Oder die Erfahrung von Mobbing (Psychoterror), einer unverschuldeten Krise in einer der fünf Bereiche Gesundheit, Finanzen, Partnerschaft, Freunde und Soziales, Selbstverwirklichung oder einer Ungerechtigkeit.

Ob Sie es wollen oder nicht, diese Dinge bestimmen unser Sein und unsere Handlungen. Wie können wir beispielsweise mit der Erfahrung des Verletztwordenseins unbefangen und authentisch auf eine Person zugehen, die uns interessiert? Wie können wir mit der Erfahrung des Betrogenwordenseins offen eine neue Geschäftsbeziehung eingehen, beispielsweise mit einem Partner eine Firma gründen? Wie unbefangen eine neue Arbeit antreten, wenn man am alten Arbeitsplatz nichts als schlechte Erfahrungen gemacht hat? In jedem Fall sind dabei Gefühle oder Ahnungen mit im Spiel, die nicht nur unangenehm sind, sondern Ihr Denken und Handeln so subtil beeinflussen, daß Sie nicht wirklich Sie selbst sind, aber dennoch glauben, es zu sein.

Ein gewisses Maß an Vorsicht und Mißtrauen bei allem, was man neu beginnt, halte ich für vorteilhaft und „gesund". (Unbewußte) Angst jedoch kann sich als dominierender Faktor auf Ihre Entscheidungen auswirken und das überlagern, was das Herz Ihnen zu diesem Thema zu sagen hat. In diesem Fall hilft es, den 1. Schlüssel („Gummizelle" oder dynamische Meditation) mit dem, was ich eben beschrieben habe, zu kombinieren.

Wenn Sie das Gefühl haben, daß Geschichte sich wiederholt, rufen Sie sich die „Ursituation" wieder ins Gedächtnis. Beobachten Sie Ihre dabei aufsteigenden Gefühle (Wut, Scham, Angst...). Das geht natürlich nur bis zu einem gewissen Grad. Bei schwersten psychischen Traumata – wie beispielsweise Vergewaltigung oder Mißhandlung in der Kindheit – hat die Natur nicht umsonst Schutzmechanismen eingerichtet, die es quasi unmöglich machen, die Situation mit allen Emotionen noch einmal bewußt nachzuerleben. Das geht nur im Rahmen einer Psychotherapie oder einer sonstigen Therapie, bei der aber Menschen zugegen sein sollten, die diese Emotionen auffangen können. Ein Buch zu lesen reicht dazu nicht aus.

Wenn Sie sich richtig in dieses Gefühlserleben versenken, sozusagen Ihr eigenes Fegefeuer betreten haben, ist es Zeit, Schlüssel Nummer 1 anzuwenden. Lassen Sie diese Gefühle, so wie sie kommen, heraus. Das Prinzip ist wie bei einer Staumauer: Je länger Sie Ihre Gefühle zurückgestaut haben, umso gewaltiger brechen sie hervor. Deswegen wird *ein* Nacherleben nicht ausreichen.

Wenn Ihre „Gummizelle" ein Schlagpolster oder einen Sandsack enthalten sollte, projizieren Sie die mental wiedererlebte Situation darauf wie auf eine Leinwand. Schlagen Sie zu und zerstören Sie das Bild! Zertrümmern Sie es! Mit vielen Schlägen, nicht mit einem. Sie müssen sich beim Zerstören der Vergangenheit wirklich bis zur Erschöpfung verausgaben.

Je nach Art und subjektiver Intensität des Traumas oder Negativerlebnisses – wobei subjektiv meint, wie hart es Sie nach Ihrem Empfinden getroffen hat – werden Sie diese Technik zwischen etwa einem halben Dutzend Mal und 20, 25 Mal anwenden müssen. Lassen Sie zwischen den Sitzungen einige Tage Zeit verstreichen, damit sich das restliche „Seelenwasser" – die lange Zeit unterdrückten Negativemotionen – wieder ein wenig aufstaut. Dann beginnt erst die eigentliche Arbeit, sozusagen die „Feinarbeit". Sie haben nun nämlich genug negative Energie abgebaut, um sich von einer Konfrontation mit dem Erlebten nicht mehr mitreißen zu lassen. Aggression kann in Kreativität umgewandelt werden (Arndt-Schulz'sche Regel!). Wenn Sie so weit sind, halten Sie das Erlebte schriftlich fest.

Das ist gleichzeitig ein Test. Kommen dabei noch negative Emotionen auf, bestimmt das Geschehene immer noch Ihr Leben, und Sie müssen sich noch eine Zeitlang weiter in der „Gummizelle" abreagieren. Wenn Sie die damalige Situation ohne nennenswerte Gefühlsregung verschriften können, sind Sie fertig. Die Vergangenheit wurde erfolgreich zerstört.

Mentales Umerleben

Es kann sein, daß das alles nichts hilft. Dann sitzt das Trauma wahrscheinlich zu tief. Das ist im übrigen nicht von der Stärke des Traumas abhängig, sondern von der Tiefe Ihrer Verletzung. Wobei ich mich leider, das mal nebenbei bemerkt, des Eindrucks nicht erwehren kann, daß besonders die zart besaiteten Zeitgenossen mit den objektiv unangenehmsten Situationen konfrontiert werden. In diesem Fall kann mentales Umerleben Ihnen wahrscheinlich weiterhelfen.

Das funktioniert nur dann, wenn Sie den Schlüssel „Zerstören der Vergangenheit“ bereits angewandt, aber Probleme mit der Situation haben. Dann können Sie das „Drehbuch“ gleichsam neu schreiben. Sie setzen an der Stelle an, an der Sie „am Boden zerstört“ waren, und phantasieren eine unverhoffte Wendung hinein. Bei dieser Wendung dürfen Sie „spinnen“, es gibt keine Grenzen. Auch wenn Sie plötzlich Superkräfte entwickeln oder ein gerissener Ex-Mafioso Ihnen dabei zur Hilfe eilt, das Problem für Sie zu lösen, oder Sie über Nacht ein gefeierter Star werden – es spielt keine Rolle. Wichtig beim mentalen Umerleben ist einzig und allein der Aspekt der genüßlichen Rache.

Das ist auch der Hauptgrund, warum Sie Ihre Emotionen schon vorher mit dem Ritual der „Vergangenheitszerstörung“ abgebaut haben sollten. Nicht umsonst sagt ein Sprichwort: „Rache sollte man am besten kalt genießen.“ Und das gilt auch für die Rache im mentalen Umerleben in Ihrer Innenwelt.

Das einzige Problem beim mentalen Umerleben ist: Sie dürfen keine Erwartungen an die Realität stellen. Das wäre fatal, denn es zieht Sie noch tiefer in den Konflikt hinein. Deswegen finde ich das Ritual „Vergangenheitszerstörung“ auch gut und notwendig, denn es bewirkt, daß Sie vom Thema emotional ein wenig gelöst sind. Wie die Rache, die man kalt genießen sollte, ist eine klare Trennung von Phantasie und Wirklichkeit zum Schutz Ihrer emotionalen und mentalen Integrität notwendig. Und genau das ist die Voraussetzung für die Stufe der „Innenwelterschließung“, die jetzt – quasi als logische Konsequenz – folgt.

Positives Denken ohne Erwartungen: APD (Abstraktes Positives Denken)

In Kapitel 6 habe ich erläutert, daß Positives Denken, als „Wunderwaffe gegen das Schicksal“ aufgefaßt („der Geist erschafft die Realität“), unnütz ist und nichts bringt, daß Positives Denken nicht erlernbar ist, sondern sich mit der Entwicklung eines dicken Fells eines Tages von selbst einstellt. Viele Autoren aus dem Bereich der Lebenshilfe haben es versäumt, auf diesen Umstand hinzuweisen oder vielleicht das Problem nicht einmal erkannt.

Doch auch wenn Sie das Ziel dieses Buches – ein dickes Fell – noch nicht erreicht haben (und das kann eine ganze Weile dauern, selbst wenn Sie alle Maßnahmen, die hier beschrieben werden, sofort in Ihr Leben integrieren!) und Sie sich trotzdem wünschen, bis dahin wenigstens dem Leben gegenüber optimistischer und positiver eingestellt zu sein, ist das kein Grund zur Verzweiflung. Es gibt einen verblüffend simplen Kunstgriff, die „heilige Kuh“ Positives Denken von der mentalen Beschränkung der Erwartungshaltung abzukoppeln: Stellen Sie sich etwas Schönes vor, was nichts, aber auch nicht das Geringste mit der Realität zu tun haben könnte.

Beim Abstrakten Positiven Denken, dem APD, geht es um Vorstellungen, bei denen die Möglichkeit der Realisierung von vornherein ausgeschlossen ist, gewissermaßen um Phantasiereisen, die zwar noch nicht ganz außerhalb des menschlichen Vorstellungsvermögens, aber mit Sicherheit außerhalb jeglicher Realisierungsmöglichkeit liegen. Am schönsten sind diese Phantasien dann, wenn man sie visualisiert. Und: Sie haben eine unglaublich beruhigende und harmonisierende Wirkung auf das autonome Nervensystem und das Hormonsystem.

Beispiele gefällig: In den Urlaub fliegen? Hm, fliegen.... Warum eigentlich nicht in den Urlaub beamen?

Und überhaupt? Muß es eigentlich immer dieser Planet sein? Und wenn schon fliegen, dann doch wohl selbst und nicht mit dem Linienjet, oder?

Haben Sie sich schon einmal vorgestellt, daß Ihre alte Rostlaube plötzlich 400 km/h Spitze läuft und die penetranten Vertreter, die einem jeden Tag auf dem Weg zur Arbeit mit Lichthupe auf die Pelle rücken, plötzlich stehenläßt wie der Playboy seine alternde Ehefrau?

Oder ist es Ihnen schon mal in den Sinn gekommen, daß ein Gott/eine Göttin/ein Engel sich in Sie verlieben könnte? (Für alle Singles: Wenn Sie mal wieder eine Abfuhr erhalten haben...)

Wie gesagt, der Phantasie sind keine, aber wirklich absolut keine Grenzen gesetzt. Und sicherlich würden Sie niemals auf die Idee kommen, daran irgendwelche Erwartungen zu knüpfen. In jedem Fall etwas komplett anderes als „reich, gesund und glücklich durch Positives Denken". In diesem letzteren Fall kann Sie das Schicksal immer noch eines Besseren belehren. Doch die Phantasie kann Ihnen keine Macht, wie groß sie auch immer sein mag, nehmen!

Probieren Sie es aus: Betreiben Sie „Kopfkino" und starten Sie Ihre Fantasyreise. Die beste Zeit dazu ist vor dem Einschlafen. Ich habe vor Jahren meist eine halbe bis dreiviertel Stunde zum Einschlafen gebraucht. Nun, als konsequenter APD'ler, benötige ich zum Einschlafen zwischen zwei und maximal fünf Minuten. APD wirkt in diesem Zusammenhang vielleicht nicht so stark wie Valium, aber mit Sicherheit besser als Baldrian, und es hat auch keine Nebenwirkungen. Ok, zugegeben: Sie haben dann nicht mehr sehr viel von APD, außer Sie nehmen es in Ihre Träume mit (und die Chance ist gar nicht mal so schlecht!). Aber dafür schlafen Sie schneller und besser ein. Harmonie beruhigt eben!

Innere Bilderwelten zur Entwicklung Ihrer Kreativität benutzen

Wer sagt denn, daß es bei der Vorstellung bleiben muß? Fantasygeschichten im Kopf können zu Romanen werden... Und diese nach einer Weile mal wieder zu lesen, zu ergänzen und zu erweitern oder umzuschreiben wirkt sich harmonisierend auf Ihre Nerven aus. Versuchen Sie es einmal und kleiden Sie eine Ihrer Lieblingsvorstellungen in Worte. Ob Prosa oder Poesie spielt nicht so sehr die entscheidende Rolle. Wenn Ihre Begabungen mehr im zeichnerischen Bereich liegen, setzen Sie sie dort um. Für Leute mit ernsthafteren schriftstellerischen Ambitionen allerdings gleich eine Warnung: Diese Art von Manuskripten ist für eine Veröffentlichung eher ungeeignet und hat garantiert kein Bestsellerpotential. Ganz einfach, weil sie von einer heilen Welt handeln. Ein Roman oder eine Erzählung lebt von Konflikten und Problemen. Diese Geschichten entspannen.

Wenn Sie alleine leben, können Sie davon profitieren, eher mal einen Abend am Wochenende dem Aufschreiben von APD-Visualisierungen zu widmen als der (sowieso meist erfolglosen) Jagd nach dem Partnerglück. Und vor allen Dingen: Dieses Hobby ist herrlich streßfrei! Was man vom Ausgehen, um jemanden kennenzulernen, nicht unbedingt behaupten kann. (Das letzte Kapitel in diesem Abschnitt widmet sich diesem Problem beziehungsweise seiner Lösung im Detail!).

Ich beispielsweise habe das in meiner Single-Zeit sehr oft getan: Phantasien aufgeschrieben. Aus meiner jetzigen Sicht – oder vielleicht sollte ich besser sagen: allgemein – mögen Sie albern, lächerlich und sicherlich auch einschläfernd zu lesen sein. Aber in Zeiten, in denen ich unter meiner Einsamkeit gelitten habe, haben sie ihren Zweck erfüllt. Ich konnte mich so stundenlang mit meiner Innenwelt beschäftigen, war aber dennoch abgelenkt von meinen Problemen in der „realen Welt" – ohne irgend etwas zu erwarten.

Ich wünsche mir, daß Sie – falls Sie diesen Schlüssel so praktizieren wollen – das auch schaffen.

Der (nicht willentlich beeinflußbare) Quantensprung: das Ende der emotionalen Beteiligung… (Umkehrung des Prozesses!)

Ein Film oder eine Fernsehserie kann Sie fesseln. Genauso wie die „Protokolle" Ihrer Phantasien Sie irgendwann fesseln können und auch sollten – nämlich durch emotionale Beteiligung. Das ist gut und richtig so – im Fernsehen und Kino ein gewollter Effekt. So hält man die Zuschauer auch mittelmäßiger Filme und Serien bei der Stange. Dafür gibt es ein simples psychologisches Rezept: ein Konflikt und zwei Parteien. Der gute alte Kampf „Gut gegen Böse". So einfach ist das. Fast alle Filme, Serien und Seifenopern sind nach diesem Muster gestrickt. Sie fiebern mit dem Helden, stöhnen auf, wenn es nicht klappt, und freuen sich über seinen Sieg. Bei APD ist es andersherum: Sie erschaffen eine konfliktfreie Zone in Ihrer Phantasie, die Sie aus dem Alltag herausholt. Wenn Sie es sich einmal wirklich bewußt machen, merken Sie, daß sich Ihre „gefühlte Realität“ nicht wesentlich von oben genanntem Strickmuster der Film- und Fernsehwelt unterscheidet: eine Welt voller Konflikte, Sie („das Gute“) im ständigen Kampf mit der Umwelt („dem Bösen“). Und, logisch: Ihre Tränen, Ihre Angst, Ihre Wut, Ihre Resignation, Ihre Freude, Ihre Verbitterung und so weiter. Durchschauen Sie, wie „filmhaft“ Ihr Leben eigentlich ist?

Durch Fixierung und Identifikation wird Ihr ganzes Leben zu einem Hollywoodstreifen nach dem gleichen Rezept: zwei Parteien (Sie und die „anderen“), ein Konflikt. Nur weniger dramatisch, ohne Schießereien, Verfolgungsjagden, Superhelden. Wenn Sie den Fernseher ausmachen, erkennen Sie mit einem Schlag, wie lächerlich es im Grunde genommen war, mit dem Helden mitzufiebern und zu bangen. Und vielleicht durchschauen Sie, daß Ihr Leben eine ebensolche Illusion ist, ein Spiel, das die Inder auch „Maya“ nennen. In diesem Sinne kann Ihnen Kino, ob in Ihrem Kopf oder auf einer realen Leinwand, sogar dabei helfen, das Spiel zu durchschauen. Das Erkennen, das Erfassen mit dem Verstand, ist kein Problem, genau wie beim Positiven Denken. Die Umsetzung dieser Erkenntnis, das Durchschauen unseres „Hollywoodstreifens“, der sich Leben nennt, geschieht. Irgendwann.

Wenn es stimmt, daß wir immer wiedergeboren werden, um alle Erfahrungen zu machen, die in der Welt der Materie möglich sind, ist das vielleicht das ganze Geheimnis: Am Anfang des Menschseins ist die Seele unbekümmert, unbelastet. Der Mensch hat natürlicherweise ein dickes Fell. Später, durch bittere Erfahrungen und Niederlagen, die über viele Leben gehen, wird er mißtrauisch, sensibel, innerlich verspannt. Das Fell wird dünn, überzogene Emotionen und Grübeleien begleiten unser Leben. Die Angst vor einem Film, der sich immer zu wiederholen scheint, Ausgang ungewiß. Wir sind grüblerisch, machen uns Sorgen, bangen, hoffen und zittern. Bis zu dem Moment, in dem wir erkennen, daß es eigentlich ein Film ist, den wir uns anschauen. Dann beginnt der Weg zurück. Sie entwickeln ein dickes Fell. Doch diesmal *bewußt*.

Auch wenn ich mich selbst nicht als Mystiker oder Esoteriker sehe, denke ich, daß die Wissenschaft vom dicken Fell Ihnen dabei helfen kann, den o.g. Prozeß zu beschleunigen. – Wenn Sie sich also einmal wieder albern finden, in einem Kinostreifen gebangt oder geheult zu haben, dann stellen Sie sich doch mal bewußt die Frage, ob es nicht auch albern ist, das ganze Leben so tierisch ernst zu nehmen, wie die meisten von uns dies tun…

Dieses Kapitel auf den Punkt gebracht:

- ➡ Der Energieerhaltungssatz sagt, daß in einem geschlossenen System keine Energie verlorengeht. Unser Geist-Körper-Wirkkomplex ist in gewissem Sinne ein solches System. Allerdings kann man Energie von einer in eine andere Form umwandeln. Sie können dies tun, indem Sie „negative Energie“ (beispielsweise Wut oder Trauer) kreativ nutzen.
- ➡ Wenn etwas von einer Sache gut ist, ist mehr nicht unbedingt besser (Arndt-Schulz'sche Regel). 40 Äpfel sind nicht gesünder als zwei oder drei. Das gilt auch umgekehrt: Negative Emotionen, die einen überwältigen, sind schädlich. In kleinen Dosen können sie allerdings bisher unbekanntes Potential freisetzen.

- ➡ Visualisieren von Phantasien kann Ihnen helfen, Emotionen mit Ihren inneren Bildern zu verknüpfen.
- ➡ Lassen Sie diese Emotionen in kreatives Schaffen einfließen wie Schreiben, Malen, Tanzen oder Singen.
- ➡ Zerstören Sie die Vergangenheit, indem Sie die Emotionen negativer Schlüsselsituationen aus der Vergangenheit wieder zu Tage befördern und sie anschließend mit der „Gummizelle"/dynamischer Meditation abbauen.
- ➡ Mentales Umerleben kann Ihnen helfen, die restlichen negativen Gefühle, die Sie mit ebensolchen Situationen aus Ihrer Vergangenheit verbinden, abzubauen.
- ➡ „Positives Denken" können Sie ganz natürlich in Ihr Leben integrieren, ohne Erwartungen daran zu knüpfen, indem Sie die Realisierungsmöglichkeit Ihrer Visionen ausschließen, sprich: durch absurde, aberwitzige Phantasiereisen („Abstraktes Positives Denken" = APD).
- ➡ Sie können durch den Zugang zu Ihrer „inneren Welt" natürlicherweise innere Distanz zu den (meist negativen) Aspekten des Alltags gewinnen oder anders ausgedrückt: den „Filter" für den emotionalen Informationsgehalt „bitter" stärken.

11 Die praktische Umsetzung der 7 goldenen Schlüssel

Das klingt teilweise ziemlich merkwürdig und ungewohnt, auch wenn es Sinn macht. Und auch wenn vielleicht der eine oder andere schon vorher zu ähnlichen Erkenntnissen gekommen ist. Sie werden sich jetzt sicherlich fragen: „Muß ich das denn *alles* umsetzen? Und wenn ich jeden Schlüssel umsetze, bringt mich das dann schneller ans Ziel, als wenn ich nur einige der Schlüssel in mein Leben integriere? – Ich kann Sie beruhigen: Die Antwort lautet klar und eindeutig **nein.**

Zunächst einmal muß ich sagen, daß die Dinge, die ich hier aufgezählt habe, keine „Wunderwaffen" sind, mit denen Sie mit Ihrer Persönlichkeitsentwicklung eine 180-Grad-Kehrtwendung machen. So will ich auch gar nicht verstanden werden. Ich denke, kein Mann der Wunder zu sein, heißt, auch kein Mann der Illusionen zu sein. Es gibt genug Lebensratgeber, die einem das Blaue vom Himmel herunter versprechen. Doch hier handelt es sich um eine „Wissenschaft". Nicht um eine Wissenschaft im Sinne irgendwelcher Doppelblindstudien, sondern um eine Erfahrungswissenschaft, die eine gewisse verstandesmäßige wie philosophische Erkenntnisfähigkeit voraussetzt. In keinem Fall ist die Wissenschaft vom dicken Fell ein Heilsversprechen im Sinne von

„Wundern“ und „blitzartig“. Das wäre genauso absurd, wie von einer Wissenschaft des Heilens zu erwarten, durch bloßes Handauflegen würde alles gut werden.

Ein Heilsversprechen im Sinne von „Wundern“ beinhaltet ja unter anderem, daß *eine* Marschrichtung auf *alle* anwendbar ist, und das ist beim Kaktus-Prinzip nicht der Fall. Eine Wissenschaft hat einige allgemeingültige Grundprinzipien, paßt sich darüber hinaus jedoch individuellen Gegebenheiten an. Die optimale Ernährung ist für jede Person individuell verschieden. Deswegen sind für *Sie* auch andere Schlüssel erfolgversprechend als für Ihren Nachbarn. Sie werden die nachhaltigsten Erfolge mit den Schlüsseln erzielen, die Ihnen persönlich und gefühlsmäßig am meisten liegen. So ist der 1. Schlüssel, die persönliche Gummizelle, ein sehr brachialer, elementarer Zugang zu den Aggressionen, die lange und tief in Ihnen verborgen waren. Es ist nicht einmal so sehr eine „Akutwaffe“, um mal schnell „Dampf abzulassen“. Die eigentliche tiefe Wirkung beginnt sogar erst dann, wenn Sie keine *bewußten* Aggressionen mehr hegen und dennoch weiter machen. In diesem Moment rühren Sie die tiefen Schichten Ihres Unterbewußtseins auf.

Aber vielleicht erstreckt sich Ihre Sensibilität eher in den Bereich der Angst, des Sorgenmachens, der Grübelei, der Neigung zu Depression, und vielleicht war das schon immer so. Vielleicht hatten Sie noch nicht einmal Wutanfälle, als Ihre Reaktionen auf die Umwelt noch einigermaßen natürlich waren. In diesem Falle wäre beispielsweise der 1. Schlüssel nichts für Sie.

Praktisch gesehen haben Sie mehr davon, sich drei oder vier der Schlüssel ganz zueigen zu machen und in Ihr Leben zu integrieren, das heißt als Teil Ihres Lebens zu betrachten, als alle 7

Schlüssel als notwendige „Pflichtübung" zu praktizieren. Dessen sollten Sie sich immer bewußt sein.

Der zweite, ganz wichtige Punkt ist: Sie initiieren eine natürliche Entwicklung, die mit Ihnen geschieht. Hierbei in Begriffen wie „schneller", „besser" und „stabiler" zu denken ist in etwa so absurd wie der Versuch, mit Positivem Denken sein Leben verbessern zu wollen. Die Entwicklung, die mit Ihnen geschieht, entzieht sich jedem Wollen und Wünschen. Sie geschieht. Das ist alles, dessen ich mir sicher bin.

Ein Beispiel: Sie nehmen den 5. goldenen Schlüssel – „Setzen Sie sich den Elementen aus" – und leihen sich bei einem Bekannten ein Cabrio. Sie fahren eine Runde übers Land und halten mich für einen Spinner. „Was soll denn daran bitteschön toll sein? Es zieht, es ist kalt, laut, unbequem! Was soll ich denn da bitteschön für eine metaphysische Erfahrung machen?"

Aus Ihrer Sicht haben Sie genauso recht wie ich aus meiner. Das liegt aber weder am Offenfahren noch an diesem Schlüssel. Es liegt noch nicht einmal an Ihnen, jedenfalls nicht bewußt. Ich glaube Ihnen gern, daß Sie weder mich noch meine Aussagen noch sich selbst oder Ihren „Empfänger" für die heiligen Momente des Lebens, die Erfahrungen mit Tiefgang ermöglichen, sabotieren **wollen.**

Sich innerlich öffnen, sich einlassen, sich freimachen bedarf der **Übung**. Und die bekommen Sie nicht in die Wiege gelegt. Das macht es schwieriger. Es handelt sich nicht um eine Übung im Sinne eines Lernens, wie man Vokabeln lernt. Das Ziel ist, daß es „klick" macht. Manche erreichen diesen „Klick" durch eine Fahrt im Freiluftballon, andere durch eine Deichwanderung. Manch einer nimmt ein Bad im kalten, bewegten Meer, und wieder ein anderer bekommt den Klick durch Cabrio- oder Roadsterfahren. All diese Dinge sind wie ein exotisches Essen: Das erste Mal hat es Ihnen sicherlich nicht besonders geschmeckt. Doch mit der Zeit gewöhnten Sie sich nicht nur daran, sondern es entwickelte sich für Sie zum Genuß. Auch auf einen Sandsack einzuschlagen ist nicht das Nonplusultra, nach dem man sich die Finger leckt, vielleicht nicht einmal, wenn man tatsächlich voll innerer Wut ist. Doch die Übung macht klar und frei.

Dann ist da noch ein dritter Punkt, nicht minder wichtig: Es ist ein großes Mißverständnis zu denken, es gehe darum, die Gedanken und Emotionen zu *kontrollieren*. Das wäre ungefähr so, als würden Sie versuchen, Wasser mit bloßen Händen festzuhalten. Es ist ein absurder Gedanke und eines der größten Mißverständnisse im Bereich Lebenshilfe, Persönlichkeitsentwicklung, Spiritualität und Esoterik. Die Schlüssel befreien Sie ganz einfach mit der Zeit von überflüssigen Gedanken und Emotionen. Sie kommen schlicht nicht mehr auf. Wenn jemand Sie beleidigt, und Sie können darüber nur müde lächeln, dann kommt eben keine Wut auf. Infolgedessen gibt es nichts zu kontrollieren!

Wenn Sie überflüssigen „Ballast“ aus Kopf und Gemüt entfernen, sind die 7 Schlüssel im Grunde genommen so etwas wie eine Meditation. Nicht eine Meditation im Sinne eines Stillsitzens und Lauschens, sondern eine, die Sie nahtlos in Ihr Leben integrieren können. Eine Meditation, die Ihre Entwicklung beschleunigt und die Ihnen mit der Zeit – ich kann Ihnen nicht sagen, in welcher Zeit – auf natürliche Weise ein dickeres Fell verleiht.

Es „besser“ und „schneller“ machen zu wollen, zeugt eher von Verbissenheit als von Gelassenheit. Auch die strenge Stufe der Kaktus-Diät (wird weiter hinten beschrieben) bringt Ihnen nicht

„schnell“ ein dickes Fell. Gar nichts bringt Ihnen *schnell* das ersehnte dickere Fell. Das können Sie sowieso vergessen.

Im Grunde genommen ist das wichtigste bei diesen Übungen, welche und in welcher Intensität auch immer Sie in Ihrem Leben verwirklichen: Tun Sie es langsam! Denken Sie an den 6. Schlüssel: „Geben Sie sich für alles, was Sie für sich selbst tun, Zeit!“

Dieses Kapitel auf den Punkt gebracht:

➡ Die Schlüssel sind kein Heilsversprechen. Denn dies würde beinhalten, daß alles auf jeden zutrifft. Doch das ist schlicht und ergreifend falsch.

➡ Es ist besser, drei oder vier der goldenen Schlüssel ins Leben zu integrieren, als alle 7 Schlüssel zu einer „Pflichtübung“ zu machen.

➡ Die Schlüssel, die Sie nutzen, sollten zu Ihnen passen: Ist die Schwachstelle Ihres sensiblen Geist-Körper-Wirkkomplexes Sorge und Depression oder Weinerlichkeit, dann paßt der 1. Schlüssel („Gummizelle“) nicht sonderlich gut zu Ihnen.

➡ Der Sinn der Schlüssel besteht nicht darin, daß es sofort „klick“ macht, sondern daß Sie sich zum „Klick“ hinentwickeln.

➡ Es geht nicht darum, seine Emotionen beherrschen oder kontrollieren zu wollen. Das ist genauso absurd wie zu versuchen, Wasser festzuhalten. Es geht darum, daß bestimmte Emotionen einfach irgendwann von selbst verschwinden, weil uns nichts mehr so hart trifft.

➡ In diesem Sinne sind die Schlüssel im Grunde genommen so etwas wie eine Meditation.

12 Das Kaktus-Prinzip – kreativer Umgang mit den eigenen Schattenseiten

„Hören Sie auf, ein besserer Mensch sein zu wollen“ – das ist der 2. goldene Schlüssel des Kaktus-Prinzips. Das Buch wäre nicht vollständig, würde man diesen (wertvollen) Schlüssel – jenseits von Weltbildern und philosophischen Aspekten – nicht noch einmal unter praktischen Gesichtspunkten betrachten.

In gewisser Weise **macht** das Kaktus-Prinzip aus Ihnen ja einen besseren Menschen. Aber nicht nach moralistischen oder soziologischen Kriterien, und ganz sicher nicht nach kirchlichen. Doch gerade die sind der Bezugspunkt für den 2. goldenen Schlüssel.

Ein Beispiel: Das Kaktus-Prinzip fordert Ausgleich bei den emotionalen Informationsgehalten (siehe Kapitel 5 und 1). Auf der Ebene der zwischenmenschlichen Beziehungen bedeutet dies, daß Ihre Reaktionen auf Ihre Umwelt sowie Ihr Umgang mit derselben mit Ihren innersten Empfindungen übereinstimmen müssen. Klartext: Wenn Sie beispielsweise von einer Behörde „abgefertigt“ werden, ist Ihnen sicherlich nicht danach, noch übertrieben höflich und freundlich zu sein. Machen Sie Ihrem Unmut Luft. Sie sollten natürlich niemandem eine Keule über den Schädel ziehen oder ihn so laut anschreien, daß sämtliche Beamten auf der Etage glauben, die Ehefrau Ihres Kollegen habe ihn in flagranti beim Seitensprung ertappt. Doch herunterschlucken sollten Sie Ihren Ärger nicht! Sie können ruhig in verschärfter Tonart deutlich machen, daß Sie die Situation ärgert bzw. Sie mit der Entscheidung nicht einverstanden sind, und natürlich auch, daß Sie Ihre Konsequenzen ziehen werden.

Natürlich gibt es neben solchen „akuten" Nervtötern auch chronisch belastende Situationen. Ein Arbeitsverhältnis etwa, in dem Sie sich vorkommen wie ein Schuhabtreter, oder eine Beziehung, in der Sie sich nicht wohlfühlen, die Sie aber aus Angst oder Bequemlichkeit nicht beenden. Hier hilft es, Vor- und Nachteile gegeneinander abzuwägen, zu entscheiden, ob man eine Situation ändert oder beibehält. Mit einem klaren, rationalen Verstand, ohne Emotionen, am besten anhand einer Tabelle oder Strichliste. Ist nicht einfach, aber machbar. Das Kaktus-Prinzip will nichts beschönigen oder verharmlosen. Allerdings: Es kann Ihnen dabei helfen, mit ungeliebten Ist-Zuständen zu brechen, indem es Ihnen die Angst vor der ungewissen, unsicheren Zukunft nimmt.

Seinem Ärger öfter mal Luft zu machen ist heilsam. Das Kaktus-Prinzip kann Ihnen dazu verhelfen, sich nicht so schnell zu ärgern – langfristig. Es nimmt Ihnen auch bis zu 80 Prozent Ängste, Sorgen und Stimmungsschwankungen – wenn Sie sich voll und ganz darauf einlassen.

Allerdings: Chronische Lebens-, Beziehungs- und sonstige Krisen bleiben **immer** ein Problem, auch mit dem Kaktus-Prinzip, daran kann es nichts ändern. Und Sie können sich dem nicht so ohne weiteres entziehen, denn Sie tragen mit Ihrer Vergangenheit (bzw. den Entscheidungen, die Sie gefällt haben) Verantwortung für die Gegenwart, etwa in einer zerrütteten Ehe, wenn auch noch

Kinder im Spiel sind. Und wenn wir unsere „Welt in der Welt“ einmal eine Zeitlang ehrlich, objektiv und unvoreingenommen betrachten, stellen wir fest, daß fast alle zwischenmenschlichen Krisen chronischer Natur sind.

Wie ist das zu verstehen? Um „chronische Krisen“ in den Beziehungen der Menschen untereinander verständlich zu machen, muß ich ein wenig ausholen. Vor vielen Jahren habe ich in einer alten Ausgabe des populärwissenschaftlichen Magazins *P.M.* eine Abbildung zweier Yanomani gesehen, die wie wild mit Knüppeln aufeinander einprügelten. Wer sich ein bißchen mit Eingeborenenkulturen beschäftigt, weiß vielleicht, daß gerade die Yanomani, ein Amazonasstamm, über eine Streitkultur verfüg(t)en, die uns „zivilisierten“ Menschen das Blut in den Adern gefrieren lassen würde. Beispielsweise veranstalteten die Yanomani regelrechte „Schimpfpartys“, ganz zu schweigen von ihren nonverbalen Auseinandersetzungen.

Wir verurteilen ein solches Verhalten als roh und primitiv. Und diese elementaren Formen der Auseinandersetzungen gelten bei uns als verpönt und „gesellschaftlich unangemessen“. In der Tat kommt direkte, rohe körperliche Gewalt in unserer Gesellschaft meist nur in den sogenannten „Randgruppen“ zum Einsatz, im Halbweltmilieu, in der sozialen Unterschicht. Die meisten „ordentlichen“ Mitglieder unserer Gesellschaft werden von Schlägereien kaum tangiert, und es gilt als unintelligent und unschicklich, Probleme auf diese Weise zu „lösen“. Ist es auch, selbst wenn man sich manchmal des Eindrucks nicht erwehren kann, daß diese Art der „Lösung“ von Zeit zu Zeit einfach sein muß. Nur zu gerne verbannen wir diese Form der nonverbalen Kommunikation, die sicherlich dem emotionalen Informationsgehalt „sauer“

(und damit dem, was wir nicht haben wollen) zuzuordnen ist, aus unserem Leben.

Im Leben zivilisierter, kultivierter Mitglieder der westlichen Wertegemeinschaft finden Schreien, Loskrakeelen und Aufeinandereinprügeln nicht statt, sieht man von oben genannten Auswüchsen und dem Gebaren einiger Halbstarker, etwa an Schulen, ab. Doch ist es uns sicherlich nicht gelungen, durch die Entwicklung feiner, kultivierter, geschliffener Manieren das „Böse“ im oben genannten Sinne aus unserem Leben zu verbannen.

Es ist ein elementares geistiges Gesetz, daß die Summe aller emotionalen Informationsgehalte immer gleich bleibt. Die Gewalt, der Kampf und der Streit sind nicht etwa verschwunden. Sie sind nur im Zuge unserer allgemeinen „Weiterentwicklung“ (ist sie das wirklich?) subtiler geworden: Perfide Machtspiele, Mobbing, Intrigen, psychische Gewalt, Dominanz und Unterwerfung, Drohung und Abhängigkeit sind in weiten gesellschaftlichen Kreisen an Stelle der elementaren körperlichen Gewalt getreten. Machtpositionen werden „erschlichen“ (statt erkämpft!) und auch ausgenutzt. Schmeicheleien, Klüngeleien und geradezu mafiöse Verstrickungen in zwischenmenschlichen Beziehungen werfen ein ganz neues Licht auf die Doppelmoral unserer „Wertegemeinschaft“, die offene Gewalt als Mittel zur Konfliktlösung verdammt und die eben genannten subtileren Machtkämpfe ebenso selbstverständlich zuläßt. Ein Esoteriker würde sagen, daß das Verbannen elementarer Gewalt aus dem gesellschaftlichen Konsens zur „Schattenbildung“ in Form von Psychoterror und diversen Machtspielchen und -kämpfen in der Gesellschaft geführt hat. Ein Mathematiker würde sagen: „Die Summe allen Übels in jedem gesellschaftlichen Wertesystem ist konstant!“

Einen Unterschied gibt es dennoch, und damit schließt sich der Kreis: Die „unzivilisierten“ Kämpfe und Streits der Yanomani sind wie ein kurzes, aber heftiges Gewitter, während die Machtspiele der „zivilisierten“ westlichen Welt eher einer schwülen, langen Regenzeit gleichen. Das eine führt zur schnellen Spannungsentladung, das andere baut über einen langen Zeitraum Spannung(en) auf. Das eine ist ein akuter Zustand, das andere ein chronischer.

Nebenbei bemerkt: In archaischen Kulturen sind chronische Krankheiten wie z. B. Rheuma oder Krebs nahezu unbekannt, wohingegen akute Krankheiten wie Infektionen ganze Volksstämme dahinraffen. In unserer Gesellschaft ist es umgekehrt: Hier regieren die chronischen Krankheiten, die schleichend, unter langen Schmerzen, zum Tode führen. Erkennen Sie die Parallelen? Auf den Punkt gebracht: Unsere Gesellschaft ist „chronisch“!

So auch unsere zwischenmenschlichen Probleme, egal ob unter Arbeitskollegen, Chefs und Untergebenen, Eheleuten, Nachbarn, Autofahrern etc., und Sie sind in eine Menge Beziehungen eingebunden. Allein von daher ist es prinzipbedingt unmöglich, ein „besserer“ Mensch (im Sinne allgemeiner Moralvorstellungen) zu werden.

Sie können nicht netter, höflicher, freundlicher, zuvorkommender werden, ohne sich selbst zu schaden, wenn es nicht Ihrer innersten Natur entspricht. Sie können sich zu mehr Gelassenheit hinentwickeln, und das schlußendlich ist Sinn und Zweck des Kaktus-Prinzips. Aber es läßt sich nicht erarbeiten, sondern es ergibt sich irgendwann aus dem Beherzigen des Kaktus-Prinzips von selbst. Solange aber Ihre innerste Natur nicht Ihrem Verhalten gegenüber anderen, insbesondere jenen, die Ihnen das Leben schwermachen, entspricht, schaden Sie sich, setzen Sie Ihre körperliche, emotionale und mentale Integrität für das zweifelhafte Ideal des „guten Menschen“ aufs Spiel. Doch denken Sie an den 3. goldenen Schlüssel: Menschen nehmen das Gute schnell als selbstverständlich hin, was Ihnen in der Gegenwart keine Vorteile und in der Zukunft wahrscheinlich einen Haufen Nachteile einbringt, nämlich dann, wenn Sie sich überfordert fühlen und sich von einigen Aufgaben, die sie für das Gemeinwohl übernommen haben, trennen wollen. Manch einer übernimmt ehrenamtliche Tätigkeiten, rackert sich dumm und dämlich, ohne dafür echte Dankbarkeit zu ernten. Andere bleiben in einer Beziehung, die längst keine mehr ist, um den schönen Schein zu wahren oder auch zum Wohl der Kinder. Wobei meines Erachtens das Vortäuschen einer heilen Familienwelt den Kindern auch nicht besonders gut tut. Daher: Setzen Sie von vornherein Grenzen in Ihrem Leben. Es geht um *Ihr* Glück!

Soweit zu den Beziehungen zwischen Ihnen und Ihrer Umwelt. Was aber ist mit der Beziehung, die Sie zu sich selbst haben? Es mag zwar zu ihrem Image gehören, mit anderen Menschen gut auszukommen, aber was ist, wenn die permanente „gute Miene zum bösen Spiel“ Ihnen nicht wirklich gut tut? Denken Sie daran: Schlechten Nachrichten aus den Massenmedien können Sie sich entziehen (siehe 3. goldener Schlüssel). Dem täglichen Ärger, mit dem Sie konfrontiert werden, nicht. Sie können aber auch nicht den Wüterich geben, wenn Ihnen etwas nicht paßt.

Von daher gilt es, die Zeit, bis Ihnen das Kaktus-Prinzip zu einem dickeren Fell verholfen hat, zu überbrücken. Und das ist nicht leicht, wenn man bedenkt, daß man auf zwei Ebenen Kompromisse machen muß: Sie müssen nett zu *anderen* sein und nett zu *sich selbst.* Doch jetzt die gute Nachricht: Es gibt eine Möglichkeit, all dies zu tun und dabei noch die als negativ empfundenen emotionalen Informationsgehalte auszugleichen. Ja, es macht sogar richtig Spaß!

Wenn Sie jetzt stutzig werden, dann zu Recht. Schließlich muß man ja nach außen ein gutes Bild abgeben, was schon mal dazu verleitet, nicht nur anderen den Strahlemann zu geben, sondern auch sich selbst etwas vorzumachen. Warum funktioniert das auf Dauer jedoch nicht? Das Bauchhirn schaltet sich ein... mit dem unangenehm mulmigen Gefühl zurückgehaltener „niederer" Impulse!

Der Weg der Erkenntnis beginnt mit konsequenter Selbstehrlichkeit! Die dunklen Impulse kommen aus Ihrem Unterbewußtsein, und Sie werden umso *stärker*, je mehr Sie dagegen ankämpfen: Gedanken und Phantasien von Macht, Dominanz, Unterwerfung, auch Grausamkeiten und die „dunklen" Seiten des Sex. Sie üben eine magische Anziehungskraft aus, denn wäre es anders, würden sich all die Skandalblättchen der Boulevardpresse kaum so blendend verkaufen, würden sich Action-, Horror- und Gewaltfilme sowie Dokumentationen über Kriege und die menschliche Grausamkeit sicherlich nicht einer solchen Beliebtheit erfreuen.

Mit gewissem Amüsement beobachte ich seit längerem die Gemeinde der sogenannten „Lichtarbeiter" aus New-Age-Kreisen, die sich aus tiefster Überzeugung dem besten, reinsten, heiligsten Ideal hingeben. Wobei ich mir hierbei die Bemerkung nicht verkneifen kann, daß der „Beruf" eines Lichtarbeiters ja eigentlich Nonsens ist, denn am Licht muß man nicht mehr arbeiten. Es ist ja bereits perfekt, also wozu noch daran arbeiten? Wenn man an etwas arbeitet, dann sollte es doch wohl eher der Schatten sein!

Zurück zum Planeten Erde: Dunkle Impulse aus unserem Innersten fragen nicht danach, ob wir sie uns bewußt machen *wollen* – sie kommen einfach, und das macht sie so tückisch. Doch im Grunde sind sie berechenbar:

Ein ignorierter dunkler Impuls macht ein flaues Gefühl im Magen.

Zehn ignorierte Impulse machen frustriert, ärgerlich, genervt oder traurig.

Fünfzig ignorierte Impulse machen einen Wutausbruch.

Achtzig ignorierte Impulse machen eine schwere Grippe.

Fünfhundert ignorierte Impulse machen einen Amoklauf.

Mehr als tausend ignorierte Impulse machen Krebs.

Jeder dieser Impulse ist einem emotionalen Informationsgehalt zuzuordnen. Wird er ignoriert, kommt er von außen wieder. Denn solange er nicht in irgendeiner, egal welcher Form, bearbeitet wird, ist Ihr „Kontostand" unausgeglichen – und das geht nicht lange gut.

Kommen wir einmal auf das – zugegebenermaßen – nicht allgemeingültige Beispiel Aggression zurück. Wie *natürlich* ist Ihre Aggression? Welcher Satz kommt Ihnen eher in den Sinn, wenn Sie sich extrem über jemand anders ärgern?

- „Diesem schmierigen Kerl würde ich am liebsten eine scheuern!"
- „Dem würge ich ein Ding rein!"
- „Das gibt Rache!"
- „Dem werde ich es noch zeigen!"

Ihre Aggression ist umso unnatürlicher, oder anders ausgedrückt umso „zivilisierter", je weiter unten Sie sich in dieser Liste wiederfinden – von der offensiven, „brutalen" Form der körperlichen Auseinandersetzung über die verbale, direkte Beschimpfung hin zur subtilen Rache, indem man den Urheber seines Ärgers (langfristig!) eines Besseren belehrt. Trifft der erste Punkt auf Sie zu, liegen Ihre Defizite auf dem Konto der emotionalen Informationsgehalte im Bereich „sauer", bei den Punkten 2 bis 4 im Bereich „bitter". Ihre Aggression ist in diesem Falle „chronisch".

Doch erschrecken Sie nicht, denn das ist nicht schlimm. Schließlich heißt es ja nicht umsonst, Rache sei *süß*. Wichtig ist einzig und allein, daß Sie diese Impulse bei sich erkennen und an sich akzeptieren können. Um etwas zu bereinigen, muß man es erkennen und annehmen.

Lösungsmöglichkeiten

Das Auffüllen der Defizite auf Ihrem Konto der emotionalen Informationsgehalte ist glücklicherweise auf vergnüglicherem Wege möglich als über das meist als negativ empfundene Erleben in der Außenwelt. Ein Beispiel haben Sie bereits kennengelernt: die „persönliche Gummizelle". Sie hilft Ihnen dabei, die Defizite auf Ihrem Konto für den emotionalen Informationsgehalt „sauer" aufzufüllen und dabei auch noch den Filter dafür zu stärken (und natürlich auch noch, etwas für die Fitneß zu tun!).

Jetzt die gute Nachricht: Es gibt so etwas auch für den emotionalen Informationsgehalt „bitter". Es ist eine Therapie, die ich aus einer anfänglichen „Schnapsidee" entwickelt habe. Ich habe sie „der Lästerclub" getauft. Ihr Bedürfnis, mal so richtig ätzend, bissig, giftig zu sein, läßt sich bestens durch den Lästerclub aufarbeiten. Und so funktioniert es:

Wenn Sie in einer Familie sind, etwa mit dem Partner, einem Sohn und einer Tochter, ist das eine optimale Konstellation. Nehmen wir einmal an, die Tochter steckt gerade mitten in der Pubertät, der Sohn ist um die 10 Jahre alt, Ihre Frau hat einen Teilzeitjob, und Sie sind Angestellter einer großen Firma. Verkünden Sie auf einer trauten Familienversammlung die Gründung des Lästerclubs und setzen Sie die Spielregeln fest: Jedes Familienmitglied lästert über eine Begebenheit aus seinem/ihrem sozialen Umfeld. Gegeneinander gerichtetes Lästern ist nicht erlaubt. Die Lästereien müssen in Reimform vorgetragen werden.

Um dem Ganzen eventuell noch zusätzliche Würze zu verleihen, schlage ich vor, Preise für die besten und pfiffigsten Lästerreime auszuschreiben. Und um den Halbwüchsigen die Sache noch ein wenig mehr schmackhaft zu machen, können die Reime auch mal im Hip Hop-Rhythmus vorgetragen werden. Der Phantasie sind hier genauso wenig Grenzen gesetzt wie beim Abstrakten positiven Denken.

Anderer Fall: Sie haben keine Familie oder sind Single. Haben Sie einen Partner, sind aber kinderlos, können Sie befreundete Paare in Ihren Club aufnehmen. Sind Sie Single, geben Sie eine Anzeige (siehe unten) in der Zeitung auf oder treffen sich mit Freunden. Diese „Lästertreffen“ sollten in regelmäßigen Abständen stattfinden, so daß jeder sich seinen Frust von der Seele reimen kann. Nicht nur, daß Lästern genauso wie Schimpfen und Schlagen erleichtert, es führt auch zu unfreiwillig komischen Situationen, von denen alle Teilnehmer etwas haben. Nicht zuletzt ist der Lästerclub eine phantastische Möglichkeit für Singles, wie bei einem Tanzkurs oder einem Volkshochschulkurs Leute kennenzulernen.

Für nicht optimal halte ich die Konstellation, wenn sich Arbeitskollegen zu einem Lästerclub zusammenfinden, es sei denn, sie leiden unter dem schlechten Arbeitsklima oder unter einem tyrannischen Chef. Das verbindet. Der Chef sollte nur nichts davon mitbekommen…

Anzeige: Gründung eines Lästerclubs

GRÜNDUNG EINES LÄSTERCLUBS

Rauben Ihnen Arbeitskollegen, der Chef, rücksichtslose Nachbarn oder andere Unmenschen den letzten Nerv, aber Sie haben keine Handhabe, sich zu wehren? Bauen Sie Spannungen unter Gleichgesinnten ab im Lästerclub. Kontakt und Spielregeln unter... (Tel. / Chiffre etc.)

Lassen Sie sich einmal folgendes durch den Kopf gehen: Bloß weil archaische Kulturen keine Autos, Wolkenkratzer und Computer hervorgebracht haben, sind sie noch lange nicht dumm. Und vielleicht ist die „Streitkultur", etwa die der Yanomani, in all ihrer Rohheit, Brutalität und Direktheit intelligenter als es den Anschein hat...

Problem... und Lösung

Das Thema „Umgang mit dunklen Impulsen" (dark desires) gehört zu den heikelsten überhaupt, denn wir alle sind ausnahmslos davon betroffen. Insbesondere sensible Menschen, denen es viel bedeutet, was *andere* über sie denken, haben damit die größten Probleme. Gehören Sie dagegen in die Kategorie „Lebenskünstler“, der sich wenig um das schert, was andere von ihm denken und halten, haben Sie erheblich weniger Probleme damit. Meines Erachtens ist dies der Hauptgrund, warum sensible, dünnhäutige Menschen wesentlich mehr Krankheiten, Schwierigkeiten, Pechsträhnen und so weiter in ihrem Leben „anziehen“ als die Lebenskünstler mit ihrem dicken Fell. Aber es gibt ja bekanntlich kein Problem, zu dem die Natur nicht auch eine Lösung parat hätte.

Sie sind **kein** Lebenskünstler? Dann machen Sie aus dem Ausleben Ihrer „dunklen Impulse“ doch eine Kunst. Werden Sie kreativ! Es kann nicht angehen, daß Sie Ärger, Rachsucht oder den Impuls, einfach mal zuschlagen zu wollen, aus Rücksicht auf andere immer wieder herunterschlucken und diese Dinge nie ausleben. Jemand beleidigt Sie oder übervorteilt Sie, und Sie sind bebzw. getroffen (viel mehr als der eben erwähnte Lebenskünstler!). Irgendwie müssen Sie damit umgehen.

Sie haben Recht: Jetzt einfach auf die Übeltäter einzudreschen ist auch keine Lösung. Doch die Spannung, die zwischen Ihrem Willen – und damit meine ich den ehrlichen Willen, ohne Selbstverleugnung – und dem, was Sie tun dürfen, entsteht (dünnfellige Menschen machen sich ja auch gerne Gewissensbisse!), muß abgebaut werden. Sie können sie auf Dauer nicht ignorieren, wollen Sie nicht chronisch krank, depressiv, unglücklich, vom „Pech verfolgt“ werden oder eines Tages mit Burnout-Syndrom zusammenklappen. Betreiben Sie daher regelmäßig *Psychohygiene*, indem Sie

– sich körperlich abreagieren („persönliche Gummizelle“),

- sich ab und an einfach mal gehen lassen, Ihren Gefühlen freien Lauf lassen,
- mit dunklen Impulsen kreativ umgehen.

Bei diesem letzten Punkt ist es wichtig zu bedenken, daß es in 99 Prozent aller Probleme im zwischenmenschlichen Bereich darum geht, Macht auszuleben, zu gewinnen oder abzugeben, darum, körperlich, emotional oder mental Macht (oder Gewalt) gegen jemanden auszuüben. Sie haben von vornherein größere Chancen, eine unfreiwillige Begegnung mit diesen Dingen in der Außenwelt zu verhindern, wenn Sie sie für sich selbst akzeptieren und zulassen. Ich habe die Erfahrung gemacht: Wie durch Geisterhand tritt meist das in unser Leben, was wir am wenigsten (an uns selbst!) wahrhaben wollen. Ein paar Beispiele für die spielerische Integration „unbeliebter" Lebensprinzipien:

1. Integrieren Sie spielerisch das Prinzip von Dominanz und Unterwerfung in Ihre partnerschaftliche Erotik. Das kann sehr reizvoll sein.
2. Für Singles: Überprüfen Sie regelmäßig Ihre Wirkung auf fremde Menschen – z. B. in unverbindlichen Flirts.
3. Nutzen Sie den 1. April. Spielen Sie Freunden, Partnern, Verwandten und Nachbarn kreative Streiche – aber bitte solche, bei denen kein böses Blut entsteht, sondern solche, bei denen sich Spannungen von Macht und Hinnehmenmüssen auf humorvolle Weise entladen (in heiklen Fällen sollte besser „vorgewarnt" werden!). Verbinden Sie auch sonst Geschenke evtl. mit kleinen Neckereien und Scherzen.
4. Gründen Sie einen „Lästerclub". Ihre ganze Familie (oder

Freunde, Bekannte, Verwandte) können davon profitieren. Sie können sich auch neue Freundeskreise erschließen (das ist besonders als Single interessant).

5. Arbeiten Sie konsequent daran, Standpunkte zu relativieren. Versetzen Sie sich in andere Menschen. Versuchen Sie, stets beide Seiten der Medaille zu sehen. Wenn Sie einen Zustand erstrebenswert finden (z. B. als Single einen Partner zu finden), halten Sie sich die Nachteile einer Partnerschaft ebenso vor Augen wie die Vorteile! (Mehr dazu im übernächsten Kapitel).

Ein sehr kluger Mann hat bereits vor 2000 Jahren gewußt, daß man seine Feinde lieben soll. Und ich bin mir ziemlich sicher, daß er damit nicht die „äußeren Feinde“ (also den Chef, die Schwiegermutter, den Schleicher vor Ihnen, den jähzornigen Nachbarn etc.) meinte, sondern die „inneren Feinde“. Denn die machen einem das Leben umso mehr zur Hölle, je mehr man sie zu ignorieren versucht. Ja, ich bin mir absolut sicher, daß dieser kluge Mann von dem geredet hat, was in uns steckt, was wir aber nicht an uns wahrhaben wollen.

Haben Sie sich schon mal überlegt, warum es Redewendungen gibt wie: „Nur die Besten sterben jung.“ Oder: „Warum trifft es immer nur die Guten?“ Ich bin fest davon überzeugt, daß das Übel „da draußen“, sprich: in der großen Weltpolitik wie auch in unserem unmittelbaren Umfeld nur deshalb existiert und auf uns einwirkt, weil es uns an kreativem, spielerischen Umgang mit den dunklen Trieben und Impulsen mangelt, weil wir uns nicht trauen, einfach mal nicht brav, nicht angepaßt, frech und ungezogen zu sein, aus der Reihe zu tanzen. Denken Sie einmal über Fasching/

Karneval nach! Was ist das anderes als ein archaisches Konzept, einmal im Jahr „über die Stränge zu schlagen" und „aus der Reihe zu tanzen"? Und: Kommt es bei Karnevalsumzügen zu „militanten politschen Ausschreitungen"?

Archaische Kulturen mit einer ausgeprägten Streitkultur wie die Yanomani halten wir für primitiv und roh. Doch im Grunde genommen ist es genauso primitiv und roh, im Beruf nicht etwa durch herausragende Leistungen, sondern durch Klüngeleien, Intrigen und Mobbing weiterzukommen. Auch den offenen, härteren Umgang mit Sex/Erotik, den „Machismo" in vielen lateinamerikanischen Ländern, halten wir für primitiv. Aber ist es nicht genauso primitiv, daß Männer für billigen Sex nach Südostasien fliegen, oder reiche Frauen Körperkontakte in der Karibik suchen (ein beliebtes Thema in der Jamaikanischen Dancehall Musik)?

All dies läßt sich bestimmten Prinzipien oder auch emotionalen Informationsgehalten zuordnen. Und denen ist es egal, ob man sie als „gut" oder „böse" (oder primitiv, barbarisch oder roh) klassifiziert. Sie wollen einfach nur beachtet werden.

Dieses Kapitel auf den Punkt gebracht:

- ➡ Setzen Sie Grenzen in Ihrem Leben. Wenn Sie sich auf irgendeine Weise übervorteilt fühlen, machen Sie unmißverständlich klar, daß Sie nicht einverstanden sind und Ihre Konsequenzen ziehen werden.
- ➡ Ärger und die meisten Lebenskrisen sind in der zivilisierten Welt fast ausnahmslos chronisch. Parallel dazu sind auch die Krankheiten hier meist chronisch.
- ➡ Mit dem Verschwinden elementarer Gewalt aus dem Le-

ben der meisten Menschen ist keineswegs das diesen Kräften innewohnende negative Potential verschwunden. Die Probleme sind nur subtiler geworden (Machtmißbrauch, Mobbing, Intrigen, Klüngeleien und sonstige Verstrickungen).

➡ Sie können anhand einiger weniger Aussagen überprüfen, ob Ihr Verhältnis zu Ihrer „dunklen Seite“ noch natürlich ist oder bereits gekünstelt.

➡ Wenn Sie all diese dunklen Kräfte wieder bewußt in Ihr Leben integrieren, stärken Sie auf der einen Seite Ihre Filter für diese Bereiche, sind also nicht mehr den emotionalen und gefühlsmäßigen Schwankungen ausgesetzt, wenn Sie davon betroffen werden. Auf der anderen Seite kommen Sie dem Leben zuvor, Ihnen „Nachhilfestunden“ in diesem Bereich geben zu wollen („Schattenbearbeitung“!).

➡ Alle Prinzipien oder emotionalen Informationsgehalte wollen und verdienen unsere Beachtung. Ganz gleich, ob sie als „böse“ empfunden werden oder nicht.

13 Die Wissenschaft vom dicken Fell und das Thema Erwartungen

Ich habe Ihnen im theoretischen Teil verraten, wann Positives Denken sogar schädlich sein kann und das Gegenteil von dem bewirkt, was es soll. Und das wiederum hängt ganz konkret mit dem Sollen zusammen, nämlich, daß eine Wirkung erwartet wird. Und von genau diesen Erwartungen handelt dieses Kapitel.

Diejenigen unter uns, die nicht mit einem dicken Fell gesegnet sind, die sich um alles mögliche Sorgen und Gedanken machen, leicht auf die Palme zu bringen, unglücklich und starken emotionalen und mentalen Schwankungen ausgesetzt sind, neigen dazu, das, was sie in sich selbst nicht finden, außerhalb von sich zu suchen. Und da fängt das Drama an. Denn alles, was sich am Außen orientiert, hat auf irgendeine Weise etwas mit Erwartungen zu tun.

Mit den Erwartungen an das Leben ist das ja so eine Sache. Zu 95 Prozent erfüllen sie sich entweder gar nicht oder nicht wie gewünscht. Die „Bücher der Weisheit" empfehlen daher, am besten erwartungsfrei durchs Leben zu gehen. Aber ich denke, damit ist der Kern des Problems noch nicht einmal erfaßt, oder jedenfalls nur im Ansatz.

Wir sollten uns darüber klar sein, daß Erwartungen nichts sind, was man mit dem Verstand abschalten kann, denn der erzeugt sie schließlich. Wir sollten uns auch darüber klarwerden, ob unsere Erwartungen tatsächlich zu uns gehören, ob sie echt sind! Oder ob wir nur glauben, daß sie es sind.

Auf der einen Seite geben Erwartungen unserem Leben eine Motivation. Denn schließlich wollen wir etwas erreichen. Auf der anderen Seite kann uns das Erreichte aber auch ziemlich desillusionieren. Dann waren die Erwartungen Illusionen. Und damit können wir davon ausgehen, daß sie eigentlich gar nicht von uns stammen konnten.

So wie ich das sehe, gibt es folgende **Arten von Erwartungen:**

- Erwartungen, die wir an uns selbst stellen,
- Erwartungen, die wir an die anderen/das Leben/die Umwelt stellen,
- Erwartungen, die andere an uns stellen,
- Erwartungen, von denen wir glauben, daß sie unsere eigenen sind, die aber in Wirklichkeit von anderen stammen (z. B. durch Erziehung),
- Erwartungen, von denen wir glauben, daß andere sie in uns setzen, die aber in Wirklichkeit „Hirngespinste" sind.

Und es ist gar nicht so leicht, all diese Arten von Erwartungen voneinander zu unterscheiden. Wichtig für unser Leben ist allerdings nur eine einzige Variante, nämlich die erste. Alle anderen Arten von Erwartungen entpuppen sich spätestens am Lebensende als eine Illusion, eine zerplatzende Seifenblase, der wir einen guten Teil unseres Lebens geopfert haben, was wir dann natürlich zutiefst bedauern. Doch wer sensibel ist, wer außen die Stabilität, den Halt sucht, den er/sie bei sich vermißt, ist besonders anfällig dafür, die Erwartungen anderer für die eigenen zu halten, oder vielleicht treffender: alle hier aufgelisteten Arten von Erwartungen für lebensnotwendig zu halten. Doch das ist Unsinn.

Beispiel gefällig? Wenn wir in der Grundschule am laufenden Meter Einser mit nach Hause gebracht haben, erwarten die lieben Eltern nur allzu gerne von uns, daß das immer so weitergeht. In der Mittelstufe, der Oberstufe, schließlich im Studium und im Beruf führt die Schiene direkt zum Erfolg: Millionär in drei Jahren oder was auch immer.

Das Spiel geht immer so weiter und kann dazu führen, daß der/die Betroffene im jungen Erwachsenenalter die von außen an ihn/sie herangetragenen Erwartungen für die eigenen hält. Und das schlägt sich meiner – auf diesem Gebiet reichlichen – Erfahrung nach gerne in sogenannten psychosomatischen Erkrankungen nieder.

Es kann zum Beispiel auch sein, daß ein junger Mensch in Ermangelung innerer Sicherheit seinen Halt in äußeren Sicherheiten sucht. Diese versucht er sich, dem christlich-abendländischen Weltbild sei Dank, durch einen tadellosen Ruf sowie durch herausragende Leistungen zu „verdienen“ – unterschwellige Erwartungshaltung an den lieben Gott, das Universum, die Umwelt, die Mitmenschen, die ihn doch bitte reich für seine/ihre Anstrengungen entlohnen mögen, inklusive. Folgen? Nicht gravierend, wenn man davon absieht, daß so jemand Raubbau an seinen körperlichen wie geistigen Kräften betreibt und vom Universum daher nicht unbedingt mit Reichtum, sondern eher mit früher Krankheit „belohnt“ wird, um es mal drastisch auszudrücken.

Erwartungen machen sich selbständig, führen ein Eigenleben, sind nicht mehr steuerbar. Sie werden zu Pseudo-Zielen, in die man sich verrennt, zu fragwürdigen Idealen, für die man sein Leben opfert. Bevor wir uns mit den Arten von Erwartungen beschäftigen, die es wert sind, daß man sich mit ihnen beschäftigt, sollten wir zunächst einmal Ballast abwerfen. Es geht um die Erwartungen, die im Grunde genommen von keiner tatsächlichen Relevanz sind, was uns spätestens dann auffällt, wenn wir, wie man so schön sagt, „die Heimreise antreten".

Klar, andere Menschen haben ganz konkrete Erwartungen an uns: Der Chef erwartet, daß wir diese und jene Akte bearbeiten, die Kopien auswerten, der Ehepartner, daß wir ihm/ihr Zuwendung und Zärtlichkeit schenken, und so weiter… aber was bitteschön soll *das*:

„Ich will, daß aus dir mal etwas wird!" (im Sinne von materiellem Wohlstand!) Abgehakt, vergessen Sie es. Sie *sind* doch was – nämlich *Sie*. Diese Erwartung basiert auf der Annahme, der Wert einer Person definiere sich einzig und allein über ihren materiellen Wohlstand! Richtig: Es geht hier um abstrakte Erwartungen, die andere an Sie haben, beispielsweise Eltern oder Verwandte. Wer weiß, vielleicht sind Sie ja ganz zufrieden damit, sich beruflich und gesellschaftlich im Mittelmaß zu befinden. Das ist vielleicht nicht aufregend, aber dafür auch nicht auf*reibend.* Wer unter seinen Möglichkeiten bleibt, hat mehr Zeit für Entspannendes und Schönes! Damit sind die letzten beiden Punkte aus unserer „Erwartungsliste" schon mal abgehakt.

Was können wir sonst noch ohne Not außen vor lassen? Erwartungen, die andere **wirklich** an uns haben? Sicher ist es schön, wenn Partner sich treu sind, in der Liebe wie im Geschäft, da gibt es nichts dran zu kritteln. Bloß die Sache mit der „Ewigkeit" ist in vielen Fällen doch etwas relativierungsbedürftig. Wenn zwei (Ehe-)Partner sich lieben, dann lieben sie sich. Dann sollte an sich auch kein Bedürfnis etwa nach einem Seitensprung bestehen. Und wenn er doch passiert, ein Fehltritt im Rausch der Leidenschaft, dann sollte man sich mit den Gründen dafür auseinandersetzen. Kommt es mehrmals vor, ist die Beziehung sowieso auf den Prüfstand zu stellen. Und gegebenenfalls sind Konsequenzen zu ziehen. Zusagen können nie für die Ewigkeit gelten, denn die Welt, alle Dinge in ihr und damit auch wir, verändern sich beständig. Bei jeder Erwartung, die andere an Sie stellen, sollten Sie sich immer fragen, was Sie davon eigentlich haben, sie zu erfüllen. Der gewitzte Handelsvertreter versucht, Sie zu einem Geschäft zu bewegen, indem er Sie provoziert: „Tja, das muß man sich schon leisten können!" Am Ende überziehen Sie Ihren Dispokredit für etwas, das Sie gar nicht wirklich wollten, und Ihr Vertreter lacht sich ins Fäustchen, denn er hat sein Geschäft gemacht. Insofern sollten Sie alle Erwartungen auf Einseitigkeiten sowie auf Vor- und Nachteile für Sie überprüfen. Und dann individuell entscheiden, ob es sich nicht doch um die berühmte Seifenblase der Illusion handelt…

Kommen wir zum goldenen Rest: den konkreten Erwartungen anderer an uns, in denen wir Vereinbarungen sehen können, den Erwartungen, die wir an uns selbst haben, und denen, die **wir** an unsere Umwelt haben. Ohne diese drei können wir nicht leben, Sie lenken unsere Existenz in geregelte und einigermaßen berechenbare Bahnen. Diesen äußeren Halt benötigt man immer, es sei denn, man ist das, was man auch als „erleuchtet" bezeichnet. Aber wer von uns ist das schon?

Wenn wir zu sehr von dem geprägt sind, was Erziehung, Umwelteinflüsse und ähnliches ausmachen, können wir schon mal die Erwartungen anderer für unsere eigenen halten, beispielsweise: ein Geschäft zu gründen (oder ein bestehendes weiterzuführen), es zu Wohlstand zu bringen, zu heiraten und eine Familie zu gründen, Karriere zu machen etc. etc. Da diese Erwartungen das sind, was man so schön als „Mainstream" bezeichnen könnte, neigen die Sensiblen unter uns, die keine innere Festigkeit haben, dazu, sie zu ihren eigenen zu machen. Es ist wie mit moralischen Ansprüchen: „man soll.../man darf aber nicht..." Und so wird aus einem abgedroschenen Allgemeinplatz schnell „unser Lebensziel". Was bei Standardfloskeln aus der Mottenkiste der christlich-abendländischen Tugenden noch leicht durchschaubar erscheint („unbefleckt in die Ehe"), ist bei Karriere und Lebensplanung so subtil, daß wir nur allzu leicht in die Falle tappen können. Dann machen wir Karriere und gründen eine Familie, doch in uns ist etwas, das macht uns umtriebig und unruhig, und wenn wir uns dies bewußt machen, sind wir todunglücklich. Die mißachtete Seele funkt S.O.S.!

Sie haben sich Erwartungen an Ihr Leben zueigen gemacht, die nicht wirklich mit Ihrem tiefsten Inneren übereinstimmen, und sind damit nicht mehr authentisch. In diesem Fall können Sie erreichen, was Sie wollen: Auch als Vorstandsvorsitzender oder ranghoher Politiker gelangen Sie nicht zu der inneren Zufriedenheit, die die Verwirklichung Ihrer wahren Lebensziele bewirken könnte. Nur haben Sie dummerweise keinen Zugang (mehr) zu ihnen.

Doch keine Panik! Es gibt einen bestechend simplen Trick, mit dem man ganz einfach die echten Erwartungen an sich selbst (und das Leben) von denen, die eigentlich von anderen stammen, die wir aber für unsere eigenen halten, unterscheiden kann. Und der setzt bei unserem Wissen über die emotionalen Informationsgehalte und um den 7. goldenen Schlüssel an.

Sie können Ihre Kreativität und Ihr Vorstellungsvermögen völlig von irgendwelchen Erwartungen an sich, an andere, an das Leben abkoppeln – wenn Sie sich in Ihrer Phantasie nach „Absurdistan“ begeben. Die Visionen, die Sie auf diese Weise bekommen, sind ziemlich entlarvend, auch wenn Sie sich außerhalb des realen Lebens abspielen. Sie machen sozusagen vor sich selbst einen „Seelenstriptease“. Und das kann heilsamer sein, als stur einem hochgesteckten Ziel nachzujagen, bloß weil andere (oder Sie selbst) es von sich/Ihnen erwarten!

Beobachten Sie einmal eine ganze Zeitlang, wie Ihre Lieblingsphantasien aussehen, und versuchen Sie, sie einem emotionalen Informationsgehalt zuzuordnen. Das Schöne ist, daß es keine Grenzen gibt und die Spinnereien gerade deswegen ziemlich entlarvend sein können.

Ein Beispiel: Sie träumen davon, ein Superheld oder eine Heldin zu sein. In der Realität verwirklichen Sie die Idee vom trauten Heim, einem geborgenen, behaglichen Nest, einer glücklichen Familie. Helden aber stehen für Auseinandersetzung, für Kampf (emotionaler Informationsgehalt „sauer“), dafür, sich etwas zu erkämpfen, beispielsweise Karriere zu machen, ein „Macher“ zu sein. Vielleicht hat man Ihnen jahrelang eingeredet, der “heimische Herd“ sei Gold wert, und obwohl die Verwirklichung dieses Ideals nicht Ihrer innersten Natur entspricht, haben Sie es übernommen und setzen es um. Doch Ihr Unterbewußtsein ist damit nicht einverstanden.

Gerade Frauen sind hierfür anfällig, vielleicht trotz Emanzipation, denn die Verheißung vom „traditionellen Glück“ im Schoße der Familie klingt zu verlockend, während der Wunsch nach Karriere tief ins Unterbewußtsein verdrängt wird. Vielleicht sogar so sehr, daß nicht einmal eine offenkundige Konfrontation mit diesem Thema – beispielsweise ein Fernsehbericht über Karrierefrauen – die verdrängten Bewußtseinsinhalte ans Tageslicht bringen kann. Und doch weiß das Unterbewußtsein sein Unwohlsein bemerkbar zu machen: in Form von Stimmungsschwankungen, Depressionen, Weinerlichkeit, Selbstsabotage. Ganz sicherlich nicht förderlich für die Entwicklung eines dicken Fells. *Das* entsteht anders…

Sie haben Ihren Traum erkannt und leben ihn. Kämpfen für ihn. Müssen natürlich so manche Niederlage hinnehmen. Doch im Sinne der Wissenschaft vom dicken Fell ist gerade dieser Hindernislauf, gerade dieses unvermeidliche „Abschleifen" durch Probleme, Konflikte und Herausforderungen das eigentlich Wichtige. Denn gerade **weil** Sie sich mit jeder Faser Ihres Seins mit Ihrer Aufgabe identifizieren, stecken Sie Frust, Niederlagen und Fehlschläge bis zum Erreichen Ihres Ziels weg, ohne daß Ihre Energie nennenswert erlahmt. Im Gegenteil: Der innere Widerstand, die Verbissenheit wachsen.

Denken Sie an Kapitel 6 und 7. Diese Auseinandersetzung ist notwendig, denn es gibt keinen anderen Weg, um ein Thema irgendwann ganz einfach loszulassen, Standpunkte zu relativieren und eine völlig neue Einstellung zu den Dingen zu entwickeln, eine innere Distanz, was gleichbedeutend ist mit einem dicken Fell. Sie müssen kämpfen wie ein Löwe, bis Sie davon so erschöpft sind, daß Sie von alleine, ohne bewußte Entscheidung, loslassen!

Und wirklich bis zur Erschöpfung, bis zum totalen Loslassen können Sie nur kämpfen, wenn Sie sich bis in die letzte Faser

Ihres Ichs mit Ihrer Aufgabe, Ihrem Lebensthema identifizieren. Es muß sozusagen allmächtige Bedeutung für Sie erlangen. Sie werden auf dem Weg lernen, das, wofür Sie leben, zu hassen! Verzweifelt zu sein! Alles, aber wirklich alles hinwerfen zu wollen. Und dennoch machen Sie weiter, denn es gibt da irgend etwas, das Sie nicht aufhören läßt. Widerstände werden so lange existieren, bis die mentale und emotionale Erschöpfung Sie das Thema automatisch loslassen läßt – wobei sich das, worauf man vorher bewußt hinzuarbeiten suchte, dann oftmals wunderbarerweise automatisch einstellt. Ich denke, diese Tatsache läßt sich nicht oft genug betonen.

Jetzt zum Wie: Ist Ihr Lebensthema wirklich Ihres? Wenn Sie phantasieren, betrachten Sie die Qualität der Phantasie. Hier einige Beispiele:

➡ Sie verfügen über übernatürliche Kräfte und stellen einen Superhelden dar.

Wenn dies Ihre Vorstellung ist, wollen Sie „es allen zeigen“. Es geht um Herausforderungen (die mit Superkräften natürlich besser zu bewältigen sind). Wenn Sie sich in der Phantasie über andere Menschen erheben, ist es Ihr Wunsch, durch Ihre Fähigkeiten aufzusteigen, sprich: Karriere zu machen. Welchen Weg Sie dabei einschlagen, ist eher sekundär. Es geht um das Prinzip des gesellschaftlichen und sozialen Aufstiegs durch herausragende Leistungen im Sinne von „sich durchbeißen“ (emotionaler Informationsgehalt „sauer“). Dies insbesondere, wenn Sie in Ihren Phantasien für oder gegen etwas kämpfen („für das Gute – gegen das Böse“).

Wenn Sie in diesem Sinne etwas leisten wollen, wird Sie ein harmonisches, spannungsarmes oder -freies Leben auf Dauer langweilen. Sie bemerken es nicht bewußt, doch im Grunde brauchen Sie große Ziele und Widerstände, die sich zwischen Sie und diese Ziele stellen, um sich an ihnen zu reiben.

- ➡ Der absolute Traumpartner (womöglich ein Gott, ein Engel oder eine Göttin?) tritt in Ihr Leben, Sie schwelgen in Liebe und Zärtlichkeit (wobei die Erotik in diesem Falle eher eine Nebensache darstellt).

Das große Thema ist nicht unbedingt nur die Liebe zwischen Mann und Frau, denn eigentlich geht es mehr um eine bedingungslose Liebe, die Ihnen zuteil wird – auch ohne Leistungen besonderer Art. Dies ist quasi das Gegenteil des vorherigen Beispiels. Sie wollen nicht kämpfen, sich durchbeißen, sondern wünschen sich eigentlich eine kleine, heile Welt voller Harmonie und Geborgenheit (emotionaler Informationsgehalt „süß"). Man kann dies auf die emotionale und mentale Ebene übertragen im Sinne von „Rückkehr ins Paradies" oder auch einfach mal „faul sein". Solche Phantasien können durchaus auch ein Anzeichen dafür sein, daß Sie, in der Tretmühle von Karriere und Konkurrenzkampf steckend, dringend eine Auszeit brauchten.

In diesen Bereich gehören neben der erwähnten auch alle Phantasien, in denen Sie ohne eine erwartete Gegenleistung beschenkt werden und „die Seele baumeln lassen können". Im Extremfall kann dies Weltflucht oder auch „Flucht aus der Polarität" bedeuten, vor allem dann, wenn Sie von diesen Phantasien beherrscht werden.

➡ Sie sind in der Lage, in unglaublicher Geschwindigkeit viele Orte im Universum zu erkunden und sich anzusehen.

Diese Phantasie läßt sich sehr leicht in die Realität übertragen. Sie möchten auch im konkreten Sinne Ihren Horizont erweitern. Dies kann sich auf Praktisches, auf Reisen, aber auch beruflich auf eine Umschulung beziehen. Vielleicht erscheint Ihnen Ihr Leben als zu eng, Sie haben das Bedürfnis nach geistiger Anregung und Erweiterung, möchten vielleicht entscheidende Dinge in Ihrem Leben verändern, in einer Partnerschaft leben oder aber umgekehrt wieder Single sein, den Ort wechseln oder gar auswandern, den Beruf wechseln etc. Immer hat die Phantasie vom „Sightseeing im Weltall“ etwas mit Veränderung zu tun, ebenso mit den praktischen Dingen im Leben. Das kann so etwas Simples sein, wie seine Steuererklärung selbst anfertigen, handwerklich etwas dazulernen oder einen neuen Sport betreiben zu wollen. Der emotionale Informationsgehalt wäre hier „salzig“ (alles Nüchterne, Praktische, aber auch: sich Wissen aneignen)

➡ Außergewöhnliche erotische Phantasien

Man kann ja in der Phantasie Dinge tun, die in der Realität „gar nicht gehen“, die entweder über die Grenzen Ihres erotischen (realen!) Horizonts hinausgehen oder die einfach grundsätzlich nicht machbar sind. Da viele Phantasien um diesen Bereich kreisen: Dreht sich denn da tatsächlich alles um „den kleinen Kick für zwischendurch“?

Mitnichten! Übertragen wir den emotionalen Informationsgehalt „scharf“ auf den mentalen Bereich, dann geht es hier um das Thema Abwechslung, Ausbrechen aus dem Alltag, Farbe ins Spiel bringen, fun und action! Das heißt, es geht um die Komponente des Abenteuers, das ja konkret im sexuellen Abenteuer Erfüllung findet. Dies könnte jedoch auch auf einer vielleicht weniger problembeladenen Ebene realisiert werden, zum Beispiel in Form eines Abenteuerurlaubs, in dem Herausforderungen gesucht werden, die jedoch nicht der Karriere oder Erweiterung des Horizonts dienen, sondern dem Spaß, dem „Kick". Das fängt beim Bungeejumping an und hört beim Wildwasserrafting noch lange nicht auf. Der Orgasmus muß nicht unbedingt ein körperlicher sein, auch ein mentaler Orgasmus im Sinne von „Höhenrausch" oder „Adrenalinkick" kann die Abenteuerlust befriedigen!

Wie sieht es mit dem emotionalen Informationsgehalt „bitter" aus? Läßt sich der irgendwie positiv im Leben umsetzen? Kann das überhaupt etwas Positives sein? Jeder der emotionalen Informationsgehalte kann eine positive Seite haben. Die „bittere" Einsamkeit kann auch daher rühren, daß man sich von anderen abhebt. Hierfür würde beispielsweise die Phantasie „Überleben auf einer einsamen Insel" stehen, diesmal nicht im Sinne von Urlaub und Luxus, sondern im Sinne von Schiffbruch, stranden und sich irgendwie durchschlagen müssen: Robinson Crusoe ohne Freitag. Auch die Phantasie, allein einen Achttausender zu besteigen, paßt zu diesem emotionalen Informationsgehalt.

Wenn Sie in Ihrer Phantasie die Erhabenheit einer Wüste suchen oder die eines Dschungels, der Eiswüste oder sonst einer einsamen Gegend (muß nicht einmal irdisch sein), ist das große Thema Ausstieg. Ausstieg aus der Gesellschaft an sich oder aber aus ihren Konventionen, man will mit allem brechen und alles hinter sich lassen. Und zwar nicht, um zu faulenzen, sondern um sich auf die Suche nach Sinn und Tiefgang zu begeben. Der einsame Bauernhof, den Sie (ökologisch) bewirtschaften, auf dem Sie sich vielleicht nebenher noch künstlerisch betätigen, wäre ein Beispiel, diesen inneren Wunsch einzulösen.

Alles hat eine positive Seite. Und um Tiefgang zu entwikkeln, müssen Sie nicht im oben genannten Sinne „aussteigen". Es reicht völlig aus, wenn Sie Ihre Phantasien deuten (je weiter hergeholt, desto besser, denn dann verknüpfen Sie damit keine realen Erwartungen!) und sie auf sich selbst und Ihre Vorstellungen vom Leben beziehen. Konkret verwirklichen Sie den emotionalen Informationsgehalt „bitter" auch dann, wenn Sie sich beispielsweise in irgend etwas (freiwillig) einschränken.

Ihre Phantasien gehen auch mit einem emotionalen Informationsgehalt „bitter" positiv um. Selbst wenn Sie sich vom Schicksal benachteiligt fühlen, weil andere es besser haben, schneller vorankommen: Es ist nichts Schlechtes dabei, wenn Sie auch mal „verbittert" sind, weil andere scheinbar mit mehr Glück und Erfolg gesegnet sind. Wenn Sie dann in Ihren Phantasien den Spieß umdrehen (Beispiel: Ihr acht Jahre alter Kleinwagen hängt den Porsche von Ihrem Bekannten Meier auf der Autobahn ab), dann ist Rache eben süß bzw. bittersüß, wenn Sie sich zumindest in Ihrer Phantasie „bitter rächen". Auch das sagt etwas über Ihre Erwartungen ans Leben aus – allerdings Achtung: Der emotionale Informationsgehalt hinter der Botschaft ist weder süß noch bitter, denn wenn Sie es „allen zeigen wollen", dann müssen Sie hart dafür kämpfen (emotionaler Informationsgehalt „sauer"!).

Interpretieren Sie nicht die Phantasie an sich, sondern das

Prinzip, das dahinter steht. (z. B.: Engel → Geborgenheit → bedingungslose Liebe → etwas bekommen, ohne etwas geben zu müssen → „Geschenk des Lebens“ → emotionaler Informationsgehalt „süß“)

Zurück zum dicken Fell: Sie müssen verstehen, daß sensible Zeitgenossen es schwerer haben, den Zugang zu ihren eigentlichen Wünschen und Vorstellungen vom Leben zu finden, denn sie neigen eher dazu, Bestätigung, Liebe und Anerkennung im Außen zu suchen, um so den Halt zu bekommen, den sie in sich selbst nicht finden. Um dies zu erreichen, orientieren sie sich eher an gesellschaftlichen und moralischen Konventionen, opfern sich für andere auf, wollen im positiven Licht dastehen. Es mag so aussehen, als wären sensible Menschen die „besseren“ Menschen, da sie mehr helfen und mehr zum Wohle anderer beitragen. Doch hinter vielen, die sich dergestalt aufopfern, steht mangelnder innerer Halt. Sicherlich gibt es auch Menschen, die wirklich von Herzen gerne helfen wollen und können, aber die sind selten. Sie können sie ganz einfach daran erkennen, daß sie niemals müde werden, kein Burnout-Syndrom bekommen und daran, daß ihnen das, was sie tun, wirklich Spaß macht. Aber was ist mit den anderen? Die mögen zwar einiges zum Wohle anderer Menschen bewegen, sind aber im Grunde ihres Herzens kreuzunglücklich.

In gewisser Weise ist ein solch angepaßtes, an anderen ausgerichtetes Leben eine Art Schutz vor einer ehrlichen, schonungslosen Konfrontation mit sich selbst, an der die Sensiblen zerbrechen würden. Sie können sich niemals vorstellen, ihre eigenen Vorstellungen vom Leben zu verwirklichen, vor allem nicht, wenn diese absurd erscheinen.

Nichts ist absurd. Die Vision, das nahezu Unmögliche zu verwirklichen, für das Sie jeden Tag bis an Ihrer äußersten Grenzen gehen würden (damit meine ich die mentalen, weniger die physischen Grenzen!), können Sie ohne ein dickes Fell niemals umsetzen. Doch sich über diese Wünsche erst einmal klarzuwerden, dabei kann Ihnen die Phantasie helfen. Je weiter weg von einer Realisierungsmöglichkeit, desto besser!

Viele Menschen sind unzufrieden und unglücklich mit ihrem Leben, weil sie nicht *ihre* Vision leben, aber glauben, daß sie es tun. Infolgedessen können sie niemals ihr volles Potential realisieren. Der Wille, die Vision in die Tat umzusetzen, koste es was es wolle, wird niemals stark genug werden, um an den Punkt zu kommen, wo sie loslassen **müssen**, da sie die erforderliche Spannung nicht erreichen. Ihr Geist wird sich zwar auflehnen, er wird sich zwar verspannen, aber nie mit der Intensität, die erforderlich ist, um aus völliger mentaler Erschöpfung heraus „loszulassen", dabei geistig zu reifen, eine neue Sichtweise und nebenbei bewußt ein noch dickeres Fell zu gewinnen.

Wenn Sie nicht zu 100 Prozent mit Ihren Lebenszielen übereinstimmen, wird Ihnen Ihr Unterbewußtsein immer wieder den gleichen Streich spielen (man nennt das „Sabotageprogramme"!), und Sie werden sich nicht entwickeln. Weder zu einem dickeren Fell hin noch zur Erleuchtung noch sonstwohin. Deswegen ist es so wichtig herauszufinden, was man wirklich vom Leben erwartet. Ich denke, es ist von einer höheren Warte aus betrachtet die einzige Möglichkeit, echtes inneres Wachstum anzuregen. Damit meine ich beileibe nicht nur ein dickeres Fell. Nutzen Sie Ihre Phantasie, wofür haben Sie die schließlich?

Dieses Kapitel auf den Punkt gebracht:

- ➡ Sämtliche von Menschen verfaßten „Weisheitsbücher" empfehlen, ohne Erwartungen durchs Leben zu gehen. Doch das ist nicht so leicht, wie man sich das vorstellt: Denn Erwartungen ausschalten heißt, den Verstand ausschalten!
- ➡ Wollen wir im Sinne der Wissenschaft vom dicken Fell arbeiten, kommen wir nicht umhin, unsere Erwartungen auf den Prüfstand zu stellen. Stammen sie wirklich von uns, oder denken wir nur, daß sie es tun?
- ➡ Der sensible Mensch, der außen den Halt sucht, den er in sich selbst vermißt, neigt auch dazu, die Erwartungen anderer an ihn für die eigenen zu halten.
- ➡ Viele Erwartungen an das Leben, die sich aufgrund eines mangelnden Selbstvertrauens oder Selbstwertgefühls einstellen, können das Leben enorm verkomplizieren.
- ➡ Von außen an uns gestellte Erwartungen, die wir für die eigenen halten, können uns zu Pseudozielen verleiten, die uns nicht glücklich machen, sondern uns in einem permanenten Zustand der Unzufriedenheit verharren lassen.
- ➡ Auch wenn Sie hohe Ziele erreichen, ein großer Politiker oder Vorstandsvorsitzender eines Megakonzerns werden, werden Sie stets eine innere Unruhe in sich verspüren, wenn das Erreichte nicht mit Ihren tatsächlichen Wünschen übereinstimmt.
- ➡ Sie können Ihre Phantasie dazu benutzen, Ihre echten Vorstellungen, Erwartungen und Wünsche an das Leben von den eingebildeten zu unterscheiden.

- Hinter jeder Phantasie steht ein emotionaler Informationsgehalt, nach dem Sie Ihr Leben ausrichten sollten, wenn diese Phantasie wiederholt auftritt oder Ihr „APD-Programm“ beherrscht.
- Wenn Sie für Ihre wahren Lebensziele und -wünsche kämpfen, werden Sie gegen Hindernisse auf dem Weg zum Ziel (mentalen) Widerstand aufbauen. Dieser zwingt Sie dazu, mental irgendwann loszulassen – und damit gleichzeitig ein dickeres Fell zu gewinnen und sich geistig zu entwickeln.

14 Singles, die Liebe und der Flirt aus Sicht des Kaktus-Prinzips

Dieses Kapitel wird sehr konkret. Es geht um ein klassisches Beispiel aus dem Leben, das die Unterschiede zwischen eher sensiblen, emotional labilen Persönlichkeiten und dem robusten Menschenschlag mit dem dicken Fell beschreibt. Es geht um den Wunsch nach einer Partnerschaft bei Singles, die eher unfreiwillig allein sind. Es heißt zwar so schön: „13 Millionen Singles können nicht irren." Aber wer sagt, daß die Mehrheit der Alleinstehenden tatsächlich darauf aus ist, das Leben in dieser Form zu genießen?

Wir kennen das Phänomen schon aus der Schule, so etwa ab 9. Klasse aufwärts: Die Lümmel aus der letzten Sitzreihe wurden und werden angeschmachtet, weil sie so „cool und lässig" sind und waren. Die strebsamen, fleißigen, scheinbar mit der besseren Zukunft ausgestatteten „Braven" schauen in die Röhre. Und eigentlich geht das immer so weiter – im Studium oder in der Ausbildungszeit. In jungen Jahren, als umtriebiger Teenie und Twen, hat der lässige Macho auf der Piste die freie Auswahl unter den attraktiven Frauen, wohingegen der sensible Typ mit Tiefgang und Verständnis einen Korb nach dem anderen bekommt. Das gilt genauso fürs andere Geschlecht. Die sensiblen, stillen jungen Damen sitzen, wenn sie nicht gerade über ein strahlendes Aussehen verfügen und vor Selbstbewußtsein nur so strotzen, eher auf der „Reservebank". Warum aber ist das so?

Klar, die lässigen Machos mit ihren coolen Sprüchen und die Selbstbewußtsein ausstrahlenden jungen Frauen haben nun mal die besseren Flirtchancen, sind weniger verkrampft und weniger schüchtern. Sie haben schöne Sprüche auf den Lippen, die aber so oberflächlich und unbedeutend sind wie die Spitze des Eisbergs, der aus dem Wasser ragt. Aber nicht nur das! Die Lässigen haben auch dann ein dickeres Fell, wenn es zu einer Abfuhr kommt.

Vor Jahren habe ich mal einen Spruch gelesen, der mich gleichermaßen beeindruckt wie erschrocken hat. Erschrocken, weil ich ihn bis dahin nicht hatte wahrhaben wollen, beeindruckt, weil er lange Zeit sehr treffend meine persönliche Situation beschrieben hat: **„In einer Beziehung hat derjenige die meiste Macht, dem sie am wenigsten bedeutet.“** Der Clou an diesem Spruch ist, daß er bereits dann zutrifft, wenn sich eine Beziehung zwischen zwei Menschen erst anbahnt. Das gilt für Frauen uneingeschränkt genauso wie für Männer. Sie werden vielleicht über die Jahre, insbesondere in denen des ersten Lebensdrittels, festgestellt haben, daß es Frauen gibt, die auch, wenn sie objektiv nicht besonders attraktiv oder charakterlich beeindruckend sind, tonnenweise Ausstrahlung besitzen und denen das Attribut „Venusfalle“ wie auf den Leib geschneidert scheint. Und es gibt andere, die objektiv wirklich hübsch, charakterlich einwandfrei sind und dennoch keinen Partner finden.

Vielleicht wissen Sie aus persönlicher Erfahrung, daß Sie immer dann, wenn Sie in einer Beziehung waren, auf der Piste wesentlich höhere Flirtchancen hatten als zu Singlezeiten, besonders dann, wenn Sie einen Partner suchten.

Was lernen wir daraus? Jede Frau, jeder Mann kann einen Flirtpartner am langen Arm verhungern lassen und damit das

Gegenteil von dem vermitteln, was sich (unfreiwillige) Singles so sehr von einer Partnerschaft erhoffen: nämlich inneren Halt, Glück und Zufriedenheit. Solange man sich wirklich einsam fühlt und sehnsüchtig schmachtend von einer möglichen Partnerschaft träumt, ist man von der Realisierung dieses Traums allerdings weiter entfernt als die Sonne vom Planeten Mars.

Diese Erkenntnis ist wohl nicht wirklich neu. Dennoch macht es Sinn, das Thema noch einmal aus Sicht des Kaktus-Prinzips aufzurollen. Für die Männer unter meinen Lesern: Stellen Sie sich vor, Sie haben ein Blind date, das von Ihnen arrangiert wurde, vielleicht aufgrund einer Kontaktanzeige in einer Zeitung oder einer Singlebörse im Internet. Sie bereiten sich vor. Natürlich sind Sie aufgeregt. Denn Sie kennen die schöne Unbekannte von einem Foto, und natürlich finden Sie die Dame unglaublich attraktiv. Das erste Drittel des Blind dates verläuft dann auch nach Plan und besser (oder schlimmer?) noch: Sie können an der potentiellen Frau fürs Leben keinen Makel finden, was **sie** natürlich umso interessanter macht. Das ist jedoch nicht etwa eine besonders vielversprechende Situation, sondern ein **Problem.** Denn in dem Moment, in dem die Angebetete den „Kontrollcheck" mit der Note 1 bestanden hat, sind Sie auf Ihr Ziel fixiert – und das ist der Anfang vom Ende. Die Dame spürt das natürlich, wenn nicht bewußt, dann unbewußt, und beides ist nicht von Vorteil für Sie. Spürt sie es bewußt, gerät sie damit in eine Situation, in der sie bereits Macht und Kontrolle über Sie übernimmt. Denken Sie an den weisen Satz: „In einer Beziehung hat derjenige die meiste Macht, dem sie am wenigsten bedeutet". Wenn Ihr Gegenüber die Kontrolle übernimmt, sind Sie dieser Person emotional auf Gedeih und Verderb ausgeliefert. Und das sicherlich ungewollt.

Sie haben ein Déja vu: Sie sind der Gladiator, der da unten im Sande der Arena verzweifelt um sein Leben kämpft, verliert und schließlich in die Lanze des Gegners sieht. Oben steht der Kaiser, den Arm zu seinem Urteil ausstreckend. Zeigt der Daumen nach unten, geht der Stich der Lanze mitten ins Herz. Die Beziehung ist vorbei, bevor sie überhaupt angefangen hat. Im übertragenen Sinne könnten Sie unter Umständen sogar froh sein, selbst wenn Sie der verpaßten Chance nun wochenlang hinterhertrauern. Denn unter obengenannten Umständen sind die Weichen für die sich anbahnende Beziehung gestellt. Streckt der Kaiser nämlich den Daumen nach oben, stehen Sie in seiner Schuld, das heißt, Sie sind abhängig von der Gunst Ihrer im wahrsten Sinne des Wortes Angebeteten. Auch wenn der Gladiator begnadigt wird, der Partnersuchende die Gunst der Angebeteten gewinnt, ist klar: Die Frau wird die Beziehung emotional dominieren. Sie kann Sie mit ihrer Zuneigung beglücken, sie kann Sie aber auch emotional „am langen Arm verhungern lassen“. Und selbst wenn ersteres der Fall ist, ist die Zuneigung an Bedingungen geknüpft.

Solche Beziehungen sind, gelinde gesagt, eine Katastrophe. Für Sie. Sie werden ausgehalten, und wenn Sie dies nicht erkennen und die emotionale Bindung verflacht, haben Sie kaum eine Chance, ohne psychische Wunden aus dieser Beziehung herauszukommen. Dabei ist es im Prinzip egal, womit Sie die Gunst der Angebeteten immer wieder neu gewinnen müssen: mit Geld, Zuwendung, Liebesbeteuerungen... Sie sind letztenendes der Leidtragende. Und das einzig und allein deshalb, weil Sie sich zu Beginn – in der Kennenlernphase – emotional auf sie fixiert haben. Ich weiß das deshalb so genau, weil ich selbst diesen Typ Beziehung schon einmal „durchlitten“ habe.

Dem anderen Geschlecht geht es da natürlich nicht anders. Wieviele Frauen leiden unsäglich unter einem Partner, der sie hintergeht, fremdgeht und sie auf alle mögliche Weise demütigt und ausnutzt, um sie dann, wenn sie sich endlich dazu durchgerungen haben, diesem „Oberchauvi“ endlich den Laufpaß zu geben, mit reumütigem Dackelblick und Änderungsversprechen auf den Lippen wieder einmal „weichzukochen“. Wobei die versprochene Änderung meist nicht allzu lange durchgehalten wird. Menschen ändern sich nicht so schnell. Denken Sie an den weisen Satz. Er gilt universell. Der Macho ist nicht auf Sie fixiert, er ist stabiler, auch wenn der Dackelblick Ihnen etwas anderes vorgaukelt…

Wohlgemerkt, es ist nicht die Dummheit, die solche Paare, die eigentlich keine sind, über Jahre hinweg zusammenhält. Es ist die Angst vor dem Alleinsein, vor der Leere und davor, keinen Partner mehr zu bekommen, Angst vor dem fehlenden emotionalen Halt, weil das Selbstvertrauen fehlt, weil man schon immer schlechte Erfahrungen gemacht hat, weil man beim anderen Geschlecht nahezu chancenfrei war und ist. Das ist es, was viele unglückliche Menschen letztlich daran hindert, eine überkommene, überlebte Beziehung zu beenden. Und das wiederum hat mit der Sensibilität zu tun, dem dünnen Fell, den emotionalen Schwankungen, der inneren Haltlosigkeit, die uns eben Halt im Außen suchen läßt. Die Parallelen sind augenfällig. Es sind gerade seelisch fein strukturierte Persönlichkeiten, sprich: die Sensibelchen, die Liebe, Zuneigung und Bestätigung im Außen, von anderen suchen. Und dafür auch so manches Opfer in Kauf nehmen.

Hand aufs Herz: Gehören Sie auch dazu? Wenn ja, lassen Sie mich Ihnen ein kleines Geheimnis verraten: Wer alleine nicht glücklich ist, kann in einer Partnerschaft nicht glücklich werden.

Warum? Weil man unabhängig von Alleinsein oder Partnerschaft immer gleich glücklich (oder unglücklich) ist.

Sind Sie Single, vermissen Sie die Glücksgefühle der Verliebtheit, der „taufrischen" Liebe? Dann machen Sie sich klar, daß Verliebtheit lediglich ein vorübergehender Zustand ist. Wenn Sie mit den goldenen Schlüsseln, vor allem mit dem 7. experimentieren und ein bißchen Übung haben, werden Sie feststellen, daß man sich diese Gefühle, dieses „High", sogar selbst suggerieren kann. Ich schaffe das in weniger als fünf Minuten. Woran Sie wirklich denken sollten, ist: Was kommt nach der Verliebtheit?

Viele Menschen sehnen sich nicht wirklich nach einer Partnerschaft, sondern nach dem Gefühl der Verliebtheit, nicht mehr und nicht weniger. Was danach kommt, wollen sie gar nicht wirklich. Was meinen Sie, warum Shakespeares *Romeo und Julia* tragisch endet? Weil Shakespeare es wahrscheinlich nicht gewagt hat, sich Romeo und Julia mit 50 vorzustellen!

Wenn der Wunsch nach einer Partnerschaft bei Ihnen übermächtig wird, weil Sie sich einsam fühlen, sich nach Gesellschaft und natürlich auch Liebe, Zuneigung, Zärtlichkeit sehnen, stecken Sie in einem Dilemma. Auf der einen Seite können Sie das emotionalste Thema der Welt – noch vor Fußball! – nicht mit dem nüchternen Verstand angehen. Doch auf der anderen Seite müssen Sie genau das tun, da Sie in Ihrer Sehnsucht nicht über diesen Dingen stehen, sondern sich so oder so damit beschäftigen müssen, Ihr Geist sich darin verrennt. Es ist der Finger, auf den Sie sich mit dem Hammer geschlagen haben, und der tut weh!

Wollen Sie an diesem Thema nicht innerlich zerbrechen, bleiben Ihnen zwei Möglichkeiten: Singlesein toll finden oder aber: Partnerschaft nicht so toll finden. Beginnen wir mit Möglichkeit zwei.

Wenn man von der berühmten Phase der ersten Verliebtheit absieht, in der jede Begegnung noch neu und aufregend ist, wird jede Beziehung durch den Aspekt der *Spannung* bestimmt. Entweder durch die Spannung, die vorhanden ist, oder aber durch die Spannung, die fehlt, je nach Art der Beziehung. Wichtig ist in jedem Fall zu verstehen: *Jede* Art von Beziehung hat *zu gleichen Teilen* sowohl positive als auch negative Aspekte der Spannung oder eben der fehlenden Spannung. Es ist deswegen besonders wichtig zu sehen, daß es weder besser noch schlechter ist, in einer Partnerschaft zu sein.

Schauen wir uns Beziehungen doch einmal genauer an. Da gibt es zum einen die Beziehung vom Typ „Gleich und Gleich gesellt sich gern“, bei der Charaktere zusammenfinden, die sich von vornherein recht ähnlich sind. Die Differenzen sind gering, beschränken sich auf Kleinigkeiten und werden in der Beziehung schnell abgebaut. Es entsteht eine harmonische Beziehung *ohne* nennenswerte Spannungen, Höhen, Tiefen und Einbrüche, kontinuierlich, berechenbar, gradlinig. Diesem Beziehungstyp fehlt in jeder Hinsicht die Spannung: Streitereien werden, von kleineren Querelen des Alltags abgesehen, die Ausnahme sein, der Partner oder die Partnerin sind zugleich Kumpel oder beste(r) Freund(in). Die Schattenseite ist allerdings die Spannungslosigkeit.

Erotik, Sexualität lebt von Spannung und Polarität. Mit zunehmender Vertrautheit verringert sie sich ebenso, wie Spannung im negativen Sinne (Streit und Auseinandersetzung) aus dem Alltag verschwinden. Dann besteht die latente Gefahr, daß ein Partner – oder beide! – sich die fehlende Spannung in fremden Betten holen. Allerdings kann man(n) sich die anstrengende, nervenaufreibende und kostspielige Geliebte nur solange leisten, wie man(n) eine liebevolle, bescheidene und aufopferungswillige Ehefrau an seiner Seite weiß. In diesem Fall erfährt man(n) auch in der Beziehung wieder Spannung, allerdings in ihrer negativer Form: durch Lügen, Versteckspiel, Tarnen und Tricksen... (für Frauen gilt das selbstverständlich ebenso!)

Selbst wenn es so schlimm nicht kommen sollte, ist man immer mit den Schattenseiten der „harmonischen Beziehung" konfrontiert: der zunehmenden Reizverflachung. Und die ist mit der Zeit in erotischer Hinsicht in etwa so aufregend wie das Singledasein, wobei letzteres immer noch den Vorteil hat, daß man keinerlei Verpflichtungen eingeht.

Kommen wir zum zweiten Typ Beziehungen: „Gegensätze ziehen sich an." Diese Art von Beziehung ist „spannend" in jeder Situation. Doch was am Anfang faszinierend ist (die Andersartigkeit des Gegenübers), wird bei Eingehen einer Partnerschaft nervenaufreibend und stressig. Denn dann heißt es, die Gegensätze in den nunmehr gemeinsamen Alltag zu integrieren. Spannungsentladungen im Sinne eines heftigen Gewitters sind vorprogrammiert. Es kommt zu intensivsten sexuellen Begegnungen oder zu heftigsten Krächen, manchmal auch zu beidem („Versöhnungssex"). Man geht auseinander, kann dann aber irgendwie doch nicht ohne den anderen sein, kommt wieder zusammen, und das Dilemma beginnt von vorn. Grausam nervenaufreibend und in diesem Sinne prädestiniert für Menschen mit Nerven wie Drahtseilen. Glauben Sie mir: Ich kenne beide Arten von Beziehungen und kann Ihnen aus meiner Erfahrung sagen, daß die Gegensätze, die sich anziehen, so ziemlich das stressigste überhaupt sind!

Betrachten wir doch einmal die emotionalen Informationsgehalte, die hinter Spannung und Gegensätzen, aber auch hinter Ähnlichkeit und Harmonie stecken. Spannung im Sinne erotischer Eskapaden ist in Begriffen unserer emotionalen Informationsgehalte „scharf“. Sie ist beim Beziehungstyp „Gegensätze ziehen sich an“ sicherlich sehr intensiv vorhanden, bei einer Partnerschaft vom Typ „Gleich und Gleich gesellt sich gern“ hingegen kaum. Dafür hat letztere allerdings auch nicht den spannungsgeladenen Informationsgehalt „sauer“, dem im diesem Kontext Konflikte, Auseinandersetzungen und Differenzen, der vielzitierte „Rosenkrieg“ zuzuordnen wären.

Sie können es drehen und wenden, wie Sie wollen: Sie werden in *jeder* Beziehung mindestens einen positiven Aspekt vermissen. In der spannungsgeladenen Partnerschaft der Gegensätze werden Sie die liebevolle Harmonie und Vertrautheit vermissen, in der harmonischen Beziehung werden Sie den Sturm und Drang, die Leidenschaft vermissen. Wie selten Partnerschaften sind, die beides vereinen – genügend Harmonie für ein behagliches „Nestwärme“-Gefühl, auf der anderen Seite aber auch genügend Spannung für leidenschaftliche, erotische Begegnungen –, können Sie allein daran ermessen, wieviele Partnerschaften a) nach relativ kurzer Zeit in die Brüche gehen oder b) durch Seitensprünge gefährdet werden.

Wir gehen mit der Erwartung in eine Beziehung, daß beides – Leidenschaft *und* Harmonie – nicht nur *möglich*, sondern sogar *selbstverständlich* sein sollten. Das hat wiederum mit der Illusion zu tun, man könnte in einer Partnerschaft *alles* finden, was man in seinem Leben als Single vermißt. Diese illusionäre Erwartung macht es immer schwieriger, eine wirkliche, feste Paarbeziehung einzugehen. Für mich ist sie auch der Grund, warum mehr und mehr Partnerschaften scheitern. Leider läßt die Erwartung sich jedoch nicht so leicht mit dem Verstand ausschalten. Sie müssen sie austricksen, überlisten und darauf vertrauen, daß der Prozeß des „Austricksens“ allein Sie bereits ein Stück weiter auf dem Weg zu einem dickeren Fell begleitet. Und das funktioniert im Falle Einsamkeit und Partnerwunsch so:

- Vermeiden Sie Partys, von denen Sie wissen, daß dort viele junge, womöglich frisch verliebte Pärchen vertreten sind.
- Lassen Sie sich um Gottes Willen nicht auf Kuppelspiele der „wohlmeinenden“ Freunde und Kollegen ein – das bringt nur Unglück!
- Wenn schon Freundschaft mit Paaren, dann mit solchen, die bereits mindestens einige Jahre zusammen sind – das ist ernüchternder!
- Flirten ist wie ein Vortrag oder eine Prüfung, nämlich umso erfolgreicher, je weniger Sie sich um das Ergebnis scheren.
- Gehen Sie aus und beobachten Sie das Verhalten von Paaren und das von „balzwilligen“ Singles. Lernen Sie viel über Körpersprache – es gibt viele gute Bücher darüber –, und einige unterhaltsame Stunden sind Ihnen sicher!
- Wenn Sie jemanden kennenlernen, der/die Ihnen sehr gefällt und bei dem/der Sie Herzklopfen verspüren, nehmen Sie sich, wenn Sie allein sind, mal einige Minuten Zeit, lassen alles Wissenswerte über Ihren Charakter Revue passieren, und stellen Sie sich vor, Sie wären zehn Jahre zusammen. Ist das prickelnd oder interessant für Sie? Stellen Sie sich Romeo und Julia mit 50 vor. Große Leidenschaft, Überschwang der Gefühle?
- Treffen Sie bewußt Entscheidungen, sich mit sich selbst zu beschäftigen und an bestimmten Abenden für sich zu sein – siehe die 7 goldenen Schlüssel!

Damit schaffen Sie sich eine Basis für das weitere Vorgehen. Denn diese Punkte berauben Sie der Illusion, bei einer Partnerschaft handle es sich um ein Ideal, das es unbedingt anzustreben gelte. Doch das allein reicht noch nicht! Denn dies mag zwar Ihren Verstand ernüchtern, doch die emotionalen Bedürfnisse sind damit noch längst nicht befriedigt. Hier einige Anregungen, wie Sie mit letzterem Punkt umgehen können:

- Verkaufen Sie Ihre Limousine/Kompaktwagen/Kombi und legen Sie sich einen zweisitzigen Roadster oder ein Coupé zu (aber ohne Notsitze!). Im Internet finden Sie reichlich Angebote für jeden Geldbeutel. Fahren Sie sonntags zwei Stunden auf einer einsamen Landstraße mit solch einem Geschoß, und Sie werden nie, niemals (wieder) Kombi oder Van („Pampersbomber") fahren wollen!
- Fahren Sie in Urlaub in eine touristisch wenig erschlossene Region im Ausland. Eignen Sie sich einen Grundwortschatz der Sprache an, aber nicht mehr. Suchen Sie sich eine nette Familienpension, und Sie werden verwöhnt werden, daß Sie Ihren Augen nicht trauen!
- Wenn Sie ausgehen, flirten Sie reichlich mit Frauen bzw. Männern, die Sie eigentlich gar nicht interessieren. Sollte die Situation verfänglich werden, verschwinden Sie mit einem „mein Partner wartet auf mich" (oder einem anderen coolen Spruch) auf den Lippen.
- Ein Stammtisch (für Männer) bzw. ein Kaffeekränzchen (für Frauen) ist eine nette Erfindung. Vorausgesetzt, es wird a) nicht geraucht und übermäßig gesoffen (bzw. tonnenweise Süßkram verspeist), b) es befinden sich im Kreise der Erlauchten eini-

ge wirklich, wirklich von ihrer Beziehung oder Ehe frustrierte Damen/Herren.

Jetzt das Wichtigste: Kombinieren Sie diese Dinge mit den 7 goldenen Schlüsseln (die Sie als Single sowieso besser in Ihr Leben integrieren können!), und Sie werden aus dieser entspannten Haltung heraus einen Partner finden – oder auch nicht. Auf jeden Fall werden Sie mit dem „oder auch nicht“ ebenso gut zurechtkommen wie mit dem „Finden“, und Sie werden kein psychologisch ausgeklügeltes Flirtkonzept, keine exklusive Singlehotline, keine Traumfigur und keine aufwendige kosmetische Verjüngungskur mehr brauchen. Und zwar ganz einfach deshalb, weil Sie keinen Partner mehr brauchen. Und wenn er oder sie schließlich doch kommt, haben Sie die richtige Einstellung, aus der heraus Sie die Partnerschaft wirklich genießen können.

Sehen Sie sich die emotionalen Informationsgehalte an, die hinter jedem Thema stehen. Wo sehen Sie Defizite in Ihrem Leben? Ist es zu wenig „süß“ (Zärtlichkeit und Verwöhntwerden?), weil Sie keinen Partner/keine Partnerin haben? Wie wäre es mit einem Wellnessurlaub „all inclusive“? Dabei werden Sie garantiert verwöhnt! Fehlt Ihnen die Schärfe oder Würze? Eine Safari bringt Sie anstelle von Erotik in Ihr Leben. Wenn es an Materiellem fehlt („salzig“) und Sie keine Perspektive haben, Ihre Situation zu verbessern, wenden Sie das Prinzip auf einer anderen Ebene an: Erweitern Sie sich geistig!

Diese Vorgehensweise hat nichts mit Ablenkung zu tun. Ablenkung bedeutet, daß Sie sich auf Nebensächlichkeiten stürzen und das Wesentliche in Ihrem Leben aus dem Auge verlieren. Wenn Sie Ihre Situation jedoch im Sinne des Kaktusprinzips objektivieren und relativieren, können Sie gelassener damit umgehen. Die Berücksichtigung der emotionalen Informationsgehalte hilft Ihnen, sich weiterzuentwickeln und sich nicht länger mit einem emotional brisanten Lebensthema zu belasten, bis es sich irgendwann von selbst löst, oder besser: bis eben jenes Lebensthema seine emotionale Brisanz verliert. Und genau dann ist Ihr Fell schon wieder ein kleines bißchen dicker geworden!

Dieses Kapitel auf den Punkt gebracht:

- ➡ Die „lässigen" Zeitgenossen haben mehr Chancen beim anderen Geschlecht. Da sie mehr inneren Halt haben, suchen sie nicht nach Halt im Außen. Sie nehmen das Leben „wie es kommt".
- ➡ Wer mehr inneren Halt hat, kommt mit dem jeweiligen „Ist-Zustand" besser klar und ist in gewisser Hinsicht objektiver. Er sieht auch die Vorteile der Situation, in der er sich befindet, und schert sich weniger um die Nachteile. Dadurch ist er ihr emotional nicht so ausgeliefert ist wie ein sensibler Zeitgenosse.
- ➡ Es gibt keine objektiv „besseren" oder „schlechteren" Zustände. Jeder Zustand hat seine Vor- und Nachteile. Das gilt für eine Partnerbeziehung ebenso für das Singledasein. Das Negativerleben eines bestimmten Zustands (und der Wunsch nach Veränderung) sind rein subjektiver Natur.
- ➡ Das Singledasein hat ebenso wie die verschiedenen Arten von Partnerschaft seine Vor- und Nachteile, die sich in emotionale Informationsgehalte übersetzen lassen. Ein bewußter Ausgleich dieser Prinzipien ist möglich.

- ➡ Diese Themen haben überwiegend mit den beiden gegenpolaren Aspekten der Spannung zu tun. Ist in einer Partnerschaft die Spannung als positiver Aspekt (Erotik) vorhanden, dann mit ziemlicher Sicherheit auch als negativer Aspekt (Streit, Konflikte).
- ➡ Standpunkte zu einem bestimmten Lebensthema zu objektivieren und relativieren bewirkt zusammen mit der bewußten Bearbeitung der hinter dem Thema stehenden emotionalen Informationsgehalte geistige Weiterentwicklung. Ein dickeres Fell fällt dabei quasi als „Nebenprodukt“ ab.

TEIL III

Die Wissenschaft vom dicken Fell:
Harmonisierung von Stoffwechsel und Organismus

15 Einführung

Ausgleich der emotionalen Informationsgehalte, die 7 goldenen Schlüssel, Erweckung von Kreativität, Erkennen und Aufarbeiten „dunkler Impulse“, dynamische Meditation, Objektivierung und Relativierung von Standpunkten, Finden des Lebensziels und -sinns: Das sind zumindest teilweise vertraute Konzepte, in einem neuen Licht betrachtet und überarbeitet. Man findet einige von ihnen in ähnlicher Form auch in anderen Ratgebern zu den Themen Lebenshilfe und Persönlichkeitsentwicklung. Es handelt sich um Maßnahmen, die die Persönlichkeit authentischer machen und auf natürliche Weise mit der Zeit zu einem dickeren Fell führen sollen. Wenn man sie *sinnvoll* einsetzt.

Wie Sie festgestellt haben, wird bei diesen Übungen auf „geistiger Ebene“ gearbeitet. Aber: Gemäß der Gesetzmäßigkeit des Geist-Körper-Wirkkomplexes, derzufolge Geist und Körper sich gegenseitig beeinflussen, aufeinander einwirken und voneinander abhängen, besteht natürlich auch die Möglichkeit, Sensibilität oder das Gegenteil, ein dickes Fell, über den Körper beliebig zu verstärken bzw. zu schwächen. Wenn man die Gesetze kennt. Und um die geht es im nun folgenden Teil.

Sie ahnen zumindest, daß Lebens- und Genußmittel eine Wirkung auf das autonome Nervensystem und den Geist-Körper-Wirkkomplex ausüben. Sie wissen um die Wirkung von Bewegung auf Nerven und Stimmung. Sie wissen, daß Bewegung zur Ausschüttung von „Glückshormonen“ führt (Endorphine). Und Sie haben vielleicht schon mal gehört, daß der Genuß von Schokolade die Serotoninproduktion ankurbelt („Schokolade macht glücklich“). Und was wissen Sie über die Wirkung anderer Lebensmittel?

Es wäre seltsam, wenn Sie ein Experte der Wirkung von Nahrung auf das Vegetativum wären. Denn das, was Sie heute in den Medien (selbst in fortschrittlichen wie etwa Zeitschriften für Naturheilkunde und Biokost) über Ernährung erfahren, ist im Grunde genommen der Wissensstand von vor 30 Jahren. Was Sie nicht wissen, nicht wissen können, ist, daß man mit dem ernährungswissenschaftlichen Know-how von heute die Idealernährung auf jede einzelne Person zuschneiden kann wie einen Maßanzug. Und was Sie wahrscheinlich ebenso wenig wissen, ist, daß jedes Nahrungsmittel je nach Stoffwechsel des einzelnen eine völlig unterschiedliche Wirkung entfalten kann.

Wußten Sie beispielsweise, daß es keine glaubhafte Studie gibt, die beweist, daß der Konsum von Nahrungsfetten und der Blutcholesterinspiegel in irgendeinen Zusammenhang stehen? Oder daß es Stoffwechseltypen gibt, die mit Vitamin C in Form von Ascorbinsäure nichts, aber auch nicht das geringste anfangen können? Dann werden Sie auch nicht wissen, daß sich die Funktionen des autonomen Nervensystems, des Zellstoffwechsels und des Hormonsystems durch die Auswahl von Nahrungsmitteln – je nach Stoffwechseltyp – nahezu beliebig beeinflussen lassen.

Werfen wir also einen Blick in die faszinierende Forschung der letzten 25 Jahre, die Ihnen das fehlende Stückchen, den „missing link“ zu einem dicken Fell liefert. Ein dickes Fell ist eßbar! Auch und gerade dann, wenn Sie durch Ihre Sensibilität gesundheitliche Probleme auf Körperebene haben wie Allergien, Nahrungsmittelunverträglichkeiten, Lactoseintoleranz, MCS (= Multiple Chemical Sensitivity), chronisches Erschöpfungs- und Burnout-Syndrom, Reizdarm (Colon irritabile), Weger-Syndrom, Migräne, Tinnitus oder Ausschläge, Atemnot und Herzrhythmusstörungen. Sie sind meines Erachtens der körperliche Ausdruck einer starken Sensibilität, eines zu dünnen Fells. Denn all diese Krankheiten sind ein Zeichen für Störungen des autonomen Nervensystems, des Zellstoffwechsels und des Hormonsystems.

Als Heilpraktiker behandle ich keine Symptome, ich behandle Ursachen. Die psychische Ursache eines „dünnen Fells“ kann in Erziehung, Erwartungen, Streß, nicht verarbeiteten Emotionen liegen. Die physische Ursache – und physische und psychische Ursachen neigen dazu, sich gegenseitig zu verstärken – liegt in einer Veränderung des natürlichen Stoffwechsels. Die wiederum resultiert aus Fehlern in puncto Ernährung, Genußmittelmißbrauch, Belastungen mit Schadstoffen und fehlender oder falscher Bewegung.

Sie ahnen im Moment nicht einmal ansatzweise, wieviel Sie über diese Schiene „bewegen“ können. Ich habe jahrelang therapieresistente Reizdarm-Erscheinungen, Verpilzungen, Verstopfung und Allergien mit einer simplen Ernährungsumstellung auf teilweise ungewohnte Ernährungsweisen wie durch Zauberhand binnen weniger Wochen verschwinden sehen.

Natürlich kann ich an dieser Stelle lediglich die Grundlagen dieses Wissens vermitteln. Die Details sind umfangreicher und gehen weit tiefer, und ich rate Ihnen auch, diesbezüglich auf professionelle Hilfe zurückzugreifen, falls Zweifel bestehen. Doch allein, indem Sie sich an meine Ratschläge halten, werden Sie bereits gewisse Erfolge in Bezug auf ein dickeres Fell sowie auch auf Ihre allgemeine Gesundheit verzeichnen können. Ich bin jedenfalls der Meinung, daß dieses Wissen in Zukunft, auch im Hinblick auf unser labiles Gesundheitssystem, unverzichtbar sein wird. Also, lassen Sie uns beginnen.

16 Die Kaktus-Diät – ein dickes Fell durch Essen

Gemeinhin heißt es ja, man könnte mit einer gesunden Ernährung erheblich zu seiner Gesundheit beitragen. Dies ist unzweifelhaft richtig, auch wenn die Meinungen darüber, was eigentlich eine gesunde Ernährung ist, teilweise weit auseinandergehen. Eine gesunde Ernährung bewirkt nach landläufigem Verständnis eine optimale Verdauung, Versorgung mit lebenswichtigen (essentiellen) Vitaminen, Aminosäuren, Mineralstoffen, Spurenelementen, Fettsäuren, Phytobegleitstoffen etc. Sie stabilisiert den Säure-Base-Haushalt, stärkt die körpereigene Abwehr und optimiert die Tätigkeit von Organen, Muskeln, Knochen, Bindegewebe und Nerven und trägt darüber hinaus zur Erreichung und Erhaltung des größenbezogen optimalen Gewichts – Stichwort: Body Mass Index – bei.

Eine wirklich optimale Ernährung kann aber noch viel mehr. Wir ahnen es zwar, doch sind uns diese Faktoren nicht wirklich bewußt. Man kann durch Ernährung über das vegetative Nervensystem, das Hormonsystem und den Zellstoffwechsel sogar auf das Gemüt, auf Stimmung und deren Schwankungen einwirken. Und dies nicht nur kurzfristig, sondern auch langfristig!

Wer kennt nicht Sprüche wie: „Nudeln machen nicht dick, Nudeln machen glücklich!“ Der Philosoph Arthur Schopenhauer ging sogar so weit zu behaupten, das Volk Indiens sei deswegen spirituell so hoch entwickelt, weil die Inder fast ausschließlich Vegetarier seien. Denken Sie einmal über diese Behauptung nach: Was benötigt man, um sich spirituell zu entwickeln? Richtig: innere Ruhe. Innere Getriebenheit und ein aufbrausendes Wesen sind diesem Ziel eher nicht dienlich. Wenn also die Gelassenheit der Inder etwas mit ihrer vegetarischen Ernährung zu tun hat, liegt es nahe, daß sich die Art der Ernährung sehr wohl auf das Gemüt auswirken kann. Allerdings bedeutet dies nicht zwangsläufig, daß vegetarische Ernährung im allgemeinen jeden gelassen macht!

Nehmen Sie sich an einem Abend mal ein Stündchen Zeit, und geben Sie in eine Internet-Suchmaschine Begriffe wie „Tierleichenesser“, „Kadaververtilger“ oder auch „Vegetarier vs. Fleischesser“ ein, und betrachten Sie die Ergebnisse mal ganz objektiv. Sie werden erstaunt sein, zu welch brachialen Formulierungen die „gelassenen“ Vegetarier und Veganer sich versteigen. Allerdings handelt es sich dabei zugegebenermaßen eher um eine Minderheit. Doch bereits eine Minderheit zeigt, daß die gleiche Ernährungsweise auf unterschiedliche Menschen offensichtlich verschiedene Effekte hat. Was ja auch logisch ist. Sie würden sicherlich nicht im Traum auf die Idee kommen, ein Inder, ein Bewohner der Ägäis, ein Schweizer Bergbauer und ein Inuit (veraltet: Eskimo) könnten mit der gleichen Ernährungsweise gesund, stark und vital erhalten werden.

Ich möchte nicht polarisieren, sondern nur objektive Tatsachen aufzeigen. So neigen ja besonders einige Kreise aus der sogenannten „alternativen Medizin“ immer wieder dazu zu betonen, eine vegetarische Lebensweise wäre **für jeden** das Richtige. Das ist schlicht und ergreifend falsch, genauso falsch wie die Behauptung, jeder benötige Fleisch für Gesundheit und Wohlbefinden.

Ernährung und Sensibilität – die Zusammenhänge

Ein Übermaß an Sensibilität oder „eine dünne Haut" kann sich ja, wie wir gesehen haben, auf vielen Ebenen auswirken. Auf der Ebene des Körpers sind beispielsweise eine erhöhte Infektanfälligkeit, eine Tendenz zu Allergien, verschiedenen Arten von Hautreizungen und -erkrankungen, ein Reizdarm- oder Reizmagensyndrom (wechselhafter Stuhlgang und Blähungen), eine Reizblase oder immer wiederkehrende Migräne ein Zeichen dafür, daß eine erhöhte Sensibilität vorliegt. Auf emotionaler Ebene sind Stimmungsschwankungen, Melancholie und Depression, Weinerlichkeit oder Beleidigtsein Erkennungsmerkmale für ein dünnes Fell. Auf mentaler Ebene sind es unkontrollierbare Gedankenströme und Konzentrationsstörungen.

All diese Symptome, ob sie sich nun im Körper, im Kopf oder in der Welt der Emotionen manifestieren, werden vegetativ, hormonell und nerval gesteuert und koordiniert. Jedenfalls sind sowohl das autonome Nervensystem, das willkürliche Nervensystem als auch das hormonelle System (Drüsensystem) durch Ernährung beeinflußbar.

Jetzt werden Sie sich fragen: „Aber wo liegt der Schlüssel in der Ernährung, wie kann man denn seine Ernährung so gestalten, daß man eben nicht mehr unter Symptomen wie den obigen leidet?" Nachdem ich mich viele Jahre lang mit den unterschiedlichsten Ernährungssystemen – vom Vegetarismus über die Rohkost, laktose- und glutenfreie Ernährung bis hin zur „ketogenen" Ernährung (kohlehydratarm und eiweißreich) – befaßt habe, bin ich zu einem ebenso bestechend simplen wie erschütternden Schluß gekommen:

➡ **Ein Nahrungsmittel sensibilisiert auf allen Ebenen umso mehr, je später es in der menschlichen Ernährung relevant wurde.**

Das ist das ganze Geheimnis. Um sicherzugehen: Viele Parameter haben unsere „Haut" dünner werden lassen, an erster Stelle sind sicherlich Umweltgifte, veränderte Lebensgewohnheiten und die verschiedensten Arten von Strahlung (Elektrosmog, Mikrowelle, Handy etc.) zu nennen. Doch all diese Einflüsse lassen sich über die Ernährung nivellieren, die nach wie vor das Fundament für unsere Gesundheit ist. Deswegen werde ich mich hüten, Ihnen ein Einsiedlerleben weitab von sämtlichen (Strom-) Kreisen nahezulegen. Alles, was Sie tun müssen, ist, sich anzusehen, wann verschiedene Nahrungsmittelgruppen in unserer Entwicklungsgeschichte und in unserem Kulturkreis relevant wurden:

Seit Millionen von Jahren:	Wildgemüse, Wildfrüchte, Nüsse, Samen, Wurzeln und Kleintiere (Maden, Engerlinge, Käfer...)
Seit rund 200.000 Jahren:	Fleisch von Wildtieren, Großtieren, erhitzte (gekochte) Nahrung
Seit rund 40.000 Jahren:	Seefisch und Meeresgetier, Wildhonig
Seit rund 6.000 bis 8.000 Jahren:	Getreide und andere stärkereiche Kohlehydratträger, je nach Kultur (Kartoffeln, Hirse, Reis...), Milchprodukte, Alkohol
Seit dem Mittelalter:	Gewürze, Spezereien, erste Genußmittel
Seit dem 14. bis 18. Jahrhundert:	Zucker, härtere Spirituosen (Rum!), Tabak, Kaffee, Tee, Kakao
Neuzeit:	Alle Arten von künstlichen Lebensmittelzusätzen, Farb- und Aromastoffe, Konservierungs- und künstliche Süßstoffe

Wir können sicher davon ausgehen, daß die Anpassung an Wildpflanzen, Früchte und Gemüse, sprich: natürliche, pflanzliche Eiweißträger sowie mehr oder weniger stärkearme Kohlehydratträger genetisch in uns verankert ist. Wir können einigermaßen sicher davon ausgehen, daß sich der Organismus des Menschen optimal an die tierischen Eiweißquellen der Großwildtiere angepaßt hat. (Nebenbei bemerkt: Das Fleisch von Wildtieren hat ein für den menschlichen Organismus günstigeres Verhältnis von Omega-3-Fettsäuren zu Omega-6-Fettsäuren als das von Zuchttieren.) Auch an Seefisch und Meeresgetier dürfte sich der menschliche Organismus nach rund 40.000 Jahren recht gut angepaßt haben.

Der erste große Einschnitt in der Evolutionsgeschichte menschlicher Ernährung trat meines Erachtens mit der größeren Verfügbarkeit stärkereicher Kohlehydratquellen durch Züchtung auf, nämlich bei der Seßhaftwerdung der Menschen vor rund 6.000 bis 8.000 Jahren (historisch: zum Höhepunkt der letzten großen Warmzeit). Hier ergab sich ein Problem: Zum ersten Mal in der Geschichte der Menschheit waren Nahrungsmittel von hoher energetischer (kalorischer) Dichte, aber relativ dazu gesehen geringerem Gehalt an Spurenelementen verfügbar, und das jederzeit. Die Menschen mußten weniger Nahrung zu sich nehmen und hatten trotzdem mehr Energie. Gleichzeitig aber waren die Menschen durch ihre Seßhaftwerdung nicht mehr so mobil. Man könnte diesen Zeitraum auch als die historische Geburtsstunde des Problems „Übergewicht“ bzw. „Überernährung“ ansehen. Diese waren jetzt zumindest möglich geworden.

Das war für sich betrachtet noch nicht schlimm, denn zu dieser Zeit hatten sich noch nicht jene Strukturen in der Gesellschaft gebildet, die es größeren Kreisen erlaubten, ein arbeits- und bewegungsarmes Leben zu führen. Sprich: 99,9 Prozent der Bevölkerung arbeitete mehr oder weniger den ganzen Tag. Wir dürfen nicht vergessen, daß bei der Entstehung moderner Gesundheitsprobleme viele Faktoren zusammenwirk(t)en. Doch zurück zum Thema Ernährung.

Eine große Veränderung der Ernährungsgewohnheiten fand im Mittelalter durch die Reisen und Entdeckungen Marco Polos statt, der im 12./13. Jahrhundert einiges an Mitbringseln aus dem asiatischen Raum nach Europa importierte. Mit Gewürzen aus einer anderen Welt, die natürlich noch teuer und selten waren, verstand es die Oberschicht alsbald, den gewohnten Speisen einen fremdländischen exotischen Touch zu verleihen. Interessanterweise wurden Gewürze in der Anfangszeit allerdings häufiger medizinisch eingesetzt. Somit gelang(t)en also seit dem späten Mittelalter Dinge auf den Tisch, die offensichtlich eine – wie auch immer geartete – Wirkung auf den Stoffwechsel des menschlichen Organismus ausüben. Stimmungen zu beeinflussen und zu verändern, munter zu machen, Schwitzen, Fieber und Ausscheidungsvorgänge zu intensivieren oder zu unterdrücken, all das brachten – neben ihrem Geschmack – die exotischen Spezereien zustande. Und „halfen“ so, bei exzessiver Anwendung, den menschlichen Stoffwechsel aus dem Gleichgewicht zu katapultieren, genau wie einst die erste „Droge“, der Alkohol.

Mit Beginn der Neuzeit drangen durch die Entdeckung und Eroberung der neuen Welt weitere „Nahrungsmittelinnovationen“ in die Region von Mittel- und Westeuropa vor. Es waren die Genußmittel Zucker, Tabak, Kakao, Kaffee, Rum (aus Rohrzucker). Sie sind mit ihrer kurzen Vergangenheit in Bezug auf den Gebzw. Mißbrauch als Genußmittel ab bestimmten Mengen für den menschlichen Stoffwechsel bedenklich. Heute glauben Sie, ohne Kaffee morgens gar nicht in die Gänge zu kommen oder daß Schokolade glücklich macht.Es gibt sogar Ernährungswissenschaftler, die davon überzeugt sind, Kakao, Kaffee oder Zucker – zumindest als Rohrohrzucker – könnten durchaus förderlich für die Gesundheit sein.

Ich muß Sie enttäuschen: All diese Dinge sind bis zu einer bestimmten Dosis bestenfalls nicht krankmachend – wenn und solange der Konsument sich bester Gesundheit erfreut. Sie wirken je nach Konzentration, Menge und Einnahmezeitpunkt anregend oder dämpfend auf das vegetative Nervensystem, den Hormonhaushalt und/oder den Zellstoffwechsel, d. h. sie manipulieren die Funktionen unseres Körpers, greifen ein. Und indem sie dies tun, erzeugen sie bei langanhaltendem Mißbrauch Sucht (siehe übernächstes Kapitel).

Sucht ist eigentlich nichts anderes als eine Manipulation des Stoffwechsels. Der einwirkende Stoff verändert den Stoffwechsel, so daß seitens des Organismus über einen gewissen Zeitraum eine Anpassung stattfindet. Diese Anpassung sorgt dafür, daß sich der Stoffwechsel bei Konsum der Substanz seinem Normalzustand nähert. Dementsprechend wird der Stoffwechsel bei Entzug der Substanz in die andere Richtung ins Ungleichgewicht gebracht.

Ein Beispiel: Wenn Sie von Natur aus zu einer gewissen Nervosität neigen, dann kann Zucker durch eine Sympathikusdämpfung die Nervosität abmildern. Bei verstärktem Konsum von Zukker läßt dessen sympathikusdämpfende Reaktion allerdings nach, bis sie ganz ausbleibt. Dafür schlägt das Pendel bei „Entzug“ in die Gegenrichtung aus, d. h. der Sympathikusreiz und damit die

Nervosität, die innere Anspannung, werden noch verstärkt. Diese verstärkte Nervosität läßt den in Not geratenen Süchtigen wieder zu Süßem greifen.

Während allerdings Kakao, Kaffee und Zucker– in Maßen genossen und eine robuste Gesundheit vorausgesetzt – nicht *unmittelbar* in den Stoffwechsel eingreifen, ist dies bei Farb- und Konservierungsstoffen sowie künstlichen Nahrungsmittelzusätzen *immer* der Fall. Das bedeutet, daß z. B. der Genuß von künstlichen Süßungsmitteln für Stoffwechsel und Gesundheit weitaus verheerendere Folgen hat als der Konsum von Zucker!

Zusammengefaßt: Nahrungsmittel, die über die Maßen verarbeitet oder raffiniert sind – Weißmehlprodukte, Zucker in jeder Form, Produkte mit künstlichen Aromen, Farbstoffen, Konservierungsmitteln, ja sogar solche mit künstlich zugesetzten Vitaminen – greifen ähnlich wie Medikamente und Drogen in unseren Stoffwechsel ein! Sie können ihn dergestalt verändern, daß wir „empfindlicher", anfälliger sowohl für Allergien und Infekte als auch für Stimmungsschwankungen werden. Sie manipulieren und verändern unser Innenleben dergestalt, daß wir das Gefühl haben, ohne sie nicht mehr auszukommen. Oder sie machen uns langfristig krank und anfällig – physisch wie auch psychisch!

Menschen haben von ihrem Stoffwechsel her die Fähigkeit, sich binnen einiger zehntausend Jahre einer bestimmten Art von Nahrungsmitteln vollständig anzupassen – wie zum Beispiel dem Fleisch von Großtieren, Wildtieren und Seefisch. Naturvölker, die in sehr kalten Regionen wie der Arktis leben, legen dafür ein beredetes Zeugnis ab. Die Inuit haben sich im Laufe der Jahrhunderte sehr gut dem spezifischen Nahrungsangebot ihrer Heimat angepaßt und kommen mit der extrem fleisch- und fettreichen, dabei aber kohlehydratarmen Ernährung wunderbar zurecht. Diese Anpassungsfähigkeit des Menschen, die sogenannte „Modifikation“, ließ im Laufe der Zeit unterschiedliche Ernährungstypen entstehen. Auf diese Typen gehen moderne Ernährungswissenschaften wie beispielsweise das aus den USA stammende „Metabolic Typing“ ein.

Menschen haben auch die Fähigkeit, sich binnen Jahrzehnten bis Jahrhunderten einem Nahrungsmittel natürlichen Ursprungs so anzupassen, daß der Stoffwechsel es dann toleriert, wenn das Nahrungsmittel zum Ernährungstyp paßt. Beispielsweise kann der Stoffwechsel eines „Kohlehydratverbrenners“ bis zu einem gewissen Grad gut mit Getreide und seinen Produkten, mit Reis, Mais, Kartoffeln und stärkereichen Nahrungsmittel umgehen, wenn diese nicht über Gebühr verarbeitet sind. Deshalb vertragen wir Mitteleuropäer – jedenfalls die meisten von uns – Kartoffeln, Reis und Mais, obwohl sie nicht unserem Kulturkreis entstammen und erst vor wenigen Hundert Jahren oder noch kürzerer Zeit in Europa bekannt wurden. Werden diese Nahrungsmittel jedoch in mehreren Schritten verarbeitet („industrial processing“), ist eine Anpassung des Stoffwechsels nicht mehr möglich. Vor allem wird durch die industrielle Lebensmittelverarbeitung bei kohlehydratreichen Lebensmitteln die Nährstoffbilanz zwischen Mikronährstoffen, Ballaststoffen und dem Stärke- und Kaloriengehalt gestört. Das äußert sich bei industriell verarbeiteten Nahrungsmitteln wie Zuckerhaltigem und Weißmehl darin, daß die sehr hohen Stärkekonzentrationen dieser Lebensmittel direkt und indirekt auf Hormonhaushalt und, je nach Stoffwechseltyp, auf Zellstoffwechsel oder autonomes Nervensystem einwirken.

Warum Zucker und sonstige „leere" Kohlehydrate nicht im Sinne des Kaktus-Prinzips sind

Viel von diesem Wissen ist der Allgemeinheit noch nicht oder nur wenig bekannt. Zwar wissen die meisten, daß man mit Zucker und Weißmehl viele Kalorien im Verhältnis zu so gut wie null Vitalstoffen aufnimmt. Hinlänglich bekannt ist auch, daß diese Nahrungsmittel starke Schwankungen des Blutzuckerspiegels auslösen, aufgrund ihrer Ballaststoffarmut zu Verstopfung und Verdauungsproblemen führen, eine Darmpilzinfektion hervorrufen können und langfristig Karies und Knochenabbau bewirken. Doch nur wenige Ernährungsberater wissen, daß diese „leeren Kohlehydrate" körperliche, emotionale und mentale Unausgeglichenheit fördern. Und so gut wie niemand weiß, daß stärkereiche, nährstoffarme Kohlehydrate neben der Bauchspeicheldrüse auch die Hypophyse, die Schilddrüse und das vegetative Nervensystem beeinflussen.

Zucker und raffinierte Kohlehydrate beeinflussen das vegetative Nervensystem!

Eigentlich ist diese Erkenntnis naheliegend: Zucker hat eine dem Nikotin vergleichbare Wirkung auf das vegetative Nervensystem. Warum ist das naheliegend? Nun, vielleicht haben Sie sich auch schon gefragt, warum so viele Raucher nach dem Aufgeben mit dem Naschen anfangen? Manche Psychotherapeuten erzählen einem dazu irgendwas von einer „oralen Reizstimulation". Man müsse die Zigarette, an der man zieht, durch irgend etwas ersetzen. Das ist jedoch nur an der Oberfläche des Problems gekratzt.

Die Wahrheit ist: Zucker dämpft – genau wie Nikotin – eine Sympathikusreaktion, wie die folgende Graphik zeigt:

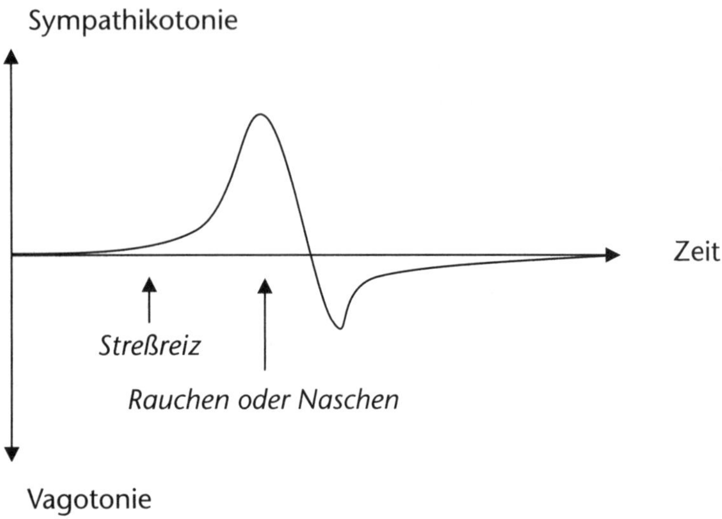

Abbildung 3. Rauchen und Naschen sind sich in ihrer Wirkung auf das Vegetativum recht ähnlich. Beide bewirken subjektiv eine Entspannung, die aber nicht von langer Dauer ist.

Der Vagusnerv ist jedoch der Zweig unseres unwillkürlichen (autonomen) Nervensystems, der für Entspannung, aber auch Aktivierung der glatten Muskulatur, etwa des Verdauungstraktes, zuständig ist. Nervöse Menschen haben deswegen mehr Appetit auf Süßes, und Raucher wiederum haben weniger Appetit auf Süßes, weil beides (Naschen wie Rauchen) die gleiche Wirkungsrichtung im Hinblick auf das vegetative Nervensystem aufweist. Aber Zucker und Weißmehl „können" noch mehr...

Zucker und raffinierte Kohlehydrate beeinflussen Schilddrüse und Hypophyse!

Dieses Wissen ist noch weniger bekannt. Raffinierte Kohlehydrate (wie eigentlich alle Kohlehydrate, auch die nichtverarbeiteten, nähr- und vitalstoffreichen, nur diese in wesentlich geringerem Maße) aktivieren nicht nur den Vagus, sie aktivieren auch die Tätigkeit der beiden Hauptdrüsen Schilddrüse, die den Grundumsatz reguliert, und Hypophyse, die Hormondrüse, die die meisten Hormon- und Stoffwechselvorgänge im Körper beeinflußt. Wir bemerken das, indem wir einen Energieschub bekommen, der anschließend je nach Stoffwechseltyp mehr oder weniger schnell einer ausgeprägten Lethargie weicht, oftmals mit einer gewissen Leere im Kopf einhergehend. (Nebenbei bemerkt: Der „Energieschub" nach Zucker rührt nicht nur, wie irrtümlicherweise von der anerkannten Ernährungslehre angenommen, vom erhöhten Blutzuckerspiegel, sondern zu einem großen Teil von der Aktivierung von Schilddrüse und Hypophyse!)

Je nach Stoffwechseltyp fühlt man sich nach dem Energieschub ausgesprochen lethargisch (wenn man zu einem basischen Stoffwechsel neigt), gereizt und aggressiv (wenn der sympathikotone Zweig des autonomen Nervensystems stark ist) bzw. verwirrt, unkonzentriert, fahrig und nervös (wenn man über einen zu schnellen Zellstoffwechsel verfügt). Wichtig ist es nicht, über die Wirkung von raffinierten, industriell verarbeiteten Kohlehydraten auf die verschiedenen Stoffwechseltypen Bescheid zu wissen, diese Details sind auch mehr für Fachleute interessant. Wichtig ist, daß der „Zuckerkater" für **alle** Menschen auf irgendeine Weise unangenehm ist und daß alle Menschen gleichermaßen dazu neigen, sich „die verbrauchte Energie sofort zurückzuholen" (Kommt Ihnen dieser Spruch irgendwie bekannt vor?). So entsteht Suchtverhalten, und tatsächlich kann eine Sucht nach Zucker und den „schnellen Kohlehydraten" genauso intensiv empfunden werden wie die Sucht nach dem berühmten Glimmstengel. Ich habe in meiner Praxis schon so manchen Patienten kennengelernt, dem es nicht gelang, sich vom Genuß raffinierter Kohlehydrate zu verabschieden, trotz der spürbaren Tatsache, daß er/sie sich selbst damit sehr geschadet hat.

Die Suchtwirkung auf die beiden Hauptdrüsen Hypophyse und Schilddrüse wirkt sich dergestalt aus, daß sie bei dauerndem Zucker- und Weißmehlkonsum schließlich erschöpft werden. Der Grundumsatz sinkt, die Lethargie nimmt zu und damit das Bedürfnis nach weiteren „Energieschüben". Doch die verstärkte Gier nach Zucker und Weißmehl führt nur zu einem noch weiter erschöpften Sympathikusnerv. Der Betroffene kennt nur noch zwei Grundzustände: lethargisch und energielos oder aber nervös, fahrig und gereizt, letzteres besonders bei einem zu schnellen Zellstoffwechsel. Abhilfe würde in diesem Fall eine dramatische Reduktion der Kohlehydrate, speziell der stärkereichen Kohlehydrate schaffen. Allerdings erst, und das muß man ebenfalls bedenken, auf lange Sicht. Andernfalls wird der Stoffwechsel mittel- und langfristig insgesamt gestört, was mit Energie- und Stimmungsschwankungen beginnt und in chronischen Stoffwechselerkrankungen endet: Diabetes, Insulinresistenz, Allergien, Abwehrschwäche durch Veränderung der Darmflora, um nur einige wenige zu nennen. Dem Arzt und Zellforscher Otto Heinrich Warburg zufolge kann der übertriebene Konsum stärkereicher Kohlehydrate langfristig sogar zu Krebs führen! Schon kurzfristig jedoch wird durch verstärkten Zuckerkonsum sprichwörtlich „das Fell dünner“ – auf allen Ebenen!

Übrigens: Koffein, Teein sowie (dunkle) Schokolade – die letzteren beiden zugegeben in geringerem Maße – wirken umgekehrt, aktivieren den Sympathikus und regen damit Wachsamkeit und Bereitschaft an, aktivieren dabei als Hauptdrüsen die Ovarien (nur bei Frauen) sowie ein wenig auch die Nebennierenrinde, das Organ, das über die Ausschüttung der Streßhormone ganz entscheidend den hormonellen Teil zu Aufregung, Nervosität und Anspannung (Adrenalin!) beiträgt.

Zucker und raffinierte Kohlehydrate verändern langfristig die Darmflora!

Zucker und raffinierte Kohlehydrate haben eine hohe Kaloriendichte, liefern aber daran gemessen so gut wie keine Vitalstoffe – und schon gar keine Ballaststoffe. Sie regen die Magensaftproduktion an, obwohl diese weitgehend für die Eiweißverdauung zuständig ist, und verschieben damit den pH-Wert im Verdauungstrakt ins Saure. Sie bremsen durch ihren geringen Ballaststoffgehalt die Darmtätigkeit und fördern Gärung und Fäulnis. Dabei werden teilweise Gifte freigesetzt, die den Leberstoffwechsel und das Nervensystem belasten, nicht unähnlich Alkohol (auch bei einseitigen Rohköstlern tritt das Problem häufig auf!). Die Veränderung des pH-Wertes sowie die Darmträgheit zusammen mit dem veränderten Enzymhaushalt führen zur Ansiedlung von sogenannten „Saphrophyten“, das sind Keimstämme, die sich Gärung, Fäulnis und Zerfall der Arbeit der „normalen“ Darmflora zunutze machen. Die bekanntesten dieser Saphrophyten sind

Candida-Pilze (Hefen). Auch die meisten Pilze setzten bei ihrem Zerfall Nervengifte frei. Die Veränderung der Darmflora führt zudem zum sogenannten „Leaky Gut Syndrome“, eine Erkrankung, bei der sich die Darmschleimhaut lockert und über die Schleimhaut mehr Schadstoffe und „schlechte“ Keime ins angrenzende lymphatische System übertreten können. Dies führt zu Allergien, Ausschlägen, Herzbeschwerden, dauernd geschwächtem Immunsystem und wenn es schlimm kommt, sogar zu dauernden organischen Nervenleiden, Migräne, Tinnitus, Morbus Menière, ja sogar zu Autoimmunkrankheiten. (Sollte Sie dieses Thema besonders interessieren, erfahren Sie mehr dazu in meinem Buch *Natürliche Gesundheit bei Morbus Crohn – Colitis ulcerosa... und anderen chronischen Darm- und Autoimmunerkrankungen*)

Zucker und raffinierte Kohlehydrate führen zu Heißhunger und Gewichtszunahme!

Über mehrere, bereits besprochene Faktoren führen raffinierte, industriell verarbeitete Kohlehydrate auch zu beinahe permanentem Heißhunger, oder sie verändern das natürliche Hungergefühl. Die erste Ursache liegt in der hohen Insulinausschüttung aufgrund der Stärkekonzentration und des hohen glykämischen Wertes solcher Nahrungsmittel. Zweitens wird durch die Aktivierung des Vagus die Verdauungstätigkeit gestärkt und damit auch die Enzymproduktion (zunächst!) angeregt. Drittens wird durch die Aktivierung der Hauptdrüsen (Hypophyse und Schilddrüse) der Grundumsatz (zunächst) gesteigert. All diese Faktoren führen zu verstärkten Hungergefühlen, Schwankungen im Appetit und vermehrter Lust auf Süßes. Das geht solange einigermaßen gut, wie die Hauptdrüsen noch nicht durch ständige Stimulation erschöpft sind. Doch Schilddrüse und Hypophyse werden eines Tages – auch aufgrund von Anpassung an die ständige Stimulation durch Zucker und Weißmehl – schwächer. Der Grundumsatz sinkt, die Tendenz zu Übergewicht steigt.

Zucker und raffinierte Kohlehydrate führen mit der Zeit zu einem Mangel an Vitalstoffenund Vitaminen!

All die genannten Faktoren, von der veränderten Darmflora über die Veränderung des Vegetativums bis hin zu Gegebenheiten des Hormon- und Zellstoffwechsels, führen langfristig zu einem Mangel an essentiellen Vitaminen, besonders von B-Vitaminen. Die in Weißmehlen, speziell in Weizenmehlen enthaltene Phytinsäure bremst die Aufnahme von Mineralien wie Selen, Eisen, Zink, Phosphor und anderen. Der relative Nährstoffmangel bei absolut zu hoher Kalorienaufnahme ist ein aufgrund der oben genannten Parameter sich selbst verstärkender Effekt. Wußten Sie es? Ein Mangel an B-Vitaminen (besonders B12) führt langfristig zu einem Abbau des Cholesterins im Nervenmark, so daß das Mark der Nervenzellen seine Stabilität verliert. Ich denke, die Vermutung ist nicht zu weit hergeholt, hier einen Zusammenhang zu dem oftmals schon bei jungen (und normalgewichtigen!) Menschen deutlich erhöhten Cholesterinspiegel zu sehen. Denn was im Nervenmark fehlt, muß sich ja irgendwo anders im Körper befinden. In der Praxis ist mir aufgefallen, daß man einen erhöhten Blutcholesterinspiegel sehr häufig bei besonders nervösen Menschen findet oder aber bei solchen, die zu Neuralgien (Nervenschmerzen) neigen. Orthomolekularexperten verabreichen hier hochdosiert

Vitamin B12 und wirken damit sowohl auf Nervosität, also psychische Beschwerden, wie auch auf Nervenschmerzen (physisch) positiv ein. Nebenbei bemerkt tragen tierische Fette viel weniger zu einem erhöhten Blutcholesterinspiegel bei, als uns sogenannte Ernährungsexperten glauben machen wollen. Aber dazu im nächsten Unterkapitel noch ein paar Worte...

Die „schöne neue Welt" moderner Nahrungsmittel ist oft gar nicht so schön. Ein paar Beispiele: Künstliche Süßungsmittel – ein Segen: Endlich Süße für Diabetiker! Margarine ist eine tolle Erfindung: zu handhaben wie Butter, aber ohne deren „schädliche" Eigenschaften. Vitaminzusätze in der Nahrung – phantastisch! Eine Packung Chips essen und sich das Vitamin C von vier Pfund Orangen einverleiben! Und erst Actimel & Co.! Schlemmen für das Immunsystem – praktischer geht's doch fast nicht mehr!

Glauben Sie das wirklich? Tut mir leid, ich muß Sie eines Besseren belehren: Aspartam, Acesulfam, Saccharin, Cyclamat und Co.: Rettung für ein Volk von Diabetikern und überhaupt *die* Süßungsmittel für kalorien- und gesundheitsbewußte Menschen? Nur: Wenn diese Substanzen wirklich so unbedenklich wären, warum wird dann davon abgeraten, Säuglinge und Kleinkinder mit den künstlichen Süßen zu „verwöhnen"? Und warum sind sie in Babynahrung gar nicht zugelassen?

Aspartam beispielsweise ähnelt in seiner Molekularstruktur körpereigenen Hormonen. Es enthält Phenylalanin und darf daher Menschen mit einer angeborenen Phenylketonurie, eine – wenn auch seltene – Erbkrankheit, nicht verabreicht werden. Als Nebenwirkungen wurden bereits Kopfschmerzen, Benommenheit, Sehstörungen, Gedächtnisverlust, Heißhunger und Magen-Darm-Beschwerden angegeben. Bei vielen anderen Süßstoffen tritt ebenfalls infolge des Genusses Heißhunger auf, denn die Insulinausschüttung wird angeregt, ohne daß der Blutzuckerspiegel tatsächlich steigt. Einige Süßstoffe stehen darüber hinaus im Verdacht, in hohen Dosen krebserregend zu sein, insbesondere Aspartam. Das sind zwar bis heute nur Vermutungen, aber denken Sie einmal darüber nach, wieviele von den (unangenehmen) Vermutungen von vor 20 Jahren über künstliche Nahrungsmittelzusätze sich bis heute bestätigt haben!

Margarine besteht aus künstlich gehärteten Pflanzenfetten. Normalerweise wären diese Fette bei Zimmertemperatur flüssig, doch eine Anreicherung der „freien Bindungen" – so der chemische Fachausdruck – mit Wasserstoff läßt sie bei Zimmertemperatur fest sein. Allerdings sind diese chemischen Strukturen sogenannten „Transfettsäuren" ähnlich, die an der Darmschleimhaut kleine Entzündungsherde verursachen und damit einem „Leaky Gut Syndrome" Vorschub leisten können (siehe oben). Die gleiche Wirkung haben übrigens erhitzte Pflanzenfette mit ungesättigten Fettsäuren, die durch die Hitze ebenfalls zu Transfettsäuren werden.

Künstliche Vitaminzusätze, heute oft auch zu Konservierungszwecken eingesetzt, sind von ihrer Dosierung her nicht an den menschlichen Bedarf angepaßt. Bei vielen Vitaminen, insbesondere fettlöslichen (die meisten Vitamine der A-, D- und E-Gruppe), sind nicht nur Mangelzustände das Problem, sondern auch Überdosierungen können Schäden anrichten. Diese Thematik ist von anderen Autoren bereits umfangreich behandelt worden (siehe Literaturverzeichnis) und muß hier nicht weiter vertieft werden. Vielmehr geht es um die Frage, wie man sich (heute noch) ernähren kann, um in physischer, psychischer und mentaler Hinsicht ausgeglichener, robuster, vitaler zu werden.

Eine Ernährung im Sinne des Kaktus-Prinzips

Die Zielsetzung ist klar: Sie orientiert sich an den Parametern, die für die gesamte Wissenschaft des dicken Fells gelten. Im Klartext:

Körper: robustere Gesundheit, einhergehend mit geringerer Allergiebereitschaft, geringer Infektanfälligkeit, gleichmäßig hoher Leistungsfähigkeit und geringer Neigung zu funktionellen Störungen (wie Reizdarm, Migräne, funktionelle Herzbeschwerden etc.)
Emotionen: ausgeglichenere Emotionen, Gelassenheit und geringere Stimmungsschwankungen, innere Festigkeit
Geist/Verstand: gleichmäßige Konzentrationsfähigkeit, geistige Klarheit

All das bewirken auch die Schlüssel, die ich Ihnen bereits im vorangegangenen Teil an die Hand gegeben habe. Besinnen wir uns auf den Geist-Körper-Wirkkomplex, dann verstehen wir, daß man das Grundübel der Dünnhäutigkeit von allen Seiten in die Zange nehmen muß, um ein wirklich ganzheitliches Programm in Sinne des Kaktus-Prinzips zu haben. In Bezug auf die Ernährung ist das relativ einfach: Reduzieren Sie Nahrungsmittel und Getränke, die in der ersten Tabelle in diesem Kapitel unten stehen („neuere" Nahrungsmittel und Getränke), und erhöhen Sie statt dessen den Anteil an „archaischen" Lebensmitteln, sprich:

- Essen Sie wenig bis gar keinen Zucker und kein Weißmehl.
- Verzichten Sie möglichst auf Kaffee, Tee, sogenannte „Softdrinks", Tabak und Alkohol.
- Verzichten Sie völlig auf konfektionierte Lebensmittel, gepö-

kelte Wurstwaren, Fertiglebensmittel, Abgepacktes und Nahrungsmittel mit Farb-, Konservierungs-, Süß- und Zuckeraustauschstoffen sowie Jodsalz.

- Reduzieren Sie leicht den Anteil an Getreide und stärkereichen Kohlehydraten wie Kartoffeln, Nudeln, Reis etc.
- Reduzieren Sie den Anteil an Milch, Milchprodukten und Ei.
- Erhöhen Sie statt dessen den Anteil an Gemüse (roh und gekocht), Blattsalaten und Obst (in dieser Reihenfolge). Lassen Sie diese Nahrungsmittel zusammen rund 40 bis 50 Prozent der täglichen Nahrungsmenge (Volumen) ausmachen. Essen Sie als pflanzliche Eiweiß- und Fettquelle Nüsse, möglichst täglich eine kleine Menge.
- Was Fleisch und Fisch angehen, beachten Sie die Stoffwechseltypisierung (s. u.).
- Essen Sie natürliche Fette. Butter, Kokosfett (zum Erhitzen, Backen, Braten, Kochen) und reines Olivenöl (für den Kaltgebrauch) sind am besten. Leinöl ist ebenfalls sehr gesund, nur muß man bedenken, daß es leicht ranzig wird.
- Trinken Sie möglichst überwiegend klares Wasser, ohne Kohlensäure.
- Auch gepreßte Säfte (öfters: Gemüse, seltener: Obst) sind eine sinnvolle Ergänzung.

Wenn Sie akut unter körperlichen, funktionellen Beschwerden eines unausgeglichenen Stoffwechsels zu leiden haben (Reizmagen, Reizdarm, Migräne, Allergien, Infektanfälligkeit, Schlafstörungen, innere Unruhe, Stimmungsschwankungen, Depressionen, Leistungsmangel, Verspannungen), versuchen Sie bitte einmal Folgendes:

In den ersten beiden Wochen (strenge Stufe) verzichten Sie völlig auf alles, was in irgendeiner Weise Zucker enthält oder süß schmeckt, dazu zählt auch Obst. Essen Sie einen hohen Anteil an Gemüse und Blattsalaten (Volumenanteil 40 bis 50 Prozent). Trinken Sie nur stilles Wasser. Essen Sie kein Getreide oder Getreideprodukte, die Gluten (Klebereiweiß) enthalten (Weizen, Gerste, Roggen, Hafer, Tritikale, Dinkel, Emmer, Einkorn und Wildreis. Gluten steht laut der Meinung einiger Forscher und Ärzte in Verdacht, langfristig das Immunsystem des Darms zu destabilisieren). Essen Sie nur wenig Kartoffeln und Naturreis als Kohlehydratquellen, sondern überwiegend Gemüse und Salate. Verzichten Sie **völlig** auf Zucker, Weißmehl, Margarine, Milchprodukte. Essen Sie Ihre gewohnte Menge Fleisch und etwas Fisch, verzichten Sie aber auf Wurst. Essen Sie eher Eigelb als Eiweiß. Würzen Sie moderat. Verzichten Sie **völlig** auf sämtliche Reiz- und Genußmittel (Softdrinks, Kaffee, Tee, Alkohol etc.). Essen Sie nichts mehr nach 19 Uhr. Beobachten Sie, wie Sie sich fühlen. Machen Sie Notizen – Appetit, Gewicht, Verdauung, Stimmung, Leistungsfähigkeit, Schlafbedürfnis, eventuelle Schlafstörungen, oben genannte Beschwerden: Was verbessert sich, was verschlechtert sich, was bleibt gleich?

In der dritten Woche (leicht abgemilderte Stufe) nehmen Sie wieder etwas Brot, glutenhaltige Getreideprodukte, etwas Obst und eventuell zuckerfreie Fruchtaufstriche (Zwergenwiese, Allos, Demeter) zu sich. Wie fühlen Sie sich jetzt? Was verändert, was verbessert, was verschlechtert sich? – Appetit, Gewicht, Verdauung, Stimmung, Leistungsfähigkeit, Schlafbedürfnis, eventuelle Schlafstörungen, oben genannte Beschwerden.

In der vierten Woche (stark abgemilderte Stufe) genehmigen Sie sich eine kleine Menge Zucker (Rohrzucker), steigern den Anteil an Obst und Getreide und nehmen etwas Milchprodukte hinzu. Dafür versuchen Sie, weniger Fleisch und Fisch zu essen. Wie fühlen Sie sich jetzt? Was verändert, was verbessert, was verschlechtert sich? – Appetit, Gewicht, Verdauung, Stimmung, Leistungsfähigkeit, Schlafbedürfnis, eventuelle Schlafstörungen, oben genannte Beschwerden.

In der fünften Woche essen Sie weitestgehend normal, so wie früher. Wie fühlen Sie sich jetzt? Was verändert, was verbessert, was verschlechtert sich? – Appetit, Gewicht, Verdauung, Stimmung, Leistungsfähigkeit, Schlafbedürfnis, eventuelle Schlafstörungen, oben genannte Beschwerden.

WICHTIG: Wenn Sie rauchen, wie hat sich das Bedürfnis nach Zigaretten verändert? An Anfang dürfte es für einige Tage zugenommen haben, um dann nachzulassen. Bei einigen kann sich die Menge der gerauchten Zigaretten sogar bis zur Hälfte reduzieren, oft kommt es jedoch nicht vor. Immerhin haben Sie hier einen praktikablen Ansatz, wenn Sie sich das Rauchen abgewöhnen wollen. Allerdings werden Sie sich das Rauchen durch die Ernährungsumstellung allein noch nicht abgewöhnen, aber es wird Ihnen bei weiteren Therapien wie etwa Akupunktur helfen.

Das werden Sie darüber hinaus wahrscheinlich bemerken:

- In den ersten Tagen könnten verstärkt Hungergefühle auftreten (Heißhunger). Diese verschwinden allerdings meist nach etwa 6 bis 9 Tagen, es sei denn, daß beispielsweise eine Darmverpilzung oder sonstige Veränderung der Darmflora vorliegt.

- Schlafstörungen nehmen erst kurz zu, dann ab.
- Vorübergehend können Hautausschläge und -unreinheiten auftreten, die nach einigen Tagen wieder nachlassen (Entgiftung und hormonelle Umstimmung!).
- Die Verdauung wird regelmäßiger, Sodbrennen nimmt stark ab, Reizdarm läßt nach, Blähungen reduzieren sich.
- Nach einigen Tagen läßt das Bedürfnis nach Stimulantien (Kaffee, Alkohol, Tee, Rauchen) nach.
- Das Gewicht nimmt leicht ab, bei Untergewichtigen tritt nach einiger Zeit eine Gewichtszunahme ein (Harmonisierung überaktiver Schilddrüse), bei Übergewichtigen nimmt das Gewicht nicht mehr zu.
- Stimmungsschwankungen lassen nach, man wird ruhiger, ermüdet aber über den Tag nicht mehr so schnell, das Energieniveau ist gleichmäßiger.
- Man kommt mit etwas weniger Schlaf aus, schläft besser durch.
- Der Appetit nimmt nach einiger Zeit etwas ab, Nahrung wird besser verwertet, der Enzymhaushalt optimiert sich.
- Aufregungen schlagen nicht mehr so schnell auf den Magen.
- Kopfschmerzen und sonstige funktionelle Beschwerden werden weniger.
- Wenn länger durchgehalten: Allergien werden schwächer, man atmet freier durch, die Infektanfälligkeit sinkt.

Wichtig ist zudem: Egal auf welche Stufe der Ernährung Sie sich begeben: Kauen Sie gut und lange, nehmen Sie sich Zeit zum Essen. Die Speisen sollten im Munde beinahe „flüssig“ sein, bevor sie heruntergeschluckt werden!

Diese Art der Ernährung ist „archaisch“, es gibt viele ähnliche Ansätze zu dieser Form der Ernährung, die bekannteste ist die „Steinzeit-Diät“. In eine ähnliche Richtung geht die sogenannte „Evers-Diät“, der nachgesagt wird, sie könne eine Multiple Sklerose stark verbessern oder gar heilen. Auch „The Makers Diet“ tendiert in diese Richtung.

Ich persönlich halte allerdings nichts von solchen übertriebenen Versprechen. Eine schwere Erkrankung wie Multiple Sklerose, Morbus Crohn oder Rheuma ist mit Ernährung *allein* keineswegs heilbar.

Die Ernährung ist die Basis und gleichzeitig das Tüpfelchen auf dem i bei vielen Dingen, auch beim Kaktus-Prinzip. Sie werden auch ohne Umsetzung meiner Ratschläge zu Ernährung und Bewegung schon Erfolge mit der Wissenschaft vom dicken Fell erzielen. Doch die Beherzigung meiner Ratschläge wird diese Erfolge noch einmal deutlich verstärken. Genauso können Sie bereits einiges Positives für sich tun, wenn Sie sich eine Weile **nur** an die Ratschläge zu Ernährung und Bewegung halten und die „geistigen Übungen“ außen vor lassen.

Und **Vegetarismus**? Viele Ernährungsexperten sind der Ansicht, daß eine weitgehend oder völlig vegetarische Ernährung gesünder sei als eine normale, durchschnittliche Mischkost. Ich selbst habe dies auch viele Jahre lang gedacht und in diese Richtung experimentiert.

In naturheilkundlich eingestellten Kreisen ist viel davon die Rede, daß sich eine überwiegend oder völlig vegetarische Ernährung positiv auf das Säure-Base-Gleichgewicht auswirken würde. Auch das ist allerdings nur zum Teil richtig. Oder genauer: Es stimmt für einen gewissen Teil der Bevölkerung.

Aber hier geht es ja nicht in erster Linie um die langfristige Beeinflussung der Gesundheit über die Ernährung, besonders in Bezug auf chronische Krankheiten, sondern es geht um die Beeinflussung der Stimmung, des vegetativen Nervensystems, des Hormonhaushalts, was wiederum seinerseits sehr langfristig die Gesundheit beeinflußt. Vorrangiges Anliegen des Kaktus-Prinzips ist es, eine bessere emotionale und mentale Stabilität zu erzielen, Stimmungs- und Energieschwankungen abzumildern, einen besseren, tieferen und erholsameren Schlaf und mehr Robustheit gegenüber Allergien und akuten Krankheiten (wie grippale Infekte) zu erreichen. Der Stoffwechsel hängt von der Ernährung ab und beeinflußt auch die Psyche – Stichwort: Geist-Körper-Wirkkomplex –, so wie auch umgekehrt die Stimmung sich auf den Stoffwechsel auswirkt. Doch wie Sie weiter oben schon gesehen haben, sind eher die Kohlehydrate als die Eiweiße das Problem. Wobei man bei den Kohlehydraten wieder unterscheiden muß. Denn auch unter ihnen gibt es „gute" und „schlechte".

Tatsächlich ist es so, daß sich viele mit einer vegetarischen Ernährung *zunächst* besser fühlen. Was aber nicht unbedingt oder zumindest nicht allein dem Fleischverzicht *an sich* zuzuschreiben ist. Vielmehr wird mit dem Beginn einer vegetarischen Lebensweise das Ernährungsverhalten allgemein überdacht. So werden beispielsweise weniger Zucker- und Weißmehlprodukte konsumiert. Es werden mehr Obst, Gemüse und Blattsalate verzehrt, also mehr von den langsam verbrennenden, mineralstoffreichen und hochwertigen Kohlehydratträgern und weniger von den stärkereichen, nährstoffarmen Nahrungsmitteln mit einer hohen glykämischen Last (Realwert, der den Anstieg des Blutzuckerspiegels umschreibt). Es wird mehr Vollkornbrot anstelle von Weißmehlprodukten gegessen, und es wird mehr auf das Trinken geachtet. Das bedeutet nicht mehr und nicht weniger, als daß die meisten Vegetarier sich *insgesamt* gesundheitsbewußter ernähren. Kurz- und mittelfristig entlastet der Verzicht auf tierische Eiweiße den Stoffwechsel, vor allem dann, wenn die Eiweißspeicher durch jahrelangen intensiven Fleischkonsum „voll" sind.

Langfristig hingegen tragen biologische Wertigkeit, niedrige glykämische Last und Stärkearmut der kohlehydrathaltigen Nahrungsquellen *mehr* zu Wohlbefinden, Ausgeglichenheit und Fitneß bei als die Eliminierung der tierischen Eiweiße. Dabei gibt es selbst in der Rohkostszene, die wirklich mit Extremisten in puncto Ernährung durchsetzt ist, einige Vertreter, die, obwohl Vegetarier oder gar Veganer, Fleisch für weniger schädlich für die menschliche Gesundheit halten als Getreideprodukte (Helmut Wandmaker: *Willst du gesund sein, vergiß den Kochtopf!*). Aber so eng wollen wir das nicht sehen, zumal die wenigsten mit einer reinen Rohkosternährung auf Dauer glücklich werden.

In Wahrheit hängt es weitestgehend vom Stoffwechsel des einzelnen ab, ob und wie lange er sich bei einer vegetarischen Lebensweise wohlfühlt. Viele Menschen können sich viele Jahre lang vegetarisch ernähren und fühlen erst nach einem Jahrzehnt oder zweien eine Abnahme von Fitneß, Gesundheit und Leistungsfähigkeit, wenn überhaupt. Bei einigen anderen Typen kommt es jedoch bereits nach einigen Wochen zu einer deutlichen Abnahme von Wohlbefinden, Ausgeglichenheit, Fitneß und Leistungsfähigkeit, wenn sie sich fleisch- und tierisch eiweißfrei ernähren. Ein Bewohner des indischen Subkontinents kann sein Leben lang bei voller Fitneß und Leistungsfähigkeit vegan leben, ein Inuit würde bei dieser Ernährung binnen weniger Wochen kapitulieren.

In einer Diät, die vornehmlich zum Ziel hat, das vegetative Nervensystem zu harmonisieren sowie Schwankungen im Bereich von Stimmung, Leistungsfähigkeit und Gedankenfluß auszugleichen, kommt es primär auf die Kohlehydrate an. Es geht in erster Linie darum, die nährstoffarmen, stärkereichen Kohlehydrate zu reduzieren (sprich: Zucker, Weißmehl, weißen Reis, Softdrinks, Gebäck, Süßes) und mehr hochwertige, nährstoffreiche, aber relativ hierzu gesehen stärkearme Kohlehydrate zu verzehren. Diese wirken sich weniger stark auf Hormonhaushalt, Insulinspiegel und Vegetativum aus als die stärkereichen wie Weißmehl und Zucker, die gereizt, unausgeglichen, müde und hungrig machen.

Nun gibt es bei einer vegetarischen Lebensweise ein elementares Problem: Manche Stoffwechseltypen reagieren besonders auf die „schnellen" Kohlehydrate mit Heißhunger, wenn sie kein Fleisch essen. Das sind beispielsweise Menschen, bei denen der Parasympathikus (oder Vagus) stark ist. Sie neigen naturgemäß zu einem niedrigen Blutzuckerspiegel. Ernähren sie sich vegetarisch, wird der Parasympathikus weiter gestärkt, was den Blutzuckerspiegel im Schnitt weiter absenkt und zu Zuständen der Hypoglykämie (Unterzuckerung) führt. In diesem Zustand giert man besonders nach Süßem und Weißmehl, was die Misere jedoch noch verschlimmert. Da diese Typen einen hohen Insulinspiegel haben, kommen Zustände der Unterzuckerung noch häufiger vor: Heißhungerattacken werden stärker und treten immer häufiger auf. Ernährungsexperten nennen dieses Phänomen die „Zuckerfalle". Besonders Personen mit einem schnellen Zellstoffwechsel oder Vagotoniker sind hier gefährdet. Diese Typen sollten sich deswegen auch nicht vegetarisch ernähren. Tatsächlich ist es so, daß diese Stoffwechseltypen bei einer vegetarischen Ernährung sogar (an Gewicht) zunehmen können!

Vielmehr sollten Sie generell Ihr Ernährungsverhalten überdenken. Egal, welcher Stoffwechseltyp Sie sind: Eine Ernährung mit Fleisch und Fisch, aber mehr Obst und vor allen Dingen mehr Gemüse und weniger Getreideprodukten und Zucker bringt Ihnen wesentlich mehr im Hinblick auf Ausgeglichenheit von Körper und Geist, Stoffwechsel und Immunsystem, Vegetativum und Stimmung als eine rein vegetarische Ernährung, die jedoch viel Zucker und Auszugsmehle enthält.

Berücksichtigen Sie Ihren individuellen Stoffwechsel! Ob Sie mit einer überwiegend oder völlig vegetarischen Ernährung besser dran sind als mit der normalen Mischkost oder nicht, wird weitestgehend von Ihrem Stoffwechseltyp bestimmt. Um das Ganze nicht zu kompliziert zu machen: Man unterscheidet grundsätzlich einen mehr eiweißorientierten und einen mehr kohlehydratorientierten Typus. Es gibt noch einige weitere Unterteilungen nach Dominanz des Verbrennungssystems oder vegetativen Systems, nach Drüsentypus und so weiter, aber dies ist für unsere Betrachtung an dieser Stelle nicht relevant.

Wichtig ist hingegen zu wissen, daß auch Charaktereigenschaften – ganz im Sinne des Geist-Körper-Wirkkomplexes – Merkmale für die Eigenarten unseres Stoffwechsels sind, ebenso wie Appetit, Vorlieben, Physiognomie und so weiter. Ich zähle ihnen mal einige Merkmale auf, die aber nur zu einer sehr groben Einordnung Ihres Stoffwechsels taugen:

Merkmale des eiweißorientierten Stoffwechsels	Merkmale des kohlehydratorientierten Stoffwechsels
„gesegneter" Appetit, denkt oft an Essen, kann nur schwer Mahlzeiten ausfallen lassen	kann gut einzelne Mahlzeiten ausfallen lassen
benötigt morgens eine Mahlzeit, um richtig wach zu werden	benötigt morgens nur kurze Zeit, um wach zu werden, wird auch ohne Frühstück munter
mag gerne salzige Speisen	mag gerne Süßes
bekommt nach Süßem schnell wieder Hunger oder wird reizbar, lethargisch oder müde	Fleisch und fettreiche Speisen rufen Unwohlsein hervor, machen lethargisch oder reizbar
eher kräftiger Körperbau, rundliches Gesicht, aber Muskeln nicht so stark voneinander abgesetzt	eher schlanker Körperbau, eckiges Gesicht, Muskeln gut voneinander abgegrenzt
große körperliche Ausdauer	ermüdet rascher, schlechtere körperliche Ausdauer
niedriger Blutzuckerspiegel	hoher Blutzuckerspiegel
hat soziale Interessen, kann nicht gut allein sein	braucht Zeit für sich, möchte gerne mal allein sein, wenig soziale Interessen
intuitiv und emotional, warmherzig	eher rational und logisch denkend
verspätet sich eher und häufig	fast immer pünktlich
Haut und Haare eher fettig und ölig	Haut und Haare eher trocken, spröde
Speichel eher dünnflüssig	Speichel eher zäh und klebrig
Ohren rot und gut durchblutet	Ohren blasser als das Gesicht
nimmt durch Süßspeisen und zuviel Getreide zu	nimmt durch Fleisch und Fettiges zu
nimmt durch Alkohol zu	nimmt durch Alkohol nicht so schnell zu
verträgt Koffein nur schlecht	verträgt gewisse Mengen Koffein ganz gut

schläft besser nach reichhaltiger Abendmahlzeit	schläft besser, wenn er abends wenig oder nichts ißt
neigt zum Weinen	neigt zu Aggressivität
neigt kaum dazu, zu fiebern	fiebert schnell und heftig
schläft leicht ein	schläft schlecht ein
hat Probleme, sich zu konzentrieren	gutes Konzentrationsvermögen
erinnert sich leicht und gut an Träume	kann Träume kaum erinnern
neigt zu Allergien	neigt nicht so sehr zu Allergien

Natürlich ist diese Aufzählung nicht vollständig, sondern nur eine grobe Übersicht. Die weitaus meisten Menschen haben Merkmale aus beiden Gruppen. Für eine sehr grobe Einteilung hilft es Ihnen bereits, sich daran zu orientieren, in welcher Gruppe Sie die meisten auf Sie zutreffenden Merkmale finden. Sollten Sie sich in beiden Gruppen ähnlich häufig repräsentiert finden (mit maximal drei Punkten Unterschied), liegt Ihr Stoffwechsel zwischen den beiden Typen. Wenn Sie einen vollständigen Einblick in Ihren Ernährungstyp mit allen Untertypen sowie auch eine umfassende Ernährungsberatung mit vielen Rezepten haben wollen, empfehle ich Ihnen den PEP-Fragebogen (PEP steht für **P**ersönliches **E**rnährungs**p**rofil) aus dem Metabolic Typing. Beratungen hierzu werden unter anderem in meiner Naturheilpraxis durchgeführt.

Bauen wir die Ernährungspyramide ein wenig um: In der Praxis reicht ein simpler Handgriff an der Ernährungspyramide, um deutliche Fortschritte in Bezug auf Ausgeglichenheit, ein gleichmäßiges Energieniveau, ein stabileres Nervenkostüm und ein besseres Immunsystem zu erreichen.

Hier ist ein eine gängige, sehr stark vereinfachte Ernährungspyramide (ohne Getränke):

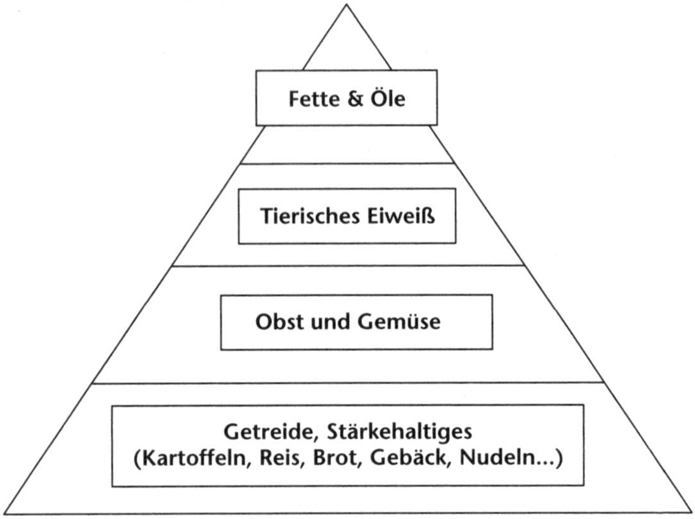

Abbildung 4. So sieht – vereinfacht dargestellt – eine gängige Ernährungspyramide aus. Im Sinne des Kaktusprinzips jedoch sollten die stärkereichen Kohlehydrate nicht die Basis der Pyramide ausmachen.

In den meisten gängigen Ernährungsplanern steht Stärkereiches an erster Stelle. Daran ist nichts Falsches, wenn Sie vom Stoffwechsel eher zu den Kohlehydrattypen zählen, Sie normal- oder idealgewichtig sind, sich bester Gesundheit erfreuen und nervlich ausgeglichen sind. Sollte dies der Fall sein, dann benötigen Sie allerdings dieses Buch nicht.

Um sich allerdings über die Ernährung im Sinne des Kaktus-Prinzips zu stabilisieren, ist es für jeden Stoffwechseltyp vorteilhaft, zumindest für einen gewissen Zeitraum stärkereiche Nahrungsmittel wie Getreide, Kartoffeln, Reis und Zucker in der Ernährung weiter hintenan zu stellen und statt dessen deutlich mehr Obst und Gemüse – vor allem Gemüse – zu konsumieren. Für die unterschiedlichen Stoffwechseltypen sähe das Ganze so aus:

Meine Ernährungspyramide für den Kohlehydrattyp:

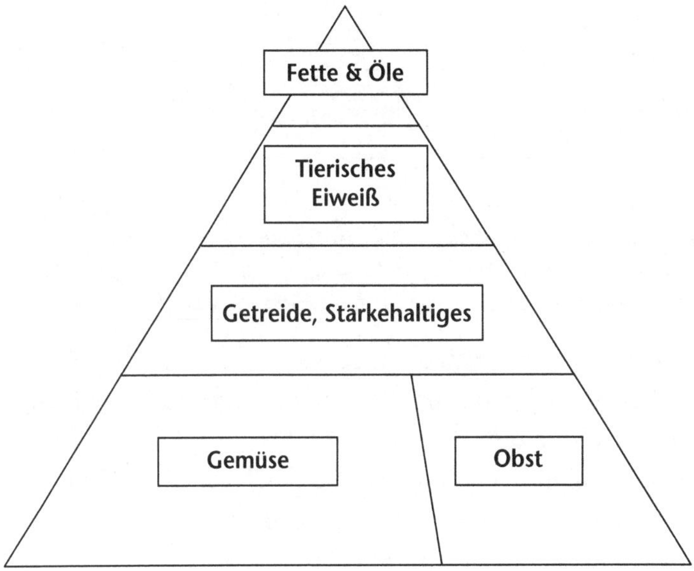

Abbildung 5. Ernährungspyramide für den Kohlehydrattyp: Die langsam verbrennenden Kohlehydrate sollten im volumenmäßigen Anteil die Basis bilden: weniger Mehl- und Getreidespeisen, mehr Gemüse und Obst!

Ein wenig anders sieht das Ganze beim eiweißorientierten Stoffwechseltyp aus:

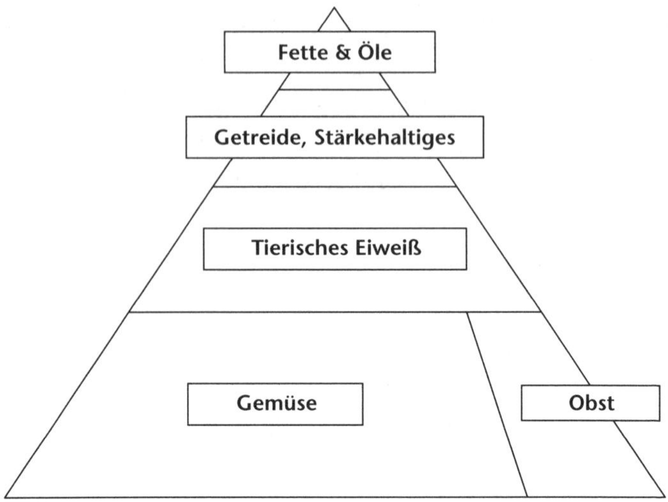

Abbildung 6. Ernährungspyramide für den Eiweißtyp im Sinne des dicken Fells: Um sich rundum pudelwohl zu fühlen, benötigen diese Stoffwechseltypen entgegen der gängigen Auffassung von Ernährungswissenschaftlern sogar eine Ernährung, die arm an Getreideprodukten ist.

Wenn Sie von Ihrem Stoffwechseltyp eher in der Mitte, also zwischen Kohlehydrat- und Eiweißtyp liegen, gilt Ernähungspyramide aus Abbildung 7.

Noch einige Anmerkungen hierzu: Sie sollten Gemüse und Obst wirklich als Basis für die Ernährung betrachten, wobei allerdings ganz besonders beim Eiweiß- und beim Mischtyp Gemüse (inklusive Blattsalate) immer wichtiger ist als Obst. Beide zusammen sollten rund 40 bis 50 Prozent der Ernährung ausmachen. Die ungefähren Anteile von Gemüse zu Obst sind beim Kohlehydrattyp etwa zwei Drittel zu ein Drittel (66:34), beim Eiweißtyp 80:20 und beim Mischtyp drei Viertel zu ein Viertel (75:25). Getreide und stärkereiche Lebensmittel sollten beim Kohlehydrattyp

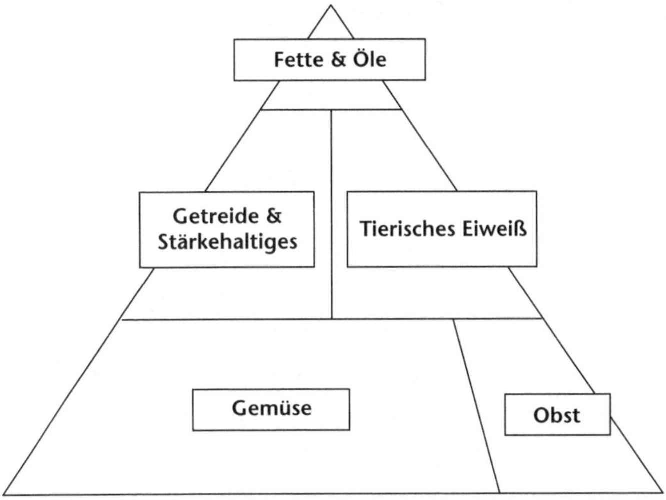

Abbildung 7. Auch beim gemischten Typ sollten sich Gemüse, Obst und Salate an der Basis der Pyramide befinden. Stärkereiche Kohlehydrate wie Getreide, Kartoffeln oder Reis sollten insgesamt etwa ein Viertel der Menge an Lebensmitteln (Volumenanteil) ausmachen.

30 Prozent, beim Eiweißtyp 15 Prozent und beim Mischtyp zwischen 20 und 25 Prozent ausmachen. Beim Tiereiweiß (pflanzliche sind in den Gruppen Obst/Gemüse und Getreide vorhanden) sind Anteile von 25 Prozent beim Eiweißtyp, rund 10 bis 15 Prozent beim Kohlehydrattyp und rund 20 Prozent beim Mischtyp optimal. Natürliche Fette und Öle (dazu zählen auch Nüsse!) verteilen sich wie folgt: rund 10 Prozent beim Eiweißtyp, rund 7,5 Prozent beim Mischtyp und rund 5 Prozent beim Kohlehydrattyp

Wichtig zu wissen ist, daß es sich hierbei um Volumenanteile, nicht um Kalorienanteile handelt! (50 Prozent Kalorienanteil an Obst und Gemüse würden gut 80 Prozent Volumenanteil entsprechen, das wäre im Sinne des Energiehaushaltes nicht praktikabel!)

Andere (Umwelt-) Einflüsse

Natürlich sind unsere Nahrungsmittel nicht das einzige, was das Nervenkostüm dünnhäutiger, Stimmung und Energie ungleichmäßiger und das Immunsystem anfälliger werden läßt. Mangelnde Bewegung an frischer Luft, das Klima in Wohn- und Arbeitsräumen (inklusive der sogenannten „Wohngifte" wie Ausdünstungen aus Möbeln und Auslegewaren) und die Strahlenbelastung durch Elektrosmog beeinflussen uns ebenfalls dahingehend, daß wir gereizter, nervöser, anfälliger für Erkältungen und Allergien, müder und energieloser werden. Deswegen empfehle ich auch, bei allen praktischen Überlegungen zum Thema Ernährung nicht nur die Nahrungsmittelwahl an sich, sondern auch die Zubereitung ein wenig traditioneller zu gestalten, das heißt: Verzichten Sie beim Zubereiten der Nahrung auf die Mikrowelle, auch dann, wenn Sie sich nur mal etwas aufwärmen wollen.

Die Stufen der „Kaktus Diät" noch einmal kurz zusammengefaßt:

Die **strenge Stufe** (müssen Sie nicht beginnen oder durchhalten, allerdings ist sie etwa in der Hochphase von Allergien oder bei wirklich unangenehmen Körpersymptomen wie etwa Migräne, Neuralgien und chronischen Durchfällen für eine gewisse Zeitlang empfehlenswert!):

- absolut **nichts Süßes:** Zucker, Honig, Sirup, Obst, Süßungsmittel (natürliche wie künstliche)
- absolut **keine Reizmittel** (Alkohol, Kaffee, Tee, Kakao, Soft-

drinks wie Limonaden oder Cola, Energydrinks und so weiter). Trinken Sie **nur Wasser!**

- **keine Getreideprodukte, die Gluten enthalten** (Weizen, Roggen, Gerste, Hafer, Tritikale, Dinkel, Emmer, Urkorn, Einkorn und Wildreis). Gilt auch für Saucen und Suppen!
- **keine Milch oder Milchprodukte**, außer Butter
- Essen Sie nur **wenig Kartoffeln, Hirse, Quinoa, Amaranth oder Naturreis** als Kohlehydratquellen.
- Erhöhen Sie Ihren Anteil an **Gemüsen, Blattgemüsen und Salaten auf ca. 40 bis 50 Prozent.**
- Essen Sie eine **gewisse Menge Fleisch und Fisch**, aber naturbelassen. Keine Wurstwaren, insbesondere nichts Gepökeltes.
- Essen Sie an Fetten **ausschließlich Butter, Kokosfett** (zum Erhitzen) **sowie Olivenöl** (zum Anmachen von Salaten). **Vermeiden Sie Margarine und andere Fette.**
- Essen Sie keine Fertigprodukte und konfektionierten Nahrungsmittel, Ausnahmen: ökologische Brotaufstriche aus dem Naturkostladen, ohne Zucker!

Ein solcher Ernährungsplan ist natürlich nichts für die Ewigkeit, das gebe ich gerne zu. Aber für ein sehr angekratztes Nervenkostüm sowie einen angegriffenen Körper (Allergien, Asthma, Autoimmunerkrankungen) ist er eine wahre Wohltat! Versuchen Sie diese Diät beispielsweise einmal bei Pollenallergie in der stärksten Phase der Erkrankung, vielleicht schon ein wenig davor, dann wird sie den Symptomen die „Spitzen" nehmen (auch im Sinne und in Kombination mit einer naturheilkundlichen oder Allergietherapie – Desensibilisierung u. ä. – erwägenswert!)

Die **leicht abgemilderte Stufe:**

- Nehmen Sie zusätzlich zu allen Nahrungsmitteln der strengen Stufe Obst, etwas Vollkornbrot (Natursauerteig) sowie zucker- und süßstofffreie Fruchtaufstriche hinzu. Auch Vollkornnudeln sind gelegentlich erlaubt. Übertreiben Sie es damit aber nicht!
- Trinken Sie nach wie vor nur Wasser, höchstens ab und zu etwas Kräuter- oder Früchtetee (ohne Zucker/Süßstoff!).

Mit dieser Stufe läßt es sich auf Dauer schon ganz gut leben, wenn man sich einmal daran gewöhnt hat. Es ist eine gute Form der Ernährung für viele chronisch Kranke, insbesondere dann, wenn der Mengenanteil von 40-50 Prozent Gemüse, Blattgemüse und Salaten beibehalten wird. Denken Sie dabei einfach an den folgenden Satz von Hippokrates: „Bei Krankheit ist zunächst zu fasten. Später ist einfache Speise zu sich zu nehmen!"

Die **abgemilderte Stufe:**

- Steigern Sie die Menge an Obst und Vollkornprodukten, nehmen Sie gelegentlich Milchprodukte hinzu, geringe Mengen an Rohrzucker sind erlaubt.
- Sie können neben Wasser leichte Fruchtsaftschorlen mit ökologischen Fruchtsäften trinken. Erlaubt sind auch selbstgepreßte Gemüse- und Obstsäfte, aber nicht mehr als ein Glas pro Tag.
- Verzichten Sie nach wie vor auf Haushaltszucker und Weißmehl, auch auf Mischbrot. Essen Sie nach wie vor von den stärkereichen Kohlehydratträgern Vollwertprodukte, Vollkornreis, Pellkartoffeln, Vollkornnudeln u.s.w.

– Den Anteil an Gemüsen und Salaten reduzieren Sie auf 30 bis 40 Prozent (Mengenanteil).

Das stellt für mich die optimale Ernährung für den organisch einigermaßen gesunden, aber nervlich und psychisch belasteten Zivilisationsmenschen da. Wichtig bei allen Stufen ist:

– Verzichten Sie auf die Mikrowelle!
– Verzichten Sie auf das Frittieren von Speisen!
– Nehmen Sie andere Fette als die genannten nur ausnahmsweise zu sich!
– Kauen, Kauen, KAUEN!!!

Dieses Kapitel auf den Punkt gebracht:

➡ Sie können durch Essen ein dickeres Fell bekommen, im physischen wie psychischen Sinne. Allerdings ist die Ernährung, mit der Sie dieses Ziel erreichen, nicht für jeden gleich.
➡ Nahrungsmittel sensibilisieren umso mehr, je später sie historisch betrachtet in der menschlichen Ernährung relevant wurden (Anpassung!).
➡ Individuell relevant für körperliche und geistige Gesundheit ist die Menge des tierischen Eiweißes. Sie variiert je nach Stoffwechseltyp.
➡ Allgemein relevant hingegen ist der Zustand der konsumierten Kohlehydrate. Stärkereiche, denaturierte und nährstoffarme Kohlehydrate wie Zucker und Weißmehl verschlechtern den Stoffwechsel, führen zu innerer Unruhe

oder Lethargie und einer Zunahme der Energieschwankungen.

- ➡ Künstliche Nahrungsmittel(zusätze) sind im Sinne der Wissenschaft vom dicken Fell grundsätzlich nicht empfehlenswert, ihre langfristige Wirkung auf den Stoffwechsel, den Organismus ist nicht abzuschätzen.
- ➡ Um körperlich wie geistig ein dickeres Fell zu erzielen, ist eine „archaische" Ernährung in vielerlei Hinsicht vorteilhaft: frei von künstlichen Nahrungsmittelzusätzen, denaturierten Kohlehydraten, dafür reich an stärkearmen, aber nährstoffreichen Kohlehydraten, essentiellen Fettsäuren und einer ausreichenden, auf den individuellen Stoffwechsel abgestimmten Menge an Eiweißen.
- ➡ Ihr körperlicher wie geistiger Zustand entscheidet darüber, wie konsequent Sie die Ernährungsrichtlinien umsetzen sollten. Die strenge Stufe ist nur für einige wenige (chronisch Kranke) sinnvoll, und dann auch nur für eine bestimmte Zeit.
- ➡ Die zweite und dritte Stufe ist auch längerfristig sowohl machbar als auch für viele „zivilisationsgeschädigte" Zeitgenossen interessant.
- ➡ Intensives Kauen ist für jeden unerläßlich.
- ➡ Die Kaktus-Diät kann Ihnen dabei helfen, Gewohnheiten wie Rauchen oder Naschen aufzugeben, da sie diesbezügliche Therapien unterstützt (wie etwa Homöopathie oder Akupunktur). Allein bringt sie dies allerdings nur in den seltensten Fällen zustande!

17 Praktische Umsetzung der Ernährungsvorschläge

„Dieser Mensch verlangt ja Unmögliches! So viel ist mir das dicke Fell nun auch wieder nicht wert!“ Diesen Einwand finde ich durchaus berechtigt. Dazu allerdings drei Punkte aus meiner Sicht:

1. Ich habe an einer (angeblich) unheilbaren chronisch-entzündlichen Darmerkrankung gelitten (Morbus Crohn) und mich unter anderem mit einer ähnlichen Diät wie der beschriebenen (in etwa so streng wie die zweite Stufe, diese habe ich allerdings über Jahre beibehalten) von meiner Krankheit befreit.
2. Wenn man eine Diät, die in etwa so streng ist wie die zweite Stufe der Kaktus-Diät, also die „leicht abgemilderte Stufe“, über **Jahre** beibehalten kann, sollte es kein Problem sein, die strenge Stufe über einige Wochen durchzuhalten – zum Beispiel zum Höhepunkt der (individuellen) Allergiezeit.
3. Die strenge Stufe ist für Menschen konzipiert, die über die psychische und emotionale Sensibilität hinaus auch an körperlichen Symptomen zu leiden haben, von Allergien über Reizdarm-Syndrom bis hin zu Migräne. Diese Erkrankungen werden von Nichtbetroffenen nur allzu leichtfertig als „Zipperlein“ abgetan, man darf aber nicht ignorieren, daß sie die Betroffenen einen beträchtlichen Teil an Lebensqualität ko-

sten. Die körperlich etwas weniger oder gar nicht in Mitleidenschaft Gezogenen können und sollten diese Stufe auch gar nicht einhalten!

Wie natürlich sollte die Nahrung denn eigentlich sein?

Reiswaffeln (die ich regelmäßig zum Frühstück verzehre) sind ja letztlich keineswegs natürlich, da es sich um gepufften Reis handelt. Da jedoch Diäten mit ausschließlich naturbelassenen Stoffen im Alltag nicht praktikabel sind, sollte man ein gewisses Maß an Verarbeitung zulassen und das Hauptaugenmerk eher auf die Inhaltsstoffe legen.

So könnte man beispielsweise biologische Brotaufstriche zulassen, die man in Bioläden und Reformhäusern erhält: Paprikapaste, Pilzpastete, Curry-Pasten, ähnliche Würzpasten. Sie sollten mit Steinsalz gewürzt sein. Jodiertes Speisesalz ist für die Zwecke einer Diät für ein dickes Fell ungünstig, da die Schilddrüse angeregt wird und dadurch eine vorhandene Nervosität verstärkt wird. Bio-Rote Bete in Gläsern sollte auch zugelassen werden, ebenso ähnliche Gemüseprodukte, wenn sie keinen Zucker enthalten (in Bioläden und Reformhäusern gibt es auch hier reiche Auswahl). Soja gilt mittlerweile bei einigen Ernährungswissenschaftlern als umstritten, da es unfermentiert die Schilddrüse in ihrer Funktion beeinträchtigt und darüber hinaus vielfach hohe Schadstoffbelastungen aufweist.

Riegel, die Amaranth, Hirse oder Quinoa enthalten, sind – solange zuckerfrei – unbedenklich, desgleichen (bei der leicht abgemilderten Stufe) Fruchtaufstriche ohne Zucker (Zwergenwiese ist hier z. B. eine sehr gute Marke!). Auch biologische Sirups,

Trockenfrüchte (ungeschwefelt) und Nußmus zählen zur Kategorie der unbedenklichen Nahrungsmittel.

Bei den Gewürzen ist neben Jodsalz schwarzer Pfeffer nicht ganz unbedenklich, aber erst ab einer bestimmten Menge. Ansonsten gilt: Die Speisen dürfen Würze enthalten, extrem Scharfes wie in der mexikanischen und südostasiatischen Küche ist grenzwertig. Chilies (natürlich in Maßen!) sind hingegen gut für die Verdauung. Reichliche ernährungsphysiologische Vorteile haben z. B. Kokosmilch und -fett, und sie sind für jeden Stoffwechseltyp geeignet!

Auf Folgendes sollten Sie sonst noch achten:

- Kein Öl und keine ölhaltigen Speisen aus Plastik- oder PVC-Behältnissen. Meiner Erfahrung nach gehen Öle mit diesen Kunststoffen ziemlich ungesunde Verbindungen ein.
- Nichts Säurehaltiges in Aluminiumdosen – hier gilt das gleiche!
- Achten Sie – auch in Bio-Läden! – auf zugesetzte Stoffe, und meiden Sie E-Nummern (die meisten sind zwar harmlos, positiv auf Ihren Stoffwechsel wirkt sich allerdings keine von ihnen aus!).

Wahrscheinlich werden Sie sich bezüglich Ihres Frühstücks am meisten umstellen müssen. Denn egal, auf welche Diätstufe Sie gehen möchten: Nutella, Brötchen, Zuckermarmelade und Margarine sind vom Tisch verbannt! Und vom Kaffee sollten Sie auch die Finger lassen! Allein, daß Sie meinen, Kaffee zu brauchen, ist auf eine bereits bestehende Veränderung Ihres natürlichen Stoffwechsels zurückzuführen. Auch die süßen Kuchenstückchen sind tabu! Und eins vorneweg: Es ist ziemlich schwierig, nach der ersten Stufe zu frühstücken, ohne sich radikal umzustellen!

Menüvorschläge fürs Frühstück:

- Zwei Scheiben glutenfreies Brot, zwei Tl. Butter, zwei Rühreier mit etwas Steinsalz gewürzt, eine Stange Sellerie oder etwas Bio-Rote Bete, eine kleine Portion Feldsalat, mit Obstessig und Olivenöl angemacht **(kohlehydratorientiert, strenge Stufe)**
- Sechs bis acht Reiswaffeln mit etwas Butter, zuckerfreiem Fruchtaufstrich, zwei Trockenfeigen oder -aprikosen **(kohlehydratorientiert, mittlere Stufe)**
- Quinoa-Amaranth-Müsli mit Waldfrüchten, ein Apfel, etwas Trauben (**kohlehydratorientiert, mittlere Stufe**)
- Vollkornbrot mit etwas Butter, fettarmer Hüttenkäse oder Yoghurt mit Obst (Banane, Apfel) **(kohlehydratorientiert, leichte Stufe)**
- Knäckebrot mit (wenig) Nußmus (Mandel oder Haselnuß), einige Datteln **(kohlehydratorientiert, leichte Stufe)**
- Geschnetzeltes (Pute oder Huhn), gekochte Buchweizenkörner mit etwas Butter **(eiweißorientiert, strenge Stufe)**
- Zwei Rühreier, etwas Bratkartoffeln in Butter geschwenkt, zwei Scheiben Schinken **(eiweißorientiert, mittlere Stufe)**
- Eine Scheibe Dinkelbrot mit Butter, Gemüseomelette mit Erbsen und Karotten, zwei Scheiben Bio-Räucherlachs **(eiweißorientiert, mittlere Stufe)**

Und so halte ich es zum Frühstück die meiste Zeit:

➡ Reiswaffeln mit Butter und Himbeer-Fruchtaufstrich (zuckerfrei), ein Apfel, ein bis zwei Trockenfeigen und eine Alnatura Fruchtschnitte Mandel-Honig (zuckerfrei).

Wenn Sie selbst kreativ sein wollen: Denken Sie immer daran, daß die Tabus nicht so sehr beim Eiweiß liegen, also bei Fleisch, Fisch und Ei (Ei in der strengen Stufe eher weniger, in den leichteren Stufen dürfen Sie auch Milchprodukte dazunehmen, sofern Sie diese vertragen!), sondern beim Zucker und beim Gluten.

Wenn Sie Bedenken haben wegen einer eventuellen Übersäuerung, die Sie wegen Eiweißkonsums schon beim Frühstück bekommen könnten, kann ich Sie beruhigen: Die meisten Säure-Base-Fanatiker haben in ihren Ernährungslehren schlicht und ergreifend übersehen, daß die Säurepuffer des Körpers zu etwa 70 Prozent von den Eiweißspeichern gebildet werden.

Wie auch immer: Sollten Sie eher zu den kohlehydratorientierten Stoffwechseltypen gehören, übertreiben Sie es nicht! Zu jeder Mahlzeit eine kleine Menge Eiweiß zu essen ist besser, als tage- oder wochenlang überhaupt kein Eiweiß, dafür dann einmal eine Riesenportion!

Menüvorschläge für das Mittagessen:

➡ **Gemüseomelette mit Feldsalat:** 150-200 g frischen Feldsalat, 1 kleine Zwiebel, je 1 El Obstessig + Olivenöl, etwas Wasser. 3 Eier, 150 g Bio-Erbsen tiefgekühlt, Kokosfett, 1 Prise Steinsalz, grüner Pfeffer, evtl. Kräuter der Provence. **(strenge Stufe)**

Feldsalat putzen, Zwiebel sehr klein hacken. 2/3 der Zwiebel mit dem Kokosfett anbraten, bis sie glasig sind. Erbsen dazugeben und garen. Eier einrühren und garen, dabei nach Belieben mit den Gewürzen abschmecken. Feldsalat mit dem Rest der Zwiebeln (roh), dem Essig und Öl abschmecken und anrichten.

➡ **Bunter Salat mit gebratenem Saiblingsfilet (für 2 Personen):** 750 g Filets vom Saibling, eventuell ein Drittel mehr, 2 El. Olivenöl, 1 El. Weißweinessig, ½ Tl. Senf, wenn möglich grobkörnig, mittelscharf, Rucola, Feldsalat, Endiviensalat, Radicchio. **(strenge und mittlere Stufe)**

Saiblingsfilets vom Fischhändler zurechtschneiden lassen. Schuppen abkratzen und nach evtl. Gräten absuchen. Haut rautenförmig einschneiden, salzen und pfeffern. Salat säubern und trocknen. Marinade verrühren. Fischfilet in Olivenöl braten – zuerst auf der Hautseite, dann weitere 2 Minuten auf der anderen Seite. Salat mit Marinade vermengen und zusammen mit den frisch gebratenen Fischstücken auf einen Teller geben. Wer möchte, kann noch gekochte, leicht in Butter geschwenkte Kartoffelscheiben dazugeben. Angenehmer ißt sich der Salat, wenn mehrere Sorten mundgerecht geschnitten werden. Also keine großen Salathappen auf den Teller. Die Menge des Salats ist Gefühlssache, ebenso die Marinademenge. (Rezept aus www.kochmix.de)

➡ **Ananas-Chili:** 1 Dose (650 g) Ananas in Stücken, 1 El. Öl, 750 g Schweineschulter, in 2,5 cm Würfel geschnitten, 1 Tl. Knoblauchsalz, 1 Tl. Steinsalz, 1/4 Tl. gemahlener schwarzer

Pfeffer, 1 große Zwiebel, gehackt, 1 El. Chilipulver, 225 g Tomatensauce, 75 g Tomatenmark, 120 ml Rinderbrühe, 1 grüne Paprikaschote, geschnitten. **(mittlere u. U. strenge Stufe)**

Die Ananas abtropfen lassen und den Saft aufbewahren. Das Öl in einer großen Pfanne erhitzen und darin die Fleischwürfel kräftig anbräunen. Mit Knoblauchsalz und Salz und Pfeffer abschmecken. Zwiebel dazugeben und noch 1 Minute braten. Chilipulver darüber streuen. Tomatensauce, Tomatenmark, Ananassaft und Brühe hinzufügen und alles gut miteinander vermischen. Locker zudecken und 1 Stunde köcheln lassen. Ananas und Paprika dazugeben und noch 10 Minuten köcheln lassen. Heiß mit gekochtem Reis servieren. Reine Kochzeit: etwa 1 1/4 Stunden. Portionen: 6 (Rezept aus www.kochmix.de)

➡ **Hähnchen-Reis-Pfanne (für 2 Personen):** 2 Hähnchenbrustfilets,1 ½ Tassen Parboiled Reis, 2 Tomaten, 2-3 mittelgroße Paprika rot + gelb, 1 Zehe Knoblauch, 2 kleine Zwiebeln, Salz, Paprika rosenscharf, Oreganum, etwas Kokosfett. **(mittlere Stufe)**

Fleisch in Kokosfett anbraten. Zwiebeln kleinschneiden und dazugeben, dabei Reis kochen und Paprika zusammen mit Knoblauch kleinschneiden. Sind Fleisch und Zwiebeln leicht angebräunt, Paprika und Knoblauch dazugeben und garen. Tomaten schälen, kleinschneiden und ebenfalls dazugeben, 10 bis 12 Minuten bei kleiner Flamme köcheln lassen. Abgetropften Reis dazugeben und nach Belieben würzen.

Tip: Statt des Geflügels läßt sich auch Schweinefleisch nehmen.

Mein Lieblingsessen:

➡ **Massaman Curry thailändische Art (für 2 Personen):** 400 ml Kokosmilch, 200 ml Wasser, etwas Kokosfett, 200 g Hähnchenbrustfilet, 1 kl. grüne Paprika, 2 Lauchzwiebeln, 1 kl. Zucchini, ½ kleine Aubergine, ca. 50 g Cashewkerne, 1 Packung Nanjaj Brand Massaman Curry Paste (hat keine Konservierungsstoffe), 2 Tassen Basmati-Thai-Duftreis, Steinsalz + Pfeffer. **(mittlere Stufe)**

Fleisch kleinschneiden und im Kokosfett anbraten. Dabei Kokosmilch mit Wasser erhitzen, die Hälfte der Packung Currypaste dazugeben und mit dem Schneebesen auflösen. Nicht kochen lassen! Nacheinander das Gemüse kleinschneiden, Auberginen und Zucchini dabei würfeln, nacheinander mit den Cashewkernen zum Hähnchenfleisch geben und nur kurz anbraten, etwas Salz und Pfeffer (nicht viel!) dazugeben. Ist das Ganze angebraten, zur Kokosmilch dazugeben und ca. 10 Minuten auf kleiner Flamme durchgaren lassen (darf nur wenig aufwellen). Reis 12 Minuten kochen, abtropfen lassen und Curry zum Reis anrichten.

➡ **Dinkelnudeln mit Caponata di Melanzane:** 150 g Vollkornnudeln, 2 kleine Tomaten, ½ Aubergine geschält, 1 Karotte, 1 große Knoblauchzehe, 50 g Kräuteroliven, ½ kleine Zwiebel, 1 Prise Steinsalz, etwas grüner Pfeffer, Oreganum, Rosmarin, Paprika rosenscharf, 1 Schuß Obstessig, 1 Schuß Olivenöl. **(leichte Stufe)**

Olivenöl mit Zwiebeln und Knoblauch in einen Topf geben und leicht andünsten, anschließend die Tomaten schälen und kleinhacken, ebenso die Oliven, die Aubergine und die Karotte sehr fein hacken und nacheinander in den Topf geben. Mit Steinsalz, grünem Pfeffer, Oreganum, Rosmarin und Paprika abschmekken und bei geschlossenem Topf 10-12 Minuten ziehen lassen. Nudeln kochen. Die Caponata sehr heiß über die Nudeln geben.

Menüvorschläge für das Abendessen:

➡ **Pilzomelette mit Karotten-Bohnengemüse:** 120-150 g Champignons, 3 Eier, Steinsalz, Pfeffer, 2 mittelgroße Karotten, 100 g Bohnen, etwas Petersilie, 1 Frühlingszwiebel, 1 gehäufter Tl. Butterfett oder Kokosfett. **(strenge Stufe)**

Pilze in zerlassenem Fett anbraten, Karotten derweil in feine Scheiben schneiden, ebenso den Lauch. Eier schlagen und langsam zu den Pilzen geben, unter Rühren mit Salz, Pfeffer und Petersilie abschmecken. Das Gemüse (Karotten, Bohnen und Lauchzwiebel) in geschlossener Form bei kleiner Hitze 10 Minuten dünsten. Neben dem fertigen Omelette anrichten.

➡ **Lachsstreifen an Bio-Sahnemeerrettich (ungeschwefelt) mit Brokkoliröschen:** 4 Scheiben Lachs, 1 gehäufter Tl. Sahnemeerrettich, 150-200 g kleine Brokkoliröschen, 1 gestrichener El. Mandelblättchen, etwas Butter. **(strenge Stufe möglich)**

Den Brokkoli blanchieren oder kurz dünsten, so daß er zart, aber noch bißfest ist. Die Lachsscheiben rollen und neben dem Sahnemeerrettich anrichten. Den gedünsteten Brokkoli kurz in zerlassener Butter schwenken und anschließend mit den Mandelblättchen bestreuen.

➡ **Thunfisch auf Dinkelbrot:** 2 Scheiben Dinkelbrot, 80 g Thunfisch, 2 mittelgroße Tomaten, Steinsalz, Pfeffer und Oreganum. **(leichte und mittlere Stufe)**

Tomaten in Scheiben schneiden und nach Gusto würzen. Neben oder um das Dinkelbrot anrichten, das mit dem Thunfisch bedeckt wird.

Tip: Statt Fisch kann auch kalter Braten verwendet werden.

Wie Sie sehen, müssen Sie mit der Kaktus-Diät keinesfalls darben oder Verzicht üben. Auf der gut gemachten Seite www.kochmix.de finden Sie eine Fülle von Rezepten für nahezu jeden Anlaß, von deftig-bodenständig bis zur Haute Cuisine.

Vielleicht achten Sie noch zusätzlich auf Folgendes:

- Gegen **Rohkost** ist im Grunde genommen nichts einzuwenden. Manche Menschen haben aber einen sensiblen Verdauungstrakt, eine reduzierte Verdauungskraft (Enzymmangel) oder leiden an Darmträgheit, weswegen die Nahrung länger im Darm verweilt. Auf diese Menschen kann Rohkost, insbesondere rohes Obst, aber auch Gemüse und Salate reizend und sogar abführend (bei Darmträgheit) wirken. Ich würde empfehlen, abends ab 18 Uhr außer Tomaten nichts Rohes mehr zu verzehren und ansonsten wirklich sehr gut zu kauen, egal ob es sich um Salate, Gemüse oder Obst handelt.
- Aus biophysikalischer Sicht spricht einiges gegen die Mikrowelle. Verzichten Sie bitte darauf. Nehmen Sie sich wieder Zeit zum Zubereiten Ihrer Mahlzeiten. Dies ist auch eine Form von Kreativität. Sie gewinnen Zeit für die Zubereitung Ihres Essens, indem Sie weniger hektisch, fahrig und nervös wer-

den. Zeit ist kein Zeitproblem – wir haben heute mehr denn je! – sondern ein psychologisches!

- Der relativ hohe Anteil von Obst und Gemüse (Volumenanteil bei 40 bis 50 Prozent) und der im Gegenzug relativ geringe Anteil der sogenannten stärkereichen Kohlehydraten wie Kartoffeln, Getreide, Reis, Nudeln, Brot etc. hat etwas mit dem sogenannten „glykämischen Index" zu tun. Dieser Wert beschreibt, wie schnell sich der Verzehr eines Nahrungsmittels auf den Blutzuckerspiegel auswirkt.

Glykämischer Index, Glykämischer Wert, Glykämische Last

Der glykämische Index ist der Wert, der beschreibt, wie schnell ein bestimmtes Nahrungsmittel grundsätzlich in Zucker umgewandelt wird. Referenzwert ist der des Traubenzuckers mit 100. Der glykämische Wert hingegen beschreibt diese Größe, bezogen auf den reinen Zuckergehalt des Nahrungsmittels. Ananas beispielsweise hat sogar einen glykämischen Index von mehr als 100, aber der glykämische Wert wird vom Gesamtzuckergehalt bestimmt: Demzufolge ist der glykämische Wert von Ananas – gerechnet auf 100 Gramm – niedriger als der von Traubenzucker.

Die glykämische Last beschreibt den tatsächlichen Blutzuckeranstieg nach Genuß des Nahrungsmittels. 100 Milliliter Bier haben aufgrund der größeren Kohlehydratdichte eine höhere glykämische Last als 400 Gramm Karottengemüse.

Wo liegt das Problem?

Die Kohlehydrate, die eher langsam verstoffwechselt werden (diejenigen mit niedrigen glykämischen Indizes/Lasten), sind im Sinne der Wissenschaft vom dicken Fell von Vorteil, da Blutzuckerschwankungen vermindert und damit auch Schwankungen in Bezug auf Stimmung, Energie etc. reduziert werden. Wenn Sie viele stärkereiche Kohlehydrate zu sich nehmen, übrigens auch als kohlehydratorientierter Stoffwechseltyp, kann es sein, daß Sie mehr Eiweiß und Fett benötigen, um die Blutzuckerschwankungen abzumildern. Das führt zu einer größeren Kalorienzufuhr als für Sie von Vorteil wäre, schneller zu Heißhunger, Nervosität und Stimmungsschwankungen, aber auch zu Lethargie und Müdigkeit, selbst wenn die Ernährung an sich gesund ist.

Deswegen sollten Sie – egal wie streng Sie sich an die Prinzipien der Kaktus-Diät halten – den Anteil an Gemüsen, Blattsalaten und Obst (in dieser Reihenfolge) auf 40 bis 50 Prozent des Gesamtvolumens Ihrer Nahrungsmittel erhöhen (**nicht** der Gesamtkalorienzahl – das wäre ein aussichtsloses Unterfangen!). Die 40 bis 50 Prozent müssen auch nicht sklavisch bei jeder Mahlzeit eingehalten werden, die **Summe** sollte stimmen.

Sie können die Wirkung glykämischer Indizes und Lasten am besten anhand einer Testmahlzeit überprüfen. Dies gibt Aufschluß im Sinne der amerikanischen Ernährungswissenschaft **Metabolic Typing.**

	Eiweißorientiert		**Kohlehydratorientiert**	
Glyk. Index	hoch	niedrig	hoch	niedrig
Test-mahlzeit	Steak, gedünstete Karotten und Erbsen, weißer Reis, Nachtisch	Steak, Spargel, Blumenkohl, Sellerie, etwas Gerste dazu	Hühnerbrust, Folienkartoffeln, ged. Pastinake oder Kürbis, weißer Reis Nachtisch	Hühnerbrust, gedünstete Zucchini, Brokkoli, grüner Salat, Gerste
Gefühl/ Beobachtungen	weniger Energie	weniger Energie	weniger Energie	weniger Energie
	fühlt sich emotional nicht gut	fühlt sich emotional nicht gut	fühlt sich emotional nicht gut	fühlt sich emotional nicht gut
	Heißhunger auf Süßes	Heißhunger auf Süßes	Heißhunger auf Süßes	Heißhunger auf Süßes
	Durst	Durst	Durst	Durst
	Hunger	Hunger	Hunger	Hunger
	Müdigkeit/ Lethargie	Müdigkeit/ Lethargie	Müdigkeit/ Lethargie	Müdigkeit/ Lethargie
	Konzentration beeinträchtigt	Konzentration beeinträchtigt	Konzentration beeinträchtigt	Konzentration beeinträchtigt
	Reizbarkeit, innere Unruhe, dabei aber unterschwellig müde	Reizbarkeit, innere Unruhe, dabei aber unterschwellig müde	Reizbarkeit, innere Unruhe, dabei aber unterschwellig müde	Reizbarkeit, innere Unruhe, dabei aber unterschwellig müde

Beobachten Sie sich selbst im Zeitraum zwischen einer und drei Stunden nach der Mahlzeit. Wie geht es Ihnen? Wenn Sie bei der Mahlzeit mit dem hohen glykämischen Wert mehr von den in Zeile 4 genannten Symptome verspüren, wirken sich bei Ihnen Blutzuckerschwankungen stark auf autonomes Nervensystem, Stoffwechsel und Hormone aus. Sie können sich vorstellen, was dann jahrelange, stärkereiche Ernährung mit Ihrem Geist-Körper-Wirkkomplex anrichten kann! (Tabellen mit glykämischen Indizes finden Sie in einigen der im Literaturverzeichnis aufgelisteten Bücher!)

Nie wieder Zucker?

Sie fragen sich sicherlich, ob die Enthaltsamkeit bei Süßem nun für immer gilt. Klar, fast jeder nascht gern, das hängt natürlich auch mit den emotionalen Informationsgehalten zusammen, wobei „süß" auf psychischer Ebene für Belohnung steht oder auch für „Bekommen, ohne etwas zu tun", also bedingungslose Liebe. Wer möchte in diesem Sinne nicht gern „ins Paradies zurückkehren"?

Denken Sie daran, es geht darum, Sie auf allen Ebenen stabiler und robuster zu machen. Ist dieses Ziel erreicht, besteht keine Notwendigkeit mehr für weitere Maßnahmen. Die Diät wird Ihren Körper stärken, Ihre Emotionen und Ihren Geist aber ebenso. Wenn Sie dergestalt auf allen Ebenen arbeiten, wird nach einer Weile auf konkreter Ebene das Verlangen nach Süßem abnehmen und auf übertragener Ebene auch das Bedürfnis, sich für das „Durchstehen des Alltags" immer wieder zu belohnen, da die Alltagsbewältigung mit den in diesem Buch vorgeschlagenen Maßnahmen immer leichter fällt.

Mit der Diät wirken Sie ebenso auf die physische und die psychische Ebene ein wie mit den Mental-Übungen und den 7 goldenen Schlüsseln. Insofern dürfen Sie auch wieder naschen, wenn das Ziel erreicht ist. Sie werden nur kaum noch Verlangen danach haben. Überhaupt wird das Verlangen nach Sucht-, Reizstoffen und Genußmitteln abnehmen (und damit kann, flankiert von anderen Maßnahmen, eine Sucht leichter überwunden werden!).

Dieses Kapitel auf den Punkt gebracht:

- ➡ Die Diät im Sinne des Kaktus-Prinzips heißt nicht, daß Sie sich kasteien müssen.
- ➡ Achten Sie in der Praxis Ihrer täglichen Ernährung darauf, den glykämischen Wert nicht zu hoch werden zu lassen.
- ➡ Nehmen Sie sich wieder Zeit, Ihr Essen zuzubereiten. Zeitmangel ist fast nie ein Zeitproblem, sondern ein psychologisches!
- ➡ Achten Sie auf Ihren Stoffwechseltyp und die Eiweißmenge, die Sie zu sich nehmen. (Wenn Sie Probleme mit der Einordnung Ihres Stoffwechsels haben, lassen Sie sich von einem Arzt oder Heilpraktiker ein persönliches Ernährungsprofil erstellen.)
- ➡ Achten Sie bei der Feinabstimmung darauf, wie Sie sich ein bis drei Stunden nach der Mahlzeit fühlen, besonders emotional, mental und von Ihrem Energieniveau her.

18 Das Kaktus-Prinzip, Bewegung, Training und Sport

Vielleicht kommt Ihnen dieses Phänomen bekannt vor: Sie betreiben einen Sport, zu dem Sie aber wegen Ihres Tagesablaufs erst am Abend kommen. Nehmen wir ferner einmal an, dieser Sport verlangt Ihnen konditionell einiges ab. Dann gibt es sicherlich Tage, an denen Sie nach dem Training wie erschlagen sind und nur noch nach Hause möchten, um ins Bett zu fallen. Und dann liegen Sie da. Stundenlang wach. Das Herz hämmert in den Schläfen, Ihnen ist heiß. Sie finden einfach keine Ruhe. Obwohl das Training Sie wirklich ausgepowert hat und Sie, da waren Sie sich sicher, wirklich erschöpft waren, beispielsweise nach einem langen Squash- oder Fitneßtraining. Stimmt mit Ihnen etwas nicht, vor allem dann, wenn Sie abends zunehmend mehr Einschlafprobleme haben?

Dann gibt es wieder mal Tage, an denen Sie nicht das Gefühl haben, die Trainingsintensität hätte sich groß verändert, doch sie plumpsen am Abend wie ein Stein ins Bett, brauchen maximal 20 Sekunden zum Einschlafen und schlafen bis morgens durch.

Achten Sie einmal auf den Tagesablauf. Denn anstrengende sportliche Betätigung kann zwar Streßhormone abbauen, sie kann sie jedoch auch zunächst produzieren mit dem Effekt: entspannt zum Sport, aufgedreht wieder weg. Zugegebenermaßen kommt das eher selten vor, denn aufgedreht und angespannt sind die meisten von uns eher vor dem Sport. Doch wenn Sie dieses Phänomen schon einmal an sich beobachtet haben sollten, dann versuchen Sie sich zu erinnern, wie der Tagesablauf bei Ihnen ausgesehen hat.

Vielleicht ist es ganz einfach so, daß Sie bei Ihrem Training den „Punkt" nicht getroffen haben, was die Vermutung nahelegt, daß es in Bezug auf harte körperliche Tätigkeit für jeden Menschen individuell ein Optimum geben muß. Das heißt wiederum, es gibt ein Zuwenig, es scheint aber auch ein Zuviel zu geben.

Erinnern Sie sich noch an Kapitel 2? Darin habe ich beschrieben, daß der Sympathikusnerv, der Kampf-und-Flucht-Nerv, in Momenten von Schreck und Gefahr aktiviert wird und im Körper ein biochemisches Programm in Gang setzt, um dem Organismus zu mehr Kraftreserven zu verhelfen. Dieses Programm ist archaisch, es ist so alt wie die Menschheit, ja noch älter, denn auch die meisten Wirbeltiere verfügen über dieses Notfallprogramm bei Streß, etwa bei Gefahr durch einen Freßfeind. Das Programm war sinnvoll, erhöhte es doch für denjenigen, der sich in Gefahr begeben hatte, potentiell die Überlebenschancen.

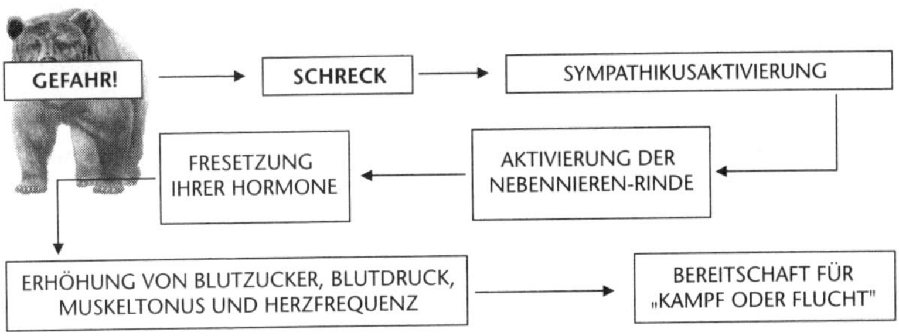

Abbildung 8. So werden über das Vegetativum zusätzliche Kräfte freigesetzt.

Heute hingegen erscheint dieses Notfallprogramm weniger sinnvoll, wenn man bedenkt, daß es zwar nach wie vor fleißig aktiviert wird, aber die damit freigewordene zusätzliche Kraft oder, wie der Physiker sagen würde: „potentielle Energie“ nicht mehr durch intensive Muskelarbeit abgebaut oder ganz physikalisch: in „kinetische Energie“ umgewandelt wird. Insofern scheint es sinnvoller zu sein, den angestauten Streß nach Feierabend in hartem, erschöpfendem körperlichen Training abzuarbeiten.

Aber wieviel Training ist gut? Muß es hartes Training sein, oder reicht leichte Bewegung? Oder besser: Wieviel hartes Training und wie lange, und wie sollte das Verhältnis zu moderater Bewegung sein?

Dazu müssen wir uns allerdings erst einmal fragen, was Bewegung im Sinne der Wissenschaft vom dicken Fell bewirken soll, denn hier geht es um mehr als um körperliche Fitneß, Ausdauer und Kraft. Im Sinne der körperlichen, mentalen und emotionalen Ausgeglichenheit soll Bewegung

a) die überschüssigen Kräfte eines durch Streß hyperaktiven Sympathikus freisetzen und so für Entspannung oder Aktivierung des Vagusnervs sorgen
b) das vegetative Nervensystem insgesamt so harmonisieren, daß stärkere Schwankungen allgemein abgemildert werden und sich so eine gewisse Resistenz gegen den meist psychisch bedingten Streß entwickelt.

Wenden wir uns Punkt a) zu. Das Optimum ist ebenso wie bei der Ernährung typabhängig. Verschiedene Typen benötigen verschiedene Intensität und Dauer harter, das heißt erschöpfender körperlicher Aktivität. Und um dieses Optimum ermitteln zu können, bedienen wir uns eines kleinen Tricks.

Wie jeder Typ zu seinem richtigen Bewegungsverhalten gelangt

- ➡ Kampf, Schreck oder Flucht? „Zuviel Sympathikus" beziehungsweise eine zu starke Aktivierung desselben kann im Sport kontraproduktiv sein. Das läßt sich beispielsweise beim Kampfsport beobachten. Für einen Anfänger stellt eine Wettkampfsituation einen enormen Streßfaktor dar. Und in dieser Situation, in der es zwar auf hellwache Aufmerksamkeit ankommt, aber eben auch auf blitzschnelle Reflexe, die eine muskuläre Lockerheit voraussetzen, geschieht das Gegenteil: Die Angst führt zur Verkrampfung! Jeder Boxtrainer kennt das Problem, seinem Schützling die Angst vor dem Kämpfen nehmen zu müssen.
- ➡ Wir haben bereits gelernt, daß Streß uns bis zu einem bestimmten Grad beflügelt, wird dieser Grad überschritten, lähmt er uns. Und dieser Grad ist – analog zu dem in den Kapiteln 4 und 5 Gesagten – individuell verschieden. Und genauso wie dem Novizen im sportlichen Wettkampf geht es uns auch außerhalb des Boxrings sehr häufig in stressigen Alltagssituationen.

Wie wir in Kapitel 5 festgestellt hatten, gelangt der sensible Zeitgenosse sehr viel schneller in die Di-Streß-Zone und ist dadurch in Streßsituationen auch sehr viel schneller „wie gelähmt", weswegen ich solchen Menschen von wettkampfmäßigen (Kampf)sportarten abrate. Auch adrenalinproduzierende Sportar-

Abbildung 9. Kung Fu: Kraft, Konzentration, Entspannung. Die Kampfkunst vermittelt nicht nur „äußerlich" ein dickes Fell! Hier der Autor beim Training.

ten, denen nach dem „Streßreiz" keine adäquate körperliche Verausgabung folgt, eignen sich nicht für sensible Menschen. Wildwasserrafting, Bungee-Jumping und Fallschirmspringen fallen also aus. Mentale Herausforderungen oder ein gewisses Risiko, auch von Schmerz und Verletzung, wie das beispielsweise beim Kampfsport der Fall ist, setzen eine lange Routine voraus und sind zur Gewinnung eines dicken Fells keinesfalls notwendig.

Sie haben von Ihrem Nervenkostüm her ein gewisses Ausgangsniveau, von dem aus Sie mit Hilfe von harten, aber kurzen Trainingseinheiten eine Entspannung und eine Wiederherstellung des optimalen Mittelmaßes erreichen – im Einzelfall daran zu merken, daß sie von einem Training entspannt nach Hause zurückkehren, jedoch nicht völlig erschöpft und auch nicht mit zusätzlicher Anspannung belastet. Das kann – um auf dieses Beispiel zurückzukommen – im Kampfsportbereich beispielsweise dann der Fall sein, wenn aus dem „Miteinander" beim Üben ein „Gegeneinander" wird und sich in einem unabgesprochenen Wettbewerb zur körperlichen Anstrengung zusätzlich die mentale Herausforderung gesellt, den Übungspartner „schlagen" zu müssen. Gerade am Anfang ist das kontraproduktiv und mit ein Grund dafür, warum viele Anfänger im Kampfsportbereich schnell entmutigt sind.

Daher noch einmal: Wenn Sie von sensibler Natur sind und einen Sport ausüben wollen: Finger weg von mentalen Herausforderungen und riskanten Sportarten! Beim Mannschaftssport auf Anfängerniveau werden Herausforderungen spielerisch betrachtet, daher sind sie besonders für sensible junge Menschen eine Möglichkeit, übertriebene Sensibilität abzubauen, wenn nur früh genug damit begonnen wird.

Was allerdings nicht heißt, daß Kampfsport – oder besser noch: Kampf*kunst* – nicht gut wäre. Beschränkt sich das Training auf das Erlernen der Technik, auf Lockerung und Kräftigung, zielt es auf das Miteinander ab und läuft ohne den Druck von Wettkampf und Risiko ab, gibt es fast nichts Besseres, um ein dickes Fell zu gewinnen! Das Wissen, sich selbst verteidigen zu können, verleiht der Seele einen „schwarzen Gürtel", wie bereits in Kapitel 1 dargestellt. Kampfkünste in diesem Sinne wären Aikido, Wing Chun und verschiedene Kung-Fu-Stile.

Anstrengende körperliche Aktivität – wie oft und wie lange?

„Der beste Sport ist der, den Sie ausüben“. Doch auch der beste Sport kann Ihnen schaden, wenn Sie zuviel und zu lange trainieren – ab einem bestimmten Maß sogar mehr, als überhaupt nicht zu trainieren. Wenn Sie die Faktoren allgemeine Fitneß, Kraft und Ausdauer an dieser Stelle einmal außer acht lassen: Was denken Sie, wie oft und wie lange Sie einen anstrengenden Sport ausüben müssen? Also zum Beispiel Sqash, High-Impact-Aerobic, schnelles Schwimmen, das Erklimmen eines Berges mit Fahrrad oder Sicherungsseil etc.

Meiner Erfahrung nach sind zwei Einheiten harten, körperlichen Trainings von einer halben Stunde pro Woche das Optimum im Sinne der Wissenschaft vom dicken Fell. Dazu gesellt sich die moderate Bewegung. Das „gute alte“ Spazierengehen ist in der Tat eine der effizientesten Möglichkeiten, das vegetative Nervensystem langfristig zu harmonisieren, natürlich beileibe nicht die einzige. Der intime Kontakt zur Natur, quasi die Rückverbindung mit ihr, bewirkt nicht nur durch moderate Bewegung und die beruhigende Umgebung eine Sympathikusberuhigung zu. Sie schafft zudem auch eine geistige Verbindung zu unseren Vorfahren, quasi eine Rückerinnerung an das Paradies, an Zeiten mithin, da wir noch alles der Natur entnommen und ihr nach Gebrauch auch zurückgegeben haben. Eine bestimmte Trendsportart treibt diesen Gedanken, wenn auch wahrscheinlich unfreiwillig, noch auf die Spitze.

Sicherlich hat sich Marko Kantaneva, der mutmaßliche „Erfinder“ der modernen Form des Pole Walkings, auch Nordic

Walking genannt, nichts dabei gedacht, erwachsene Männer und Frauen wieder in den Vierfüßlergang ihrer Urahnen zurückzukatapultieren, die auf diese Weise mühsam das wiedererlernen, was den Affenmenschen ein leichtes war. Was ursprünglich einmal als funktionelles Training für Beine und Oberkörper sowie als Sommertraining für Langläufer entwickelt wurde, ist heute, richtig angewandt, eine Rückbesinnung auf die moderate, aber andauernde Belastung unserer Vorfahren, bevor deren Wirbelsäule sich aufrichtete – ein Training, das wirklich den ganzen Körper effektiv trainiert und dabei noch das vegetative Nervensystem harmonisiert.

Daß ich persönlich nicht unbedingt ein Freund des Nordic Walking bin, hat nichts mit der Sportart an sich zu tun. Es liegt vielmehr daran, daß entweder eine vernünftige Anleitung Mangelware ist oder aber daran, daß viele, die diesen Sport praktizieren, offensichtlich der Meinung sind, man würde einfach nur mit zwei Stöcken durch die Gegend laufen. Viele Fälle von Wirbelsäulenblockaden, besonders im oberen Brustwirbelbereich, lassen sich auf unsachgemäßes Nordic Walking zurückführen, wobei auch hier einmal mehr der Spruch angebracht ist: „Das Gegenteil von gut ist gut gemeint!“

Wenn Sie diesen vernünftigen Sport ausüben wollen, lassen Sie sich bitte vorher um Gotteswillen richtig anleiten! Denken Sie daran: Es ist schon eine ganze Weile her, seit wir uns das letzte Mal als Erwachsene auf vier „Füßen“ fortbewegt haben: entwicklungsgeschichtlich eine knappe dreiviertel Million Jahre. In Ihrem Leben dauerte es 12 bis 14 Monate, bis Sie richtig auf zwei Beinen laufen konnten.

➡ Eine simple Übung, aber pfiffig und wirkungsvoll!

Zurück zum Laufen auf zwei Beinen: Natürlich ist auch das normale Spazierengehen wunderbar dazu geeignet, Streß, innere Unruhe und Spannungen abzubauen. Diesen Spannungsabbau kann man noch mit einer Übung vertiefen, die ein wenig meditativen Charakter hat: Am Grund eines Hanges, der vielleicht für 300, besser 500 Meter sanft bergan führt, bleiben Sie stehen und prägen sich den Verlauf des Weges für einige Minuten ein. Dann drehen Sie sich um und gehen langsam, Schritt für Schritt und vor allem bewußt den Hang rückwärts nach oben. Der Weg sollte aber wirklich bergan führen! Wenn Sie dies konsequent tun (Sie dürfen zwischendrin stehenbleiben, sich aber keinesfalls umdrehen!), werden Sie einiges an sich feststellen:

- Sie müssen auf Ihre Schritte achten, da es ungewohnt ist. D. h. Ihre Gedanken können nicht abschweifen.
- Da es ungewohnt ist, so zu laufen, vor allem bergan, setzen Sie Ihre Beinmuskeln wesentlich bewußter ein.
- Sie laufen bewußt sehr gerade, d. h. nicht mit abgespreizten Füßen, und drücken sich mit den Wadenmuskeln ab. Damit helfen Sie Ihren Kniegelenken enorm!
- Sie müssen Ihrem Schritt vertrauen und gleichzeitig ein Gespür für den nächsten Schritt entwickeln. Das geschieht auf einer sehr subtilen Ebene. Ihr Stammhirn (Sitz der Reflexe) und die motorischen Nerven kommunizieren viel lebhafter miteinander.
- Dadurch, daß es nach hinten bergauf geht, stabilisieren Sie sich fortwährend selbst mit Hüfte und Fußgelenken. Das vermittelt Vertrauen.

Was geschehen ist: Sie haben den Prozeß des Gehens, der ja jedem gesunden Menschen in Fleisch und Blut übergeht, entautomatisiert. Im Zen-Buddhismus wird das Entautomatisieren eines bestimmten Bewegungs- und Verhaltensablauf als Übung genutzt, um meditativ zu werden oder aber bestimmte Süchte zu überwinden. Was Sie hier tun, ist nichts anderes als eine Gehmeditation, die Ihnen dabei hilft, sich selbst zu vertrauen!

Last but not least: Wenn Sie zu diesen beiden Möglichkeiten, sich körperlich zu bewegen, noch Yoga, Pilates, aktives oder stilles Qi Gong hinzunehmen wollen: Dagegen gibt es bei keinem Typ etwas einzuwenden! Wichtig ist nur die richtige Ausführung unter fachkundiger Anleitung. Wenn Sie insbesondere beim Yoga wirklich in die Tiefe gehen wollen, müssen Sie sich – genau wie bei der Kampfkunst – einige Jahre mit der Materie auseinandersetzen!

Dieses Kapitel auf den Punkt gebracht:

- ➡ Wenn Sie abends hart trainieren, kann es sein, daß Sie einmal völlig entspannt, ein anderes Mal aufgedreht sind, so daß Sie Stunden zum Einschlafen benötigen. Dies hängt davon ab, ob Sie den „Punkt“ treffen.
- ➡ Die Sympathikusaktivierung ist ein archaisches Programm, sozusagen der Kampf- und Fluchthelfer bei Gefahr. Trotz veränderter Lebensumstände tritt es in Streßsituationen auch heute noch auf den Plan, auch wenn diese rein mentaler Natur sind.
- ➡ Zwei Arten von Bewegung sind für jeden Typ wichtig: kurze, harte Trainingseinheiten (Krafttraining, Squash,

Kampfsport, Sprints etc.) zum Abbau von Spannungsspitzen sowie moderate, lange Bewegung wie Spazierengehen zur Harmonisierung des autonomen Nervensystems. Wobei Sie allerdings vom „harten“ Training nicht viel benötigen, um eine Harmonisierung des Vegetativums zu erreichen.

➡ Kampfkunst verleiht durch Training Sicherheit auch im Sinne eines dicken Fells, wohingegen Wettkampfsituationen gerade in diesem Bereich problematisch sein können. Solchen Herausforderungen sollten Sie sich nur aussetzen, wenn Sie von Natur aus oder durch langes Anwenden des Kaktusprinzips über ein dickes Fell verfügen!

19 Das Kaktus-Prinzip und Süchte

(Alkohol, Rauchen, Naschen)

Das wird ein kurzes Kapitel, denn wenn Sie das Buch bis hierher gelesen haben, verstehen Sie die Prinzipien, die hinter einer Sucht stehen, und die, welche sie beenden können.

Alkoholkonsum und Rauchen gelten heute als gesellschaftlich anerkannte Süchte. Mit dem Konsum von Süßwaren, gemeinhin als Naschen bekannt, tut man sich diesbezüglich noch schwer. Was aber daran liegt, daß Naschen ja auch etwas mit Essen zu tun hat und Essen zum Überleben notwendig ist. Doch eigentlich ist auch die Nascherei ab einem bestimmten Grad eine Sucht, und alle drei Süchte haben eins gemeinsam: Sie dämpfen die Sympathikusreaktion im Körper.

Natürlich, es ist naheliegend: Wenn wir nervös sind, greifen wir zur Zigarette. Wenn wir uns entspannen wollen, greifen wir zum Alkohol. Und wenn wir nervös sind und uns entspannen wollen, tun wir...

...aber das können Sie sich jetzt bereits denken. So weit, so schlecht. Alle drei Süchte haben noch eine weitere Gemeinsamkeit: Es ist äußerst schwer, sie wieder loszuwerden. Essen Sie leckeres Naschwerk (aber abwechslungsreich, nicht immer dasselbe!), und Sie werden nach einigen Wochen feststellen, daß Sie ein „Zuckerjunkie" geworden sind.

Wissen Sie, warum Raucher, die sich entwöhnt haben, zunehmen? Weil sie naschen. Sie sind ihre Sucht gar nicht losgeworden, sie haben sie nur verlagert. Und das ist das eigentliche Problem mit diesen Süchten. Selbst wenn Sie naturheilkundliche Therapien wie etwa eine Akupunktur zur Raucherentwöhnung in Betracht ziehen, müßte eine solche Therapie Ihre vegetativen Zentren dauerhaft so „umbauen", daß der Griff zum Suchtstoff ganz einfach überflüssig gemacht wird. Akupunktur wirkt zwar tiefgehend auf das Zentrum des vegetativen Nervensystems, aber nicht auf Dauer. Genauso wie Positives Denken eine kurzfristige Welle von Optimismus herbeiführen kann, vermag beispielsweise Akupunktur ein kurzes „Umschalten" des vegetativen Nervensystems zu bewirken. Zwar kann dieser Effekt zusammen mit dem festen Vorsatz der Rauchentwöhnung tatsächlich unterstützend genutzt werden, doch bald meldet sich das gereizte Nervenkostüm zurück und die Sucht wird verlagert. Das ist mit Alkohol nicht viel anders und mit dem Naschen auch nicht.

Um ehrlich zu sein: Im Gegensatz zu vielen Therapeuten halte ich nichts von der abrupten Entwöhnung von einem Suchtstoff. Das vegetative Nervensystem ist dafür viel zu stabil und läßt sich nicht mit einigen Handgriffen (Nadelstichen) manipulieren. Sie müssen zunächst das vegetative Nervensystem harmonisieren, bevor Sie eine Suchtentwöhnung angehen. Mit Hilfe der in diesem Buch beschriebenen 7 goldenen Schlüssel, der Ernährungs- und Bewegungstips können Sie in einigen Monaten so weit zu einem harmonischen Stoffwechsel gelangen, daß spontane oder ungewollte Sympathikusreaktionen, sprich: Anflüge von Nervosität oder Kribbeligkeit seltener und schwächer werden.

Und wenn Sie sich wirklich punktgenau an die Vorgaben bei den 7 goldenen Schlüsseln sowie bei den Richtlinien für Ernährung und Bewegung halten, werden Sie schon nach einigen Wochen feststellen, daß Lust auf Alkohol oder Zigaretten oder die Lust zu naschen nachlassen. Daran bemerken Sie, daß Sie auf natürliche Weise zu einem dickeren Fell gelangen. Viele Raucher sowie Menschen, die regelmäßig Alkohol trinken oder viel Süßes konsumieren, haben sich sozusagen ein „künstliches" dickes Fell zugelegt, mit dem es aber nicht allzu weit her ist, falls diese drei „Drogen" einmal nicht zur Verfügung stehen. Eine Schildkröte **hat** bereits einen Panzer und muß nicht noch einen (künstlichen) mit sich herumtragen. Wenn Sie es bisher nicht geschafft haben, sich von oben genannten Süchten zu trennen, dies aber gerne tun würden, dann versuchen Sie bitte einmal Folgendes:

- Beherzigen Sie die 7 goldenen Schlüssel des Kaktus-Prinzips und bauen Sie diese fest in Ihren Tagesplan ein.
- Stellen Sie Ihre Ernährung gemäß Kapitel 16 um.
- Bewegen Sie sich entsprechend meiner Empfehlungen in Kapitel 18.
- Bei Lust auf eine Zigarette: Atmen Sie langsamer, bewußter und tiefer (aktiviert den Vagusnerv!). Zählen Sie die Atemzüge.
- Bei Lust auf Süßes: Erhöhen Sie den Eiweißanteil in Ihrer Ernährung und nehmen Sie etwas mehr Fett zu sich, so daß Sie länger satt bleiben. Trinken Sie keine Fruchtsäfte oder Limonaden/Colas/Energydrinks etc. Bei Lust auf Alkohol: Bedie-

nen Sie sich der „persönlichen Gummizelle“ und lassen Sie sich nach der Schlagübung total in die Entspannung hineinfallen.

- Bei allen sonstigen „Suchtgelüsten“: Machen Sie nervenentspannende „Fernreisen“ mit APD.
- Trinken Sie nichts zum Essen, schon gar nicht Kaffee, reduzieren Sie insgesamt Ihren Kaffeeverbrauch oder meiden Sie Kaffee ganz.
- Läßt sich der Griff zum Suchtstoff nicht vermeiden, so entautomatisieren Sie sich. Tun Sie jeden Schritt, den Griff zur Zigarette, das Anzünden etc. sehr bewußt, entsprechend auch beim Naschen.

Sie werden binnen einiger Wochen, längstens zwei bis drei Monaten feststellen, daß das Verlangen nach dem Suchtstoff *natürlicherweise* nachläßt. Wenn Sie dies spüren, ist der Zeitpunkt gekommen, die Sucht quasi „mit einem Paukenschlag“ aufzugeben, beispielsweise mittels einer Therapie wie Akupunktur. In dieser Zeit hat sich das vegetative Nervensystem natürlicherweise so weit harmonisiert, daß die Sucht nicht durch eine andere ersetzt wird! Denken Sie auch an den 6. goldenen Schlüssel: Nehmen Sie sich für alles, was Sie für sich selbst tun, Zeit. Denn die Dinge haben und brauchen ihre Zeit. Dazu gehört auch das Aufgeben schlechter Gewohnheiten!

Ich denke, ich bin Ihnen noch eine Erklärung schuldig: Das Beenden einer Sucht – etwa mit Hilfe der Wissenschaft vom dicken Fell – ergibt sich aus einem besonderen Grund viel natürlicher als beim Aufhörenwollen nach gefaßtem Entschluß. Lesen Sie noch einmal Kapitel 4 nach, und zwar die Passage, die beschreibt, wie sich ein Mensch mit einem sehr sensiblen Grundcharakter vor einer Prüfung selbst unter Druck setzt. Das geschieht auch, wenn man sich eine Sucht abgewöhnen will: Es kommt ein Streßfaktor dazu, der ausreicht, einen „Di-Streß-Reiz" zu verstärken oder einen Eu-Streß-Reiz erst in einen Di-Streß-Reiz umzuwandeln, womit allerdings der Sympathikus noch stärker aktiviert wird. Man wird noch nervöser. Nun fehlt aber zusätzlich noch der Suchtstoff, der ja eine Sympathikusreaktion dämpft. Hier addieren sich zwei Kräfte auf: die latente Sympathikusreaktion durch den Vorsatz der Suchtaufgabe, die Streß bereitet, plus die Sympathikusverstärkung durch den Wegfall des Suchtstoffes, die zusätzlichen Streß bereitet. Graphisch sieht das etwa so aus:

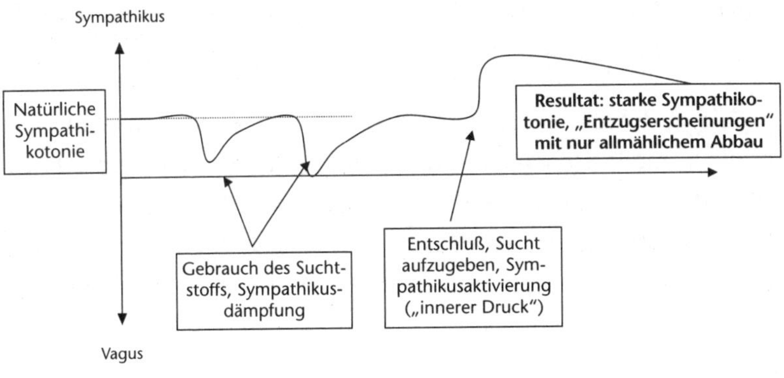

Abbildung 10. Das vegetative Nervensystem und Suchtmittelmißbrauch: Wird der Suchtstoff ohne flankierende Maßnahmen entzogen, kommt es zu psychischen Symptomen wie Zittern, innere Unruhe, Verspannungen, wie sie auch durch starke Sympathikusreizung ausgelöst werden.

Und so sieht das Ganze bei konsequenter Anwendung der Wissenschaft vom dicken Fell aus:

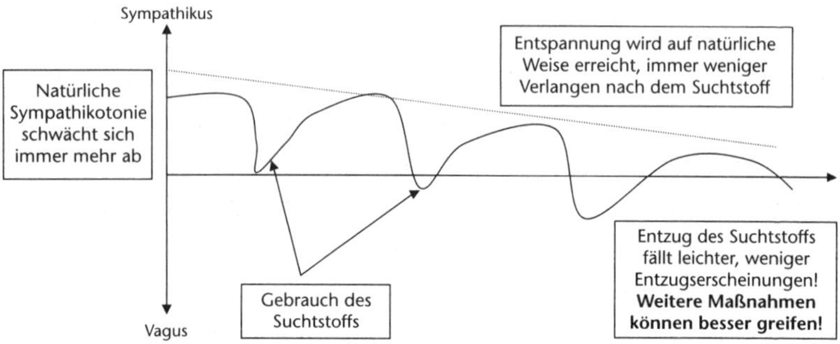

Abbildung 11. Bessere Aussichten auf Heilung von einer Sucht hat, wer vor dem Entzug daran geht, sein Vegetativum zu harmonisieren. Dann können Maßnahmen wie beispielsweise Akupunktur bei einer Raucherentwöhnung besser greifen

Ich will nicht behaupten, daß das Aufgeben von Rauchen, Trinken und Naschen mit Hilfe des Kaktus-Prinzips ein Klacks wäre, dazu spielen zu viele andere Faktoren mit hinein. Doch über den entscheidenden Faktor, den Einfluß des vegetativen Nervensystems (und wiederum dessen Einfluß auf den Hormonhaushalt) bzw. dessen Harmonisierung fällt das Aufgeben langwieriger Süchte mit Hilfe anderer Maßnahmen (wie Akupunktur) bedeutend leichter! Allerdings, und das muß auch dazu gesagt werden, können diese Süchte durch die Anwendung der Wissenschaft vom dicken Fell *allein* so gut wie nie dauerhaft durchbrochen werden.

Doch um das Vegetativum zu harmonisieren, gibt es noch eine weitere unschätzbare Hilfe, die allerdings auch ihre Zeit braucht, um zu wirken. Diese Hilfe stelle ich Ihnen im letzten Kapitel vor.

Dieses Kapitel auf den Punkt gebracht:

- Naschen, Rauchen und Alkoholgenuß sind sich als Süchte sehr ähnlich: Sie dämpfen eine Sympathikusreaktion und wirken so „entspannend".
- Vor allem sensible, nervöse Naturen, die schnell unter Streß leiden, greifen gerne zu Süßem, um ihre Nervosität zu beruhigen.
- Mit den Schlüsseln, den Übungen und der Ernährungsumstellung gemäß des Kaktus-Prinzips alleine sind Sie zwar nicht in der Lage, Ihr Verlangen, also die Sucht, zu durchbrechen, aber immerhin dazu, Ihr vegetatives Nervensystem so weit auszugleichen, daß andere (therapeutische) Maßnahmen zur Suchtentwöhnung besser greifen können.

20 Bewährte Helferlein aus dem Reich der Homöopathie

Als Heilpraktiker habe ich es oft mit „dünnhäutigen" Menschen zu tun, die zu Nervosität, innerer Unruhe und Schlafstörungen neigen. Häufig greifen sie zu leichten, pflanzlichen, „natürlichen Beruhigungsmitteln" wie etwa Baldrian oder Melisse, die allerdings nicht bei allen die gewünschte Wirkung erzielen. Ja es gibt sogar Menschen, die auf die Einnahme eines pflanzlichen Beruhigungsmittels mit gesteigerter Nervosität und Unruhe reagieren und erst recht nicht zu ihrem wohlverdienten Schlaf kommen.

Wenn Sie etwas Grundlegendes gegen diese Symptome und darüber hinaus noch gegen Prüfungsangst, Heißhungerattacken, allerlei psychosomatische Beschwerden, aber auch Selbstzweifel unternehmen wollen, kommen Sie nicht umhin, das Problem individuell über Ihr vegetatives Nervensystems und Ihren Stoffwechsel anzugehen. Wobei die gründliche Harmonisierung und Sanierung einem Therapeuten vorbehalten bleiben sollte. Allerdings läßt sich im Falle vegetativer Reizung und Erschöpfung bereits mit drei Substanzen, genauer gesagt Mineralsalzen, in moderater homöopathischer Potenz einiges im Organismus harmonisieren. Diese drei Salze, die Sie auch dabei unterstützen können, die im vorangegangenen Kapitel angesprochenen Süchte aufzugeben, möchte ich Ihnen in diesem letzten Kapitel vorstellen.

Magnesium phosphoricum (Schüsslersalz Nr. 7)

Dieses Magnesiumsalz ist in der Biochemie nach Schüssler eines der am häufigsten angewandten therapeutischen Salze. Es eignet sich als Heilmittel bei allen **akuten** nervösen Symptomen. Alles an diesem Salz ist akut, sämtliche körperlichen Symptome, die sich in plötzlich kommenden und gehenden, häufig wechselnden Beschwerden äußern – von Krämpfen oder stechenden Schmerzen über plötzliche Heißhungerattacken auf Zucker und Schokolade bis hin zu Prüfungsangst und Nervosität.

Hektik und inneres Getriebensein ist eine typische Indikation für dieses Mittel, wobei dieser Überdrehtheit und Gereiztheit unterschwellig eine tiefe Erschöpfung zugrunde liegt. Eigentlich ist man müde, aber die vegetative Reizung überlagert diese Müdigkeit, so daß es sogar zu Schlafstörungen kommen kann. Die Qualität des Aufgedrehtseins ist nicht die hellwacher, in sich ruhender Aufmerksamkeit, sondern ist mehr wie eine innere Verspannung oder Verkrampfung. Um diesen Zustand wenigstens gelegentlich abzumildern, signalisiert der Körper Heißhunger auf Süßes.

Der Sympathikotoniker hat in seinem Stoffwechsel zwei Probleme mit dem Zuckerhaushalt. Auf der einen Seite ist der Blutzuckerspiegel permanent zu hoch, auf der anderen Seite jedoch sind die Zellen unzureichend mit Energie versorgt, es ist zu wenig Brennmaterial für die Glykolyse vorhanden, da die Bauchspeicheldrüse – wie alle Verdauungsorgane – relativ schwach ist und wenig Insulin zur Verwertung des Zuckers zur Verfügung stellt. Das bedeutet, daß Süßes und Zucker zwar die Energie steigern, gleichzeitig aber den vagotonen Zweig des autonomen Nervensystems stärken. Das Magnesiumsalz Magnesium phosphoricum setzt vornehmlich bei der Energieversorgung in der Zelle an und dämpft deswegen mittelfristig die Lust auf Süßes. Energie wird gleichmäßiger bereitgestellt, Schwankungen im Energiehaushalt nehmen ab, man wird allgemein ruhiger, dabei aber leistungsfähiger, ja „zentrierter". Es wirkt weniger auf den Blutzuckerspiegel *an sich* ein, das entspricht eher der Hauptwirkungsrichtung des dritten Salzes Zincum metallicum.

Die tiefgehende, unterschwellige Müdigkeit einer Person, die Magnesium phosphoricum benötigt, zeigt sich oft erst nach einer Phase längerer Ruhe, zum Beispiel im Urlaub. Typischerweise entspricht die Indikation des Salzes dem gereizten, gestreßten Manager, der immer weitermacht und viele Dinge auf einmal unter einen Hut zu bringen versucht, als ob jemand hinter ihm stünde und ihn unermüdlich antriebe.

Auch wenn Überforderung vorliegt oder man den Eindruck macht, wie fremdgesteuert zu sein, kann es zu dieser Rastlosigkeit kommen. Ein Beispiel hierfür wäre, Medizin zu studieren, weil die Eltern von einem erwarten, Arzt zu werden, obwohl man eigentlich lieber etwas ganz anderes tun würde, doch man läßt dies nicht zu aus Angst, sich den eigenen Wünschen zu stellen (besonders vor anderen). Nun drückt der Prüfungsstreß ganz gehörig, man setzt sich selbst unter Druck und wird von außen ebenso unter Druck gesetzt bzw. läßt sich unter Druck setzen.

Schauen wir uns die emotionalen Informationsgehalte an: Heißhunger auf Süßes hat etwas mit Anerkennung, Freundschaft, Zärtlichkeit und Liebe zu tun. Und „süß" ist komplementär zu „bitter", zur „bitteren Pille", die man schlucken muß, weil man einen Weg eingeschlagen hat, der nicht dem innersten Wesen entspricht. Dann verzettelt man sich auf diesem Weg auch noch, was zur beschriebenen Unruhe führt.

Fragt man einen Magnesium-phosphoricum-Typ, der sich wieder einmal hektisch in Arbeit vergräbt, was er jetzt eigentlich machen möchte, sagt er einem: „Meine Arbeit endlich zu Ende bringen ..." Er führt diesen Satz nicht zu Ende, deswegen werde ich es tun: „... damit ich mich endlich auf eine einsame Insel zurückziehen kann und meine Ruhe habe!" Dieser Typ stürzt sich zwar in Arbeit, aber die Arbeit wird zum Selbstzweck, zu einer Leistung, bei der man „sich selbst übertrifft". Doch er tut es ohne innere Beteiligung. Auf diese Weise kann zwar eine sachlich gute Leistung zustandekommen, in jedem Fall wird ihr jedoch das Herz fehlen.

Denken Sie an Kapitel 5 zurück: Es gibt den objektiven Druck von außen (beispielsweise eine Frist, bis zu der bestimmte Dinge zu erledigen sind) und den subjektiven Druck, unter den wir uns selbst setzen. Dieser wird umso größer sein, je weniger das, was wir tun, unserer inneren Wirklichkeit entspricht.

Ein weiteres Indikationscharakteristikum von Magnesium phosphoricum sind die Symptom-Schwankungen. Überdrehtheit und Erschöpfung folgen einander (richtiger: sie überlagern sich). Das Schüssler Salz Nr. 7 kann diese Erscheinungen abmildern. **Nehmen sie Magnesium phosphoricum, beispielsweise als Schüsslersalz,**

- wenn Sie das Gefühl haben, daß die Arbeit wie eine Welle über Ihnen zusammenschlägt,
- wenn Sie alle Zeichen von Aufgedrehtheit und innerer Unruhe zeigen, gleichzeitig jedoch eine tiefe Erschöpfung verspüren, aber dennoch keine Erholung etwa durch Schlaf finden,

- wenn Sie leicht erröten,
- wenn Sie Juckreiz quält, etwa auf der Kopfhaut,
- wenn Sie Heißhunger auf Süßes und Schokolade haben,
- wenn Sie zu Verkrampfungen, etwa im Schulterbereich, in Beinen und Waden neigen
- im Akutfall bei Hexenschuß und Koliken,
- bei Angst vor öffentlichen Auftritten, Prüfungen, Referaten, Reden etc.,
- bei Schreckhaftigkeit, beispielsweise durch Berührungen,
- bei Erfolgsdruck,
- bei einem Gefühl von Minderwertigkeit,
- wenn Sie Elektrosmog ausgesetzt sind,
- wenn Wärme oder ein Zusammenkrümmen (Embryohaltung) alle Beschwerden bessern.

In der Schüsslerschen Darreichungsform nehmen Sie dreimal täglich zwei Tabletten Magnesium Phosphoricum D6 oder im Akutfall jede halbe Stunde eine Tablette. Bei Krämpfen, Koliken und Hexenschuß empfiehlt sich außerdem die Darreichungsform der „heißen 7“, bei der zehn Tabletten des Mineralsalzes in einer Tasse heißem Wasser aufgelöst werden. Trinken Sie davon alle 10 Minuten einen Teelöffel.

Kalium phosphoricum (Schüsslersalz Nr. 5)

Kalium phosphoricum, ebenfalls in der Schüsslerschen Biochemie eingesetzt, ist von seiner Indikation her dem Magnesium phosphoricum nicht unähnlich, zielt aber mehr auf **chronische** Zustände ab. Das heißt, die Sympathikusreizung ist weiter fortgeschritten und chronisch, die oben skizzierte Erschöpfung ist nicht mehr nur unterschwellig, sondern macht sich in handfesten physischen und emotionalen/mentalen Symptomen bemerkbar, z. B. in einer Schwächung der Verdauungskraft und der Eiweißverwertung. Dies kann sich in Form eines ständigen Hungergefühls äußern, das allerdings nicht so stark ausgeprägt ist wie die Heißhungerattacken bei einem Menschen, der Magnesium phosphoricum benötigt, und der Hunger tritt zudem kontinuierlich auf. Auch können die Magen-Darm-Schleimhäute erschöpft sein, so daß es zu einem Reizdarm (psychisch bedingte Durchfälle) oder gar zu einer Colitis mucosa (unspezifische Darmschleimhautentzündung) kommen kann. Die Phasen von Schwäche und Erschöpfung gehen ferner meist mit einer Depression einher. Im Gegensatz zu Magnesium phosphoricum, wo die Erschöpfung erst nach längerer Ruhephase richtig bewußt wird, ist sie bei der Indikation für Kalium phosphoricum als Grundzustand vorhanden und wird unter starker Dauerbelastung mehr und mehr unbewußt. Kalium phosphoricum ist das „Danach-Mittel", also dann angezeigt, wenn man eine lange Phase körperlicher oder geistiger Belastung hinter sich gebracht hat, auch z. B. bei einer Krankheit. Beide Mittel sind bei Nervosität angezeigt, bei Kalium ist der Sympathikusnerv jedoch bereits erschöpft.

Nehmen Sie Kalium phosphoricum, beispielsweise als Schüsslersalz,

- wenn Sie nervös sind, aber unter Belastung körperlich und geistig schnell ermüden,
- wenn Sie in den Phasen der Erschöpfung auch noch niedergeschlagen, weinerlich, traurig oder depressiv sind,

- wenn Sie ständig Appetit haben, sogar nach einer vollen Mahlzeit noch weiteressen könnten,
- wenn sich Ihr Zustand nichtsdestotrotz durch Essen eher verschlechtert,
- wenn Sie graue, eingefallene Schläfen haben (Zeichen vegetativer Erschöpfung),
- wenn Kälte und Anstrengungen Ihnen nicht gut tun, vor allem morgens,
- wenn Sie das Gefühl haben, über längere Zeit Raubbau an Ihren eigenen Kräften betrieben zu haben,
- wenn Ruhe Ihnen gut tut (im Gegensatz zu Magnesium phosphoricum hilft Ihnen eine Auszeit von Anfang an!),
- nach langen Krankheiten zur Regeneration von Zellen, Muskeln und Nerven,
- bei Angst vor großen Menschenmengen (Platzangst),
- wenn Sie nervös, reizbar und hektisch sind und das Gefühl haben, als betätige irgend jemand bei Ihnen in unregelmäßigen Abständen einen Knopf mit der Aufschrift AUS, und Sie fallen in ein tiefes Loch der Erschöpfung und Depression.

Die Darreichungsform ist die gleiche wie bei Magnesium phosphoricum, nur die „heiße 7“ als gesonderte Darreichungsform entfällt, denn Kalium phosphoricum ist kein Akutmittel. Das Salz gibt es in der Schüsslerschen Biochemie als die „Nr. 5“.

Zincum metallicum

Dies ist das dritte große Mineralsalz bei übersteigerter Nervosität und vegetativen Beschwerden im Sinne eines dünnen Fells, das

Sie in homöopathischer Aufbereitung einnehmen können. Von seiner Indikationscharakteristik her ist es dem Kalium phosphoricum recht ähnlich, allerdings ist der Prozeß vegetativer Erschöpfung hier noch weiter fortgeschritten, der Stoffwechsel scheint regelrecht gelähmt zu sein. Müdigkeit, Kopfmüdigkeit, nervöse Abgespanntheit, aber auch Unruhe und Rastlosigkeit sind ähnliche Symptome, wie sie bei der Indikation für Kalium phosphoricum auftreten. Anders ist hingegen, daß sich sämtliche Symptome durch Bewegung und Aufenthalt im Freien bessern und Ruhe den Zustand nur noch verschlechtert. Am stärksten treten die Symptome nach dem Mittagessen sowie abends in Erscheinung. Wer also abends zusammenklappt, wem es im Urlaub eher schlechter geht, der benötigt Zincum metallicum; wer morgens mit sich zu kämpfen hat und sich im Urlaub erholt, braucht eher Kalium phosphoricum.

Auch für die Indikation von Zinksalzen (Zincum chloratum, die Nr. 21 unter den Schüssler Salzen, ist ein weiteres) ist das Symptom Sympathikotonie. In der Diabetes-Therapie wird Zink als Hilfsmittel zur Senkung des Blutzuckers eingesetzt, zudem ist es auch ein Nervenmittel. Da Sympathikotoniker zu einem hohen Blutzuckerspiegel und einer schwachen Insulinproduktion neigen, kann man davon ausgehen, daß Zinkmangel die Sympathikotonie noch steigert, während Zinkzufuhr den Vagus, den Gegenspieler des Sympathikus, stärkt und gleichzeitig den Sympathikus schwächt. Da die Sympathikotonie bereits sehr lange besteht, sind die körpereigenen Zinkreserven völlig aufgezehrt.

Zink wird auch bei vielen Verdauungskrankheiten, besonders bei chronisch-entzündlichen Darmerkrankungen als Nahrungsergänzungsmittel eingesetzt. Begünstigt werden solche Erkrankungen durch eine lange Phase von innerem und äußerem Druck oder Streß, welcher durch eine entsprechende Reizung des Sympathikus die Verdauungskraft schwächt. Durch fehlende Enzyme wird eine Veränderung des Darmmilieus begünstigt. Ist der Sympathikus komplett erschöpft, wird dadurch zwangsläufig sein Gegenspieler, der Vagus dominant. Dieser regt das Immunsystem an, wobei die gesteigerte Immunkraft auf ein verändertes Darmmilieu trifft. Der Kampf kann beginnen, eine Entzündung stellt sich ein. Das Ergebnis ist im Falle dieses Falles eine chronisch-entzündliche Darmerkrankung (mehr hierzu finden Sie in meinem ersten Buch über Morbus Crohn).

In der homöopathischen Therapie wird Zincum metallicum bei Wechsel zwischen Durchfällen und Verstopfung eingesetzt, ferner auch bei starken Blähungen und Krämpfen sowie bei Brennen und Juckreiz im After, wie dies häufig bei Befall mit Candida-Pilzen auftritt. Die Schwächung der Verdauungskraft bei totaler vegetativer Erschöpfung sollte daher eine der Indikationen sein, dieses Mittel langfristig in der Therapie anzuwenden.

Ein weiteres sicheres Zeichen dafür, Zincum metallicum einzusetzen, ist ein generelles Bedürfnis nach einer Rückverbindung zur Natur. Was die Ernährung betrifft, besteht interessanterweise – ganz im Gegensatz zu den Menschen mit einer Indikation für Magnesium phosphoricum – eine Abneigung gegen Süßes (!), gegen große Mengen Fleisch und gegen Gekochtes allgemein. So kann es ein Hinweis für Zincum sein, wenn der Mensch nach langer geistiger Anstrengung und Überforderung von Herzen zivilisationsmüde ist. Er oder sie möchte weg auf die einsame Insel, aber nicht, weil er/sie „urlaubsreif" ist und einfach nur abschalten möchte (dolce vita! = emotionaler Informationsgehalt „süß"!).

Vielmehr möchten diese Menschen am liebsten sofort alle Zelte abbrechen im Sinne von aussteigen und etwas ganz anderes machen.

Während die beiden anderen Mineralsalze für eine temporäre, also vorübergehende "Entgleisung" des vegetativen Systems stehen, die sich eher in einem rastlosen Geist äußert, sind die vegetativen Zentren bei Zinkum-metallium-Indikation restlos erschöpft. Nichts geht mehr, der ganze Körper zuckt und zittert von oben bis unten! **Nehmen sie Zincum metallicum,**

- wenn Kopfmüdigkeit von Kopfschmerz mit Druck auf die Nasenwurzel begleitet ist,
- wenn jegliche geistige Anstrengung das Allgemeinbefinden verschlechtert,
- wenn Beine und Muskeln am ganzen Körper zittern und zucken,
- wenn große Unruhe in den Beinen vorherrscht,
- wenn vormittags muskuläre Schwäche bei Heißhunger auftritt,
- wenn abends alles schlimmer wird,
- wenn die Stimmungen wechseln wie das Wetter im April: mal Zorn und Unruhe, mal Depression und Verzagtheit,
- wenn Sie zu schwach zum Sprechen, mürrisch oder kurz angebunden sind,
- wenn die Herztätigkeit erregt oder ständig beschleunigt ist,
- wenn wechselhafte Verdauungssymptome vorherrschen (Durchfall wechselt sich ab mit Verstopfung etc.),
- wenn das willkürliche Nervensystem geschwächt, geschädigt oder irritiert ist (nicht nur das autonome!): Störungen wie Neuralgien, Nervenschmerzen, Kribbeln, Taubheitsgefühl,

ziehende Nervenschmerzen, die aber nicht wandern, sondern mehr statisch sind,
- wenn alle Gliedmaßen kalt sind und sogar zu Erfrierungen neigen.

Zink kann und sollte in einer höheren homöopathischen Potenz als D6 gegeben werden, empfehlenswert ist ab D12 aufwärts, dann allerdings nur zweimal am Tag, höhere Potenzen sollten nur einmal am Tag oder seltener eingenommen werden.

Zusammenfassend ist zu sagen, daß die drei Mineralstoffe in ihrer homöopathischen Aufbereitung große Ähnlichkeit in Bezug auf Symptome des willkürlichen wie autonomen Nervensystems haben und innere Unruhe, Nervosität, Selbstzweifel, Sorgen, Ängste und emotionale Nöte lindern können. Magnesium phosphoricum ist im akuten Zustand angezeigt, während Kalium und Zink mehr auf eine chronische Situation abzielen. Welches Mittel man wählt, ist individuell zu entscheiden.

Die Eigenmedikation mit diesen drei Mitteln ist relativ leicht zu handhaben und recht harmlos, eventuelle Erstverschlechterungen, die in der Homöopathie ein Zeichen für Wirksamkeit sind, aber als unangenehm empfunden werden, sind meist schwach. Man kann diese Mittel langfristig und ohne Gewöhnungseffekte als natürlichen Ersatz für chemische Beruhigungsmittel und Stimmungsaufheller anwenden. Im Idealfall stellen sie langfristig das Gleichgewicht des autonomen, also vegetativen Nervensystems wieder her. Dennoch gibt es in der Homöopathie Hunderte von Mitteln, die direkt oder indirekt auf das vegetative Nervensystem einwirken und die Wissenschaft vom dicken Fell auf diese Weise sinnvoll und natürlich ergänzen. Die individuelle Mittelwahl sollte in jedem Fall einem Therapeuten vorbehalten bleiben! Sehen Sie dieses Kapitel als eine kleine Hilfe, um den Prozeß, ein dickeres Fell zu entwickeln, zu unterstützen.

Dieses Kapitel auf den Punkt gebracht:

- ➡ Magnesium phosphoricum eignet sich zur Harmonisierung des Vegetativums bei temporärer, akuter Streßbelastung.
- ➡ Kalium phosphoricum und Zincum metallicum sind bei chronischer Reizung des autonomen Nervensystems angezeigt.

Schlußbetrachtung

Ein dickes Fell ist nur der Anfang...

Ein sensibler Mensch, der durch seine Empfindlichkeit handfeste Nachteile im Leben in Kauf nehmen muß, kommt auf die Idee zu überprüfen, ob sein dünnes Fell gottgegebenes Schicksal ist, mit dem er fertigwerden muß, oder ob es in seiner Macht steht, dies zu ändern. Jeder, der sich immer alles sehr zu Herzen nimmt, mag sich diese Frage stellen.

Ich persönlich hatte eine große, wenn auch ziemlich unangenehme „Schützenhilfe", die mich jahrelang begleitete. Ich litt lange Zeit an einer Krankheit, die noch immer als „unheilbar" angesehen wird – ausgerechnet von einer Medizin, die sich als „wissenschaftlich" bezeichnet. Von daher war ich mit der „Erkenntnis" konfrontiert, daß es sich bei meinem Leiden um einen unpersönlichen „Schicksalsschlag" handle, gegen den man nichts machen könne, außer zu versuchen, ein einigermaßen erträgliches Leben zu führen. Allerdings habe ich mich mit dieser Prognose nicht abspeisen lassen und selbst nach den Ursachen gefahndet. Bei meiner Suche habe ich ein Tor zu einer völlig neuen Welt aufgestoßen. Diese Welt, die ich (für mich) neu entdeckt habe, nennt sich „Eigenverantwortung". In ihr habe ich viele kleine und große Gesetzmäßigkeiten in Bezug auf Krankheit im allgemeinen und speziellen entdeckt, z. B. diese hier: Krankheit ist die Folge einer Belastung mit Schadstoffen, die das Stoffwechselgleichgewicht aus dem Lot bringen. – Wer ist dafür verantwortlich, sich der Schadstoffe zu entledigen, die mich belasten? Ich. Wer ist dafür verantwortlich, sich vernünftig zu ernähren und zu bewegen? Ich. Und wer denken Sie, ist dafür verantwortlich, dafür zu sorgen, daß mich Streß nicht krank macht? Richtig: ich!

Ich habe sehr wenig Einfluß auf die Schadstoffbelastung der Umwelt, und ich habe kaum Einfluß auf Schicksalsschläge oder die kleinen und großen Gemeinheiten des Lebens, die mich treffen könnten. Aber ich habe sehr wohl Einfluß darauf, damit fertigzuwerden. Ich bin sehr wohl in der Lage, dafür zu sorgen, daß ich nicht vor der Zeit als körperliches und seelisches Wrack auf dem Abstellgleis ende. Und genau darum geht es in der Wissenschaft vom dicken Fell!

„Mit Stacheln blüht sich's ungestörter!“ – darauf läuft das Kaktus-Prinzip hinaus. Denn Sie müssen Ihre Blüten schützen. Ihre Blüten, das sind Ihre Kreativität, Ihr Geist, Ihre Ideen, kurzum: Ihr Potential. Diese Blüten müssen sich ungestört entwickeln dürfen. Und das liegt an Ihnen. Sie müssen Ihr Potential schützen, indem Sie „Stacheln entwickeln“, das kann niemand anders für Sie tun. Es ist nicht nur Ihre Pflicht, dies zu tun, sondern auch Ihr Recht. Denn mit einem dicken Fell setzen Sie auch leichter Grenzen. Durch den inneren Halt, den Ihnen das Kaktus-Prinzip vermittelt, suchen Sie nicht mehr so sehr nach Äußerem.

Ich bin der Meinung, daß sich Genie nur dort entfalten kann, wo es ungestört und unbehelligt ist. Und genau dieses Genie, dieses Potential, werden wir in Zukunft benötigen, und zwar dringend. Wenn ich also behaupte, daß Sie anderen am besten helfen können, indem Sie aufhören, ein besserer Mensch werden zu wollen, dann meine ich damit, daß Ihr Genie, Ihre Kreativität, Ihr Geist geschützt werden müssen, damit die Ergebnisse irgendwann einmal vielen Menschen zugute kommen, denn: Was ungestört blüht, trägt reiche Frucht!

Wußten Sie, daß der mittelamerikanische Nopal-Feigenkaktus Früchte trägt, die reich an Pektin sind und mit die wertvollsten im Pflanzenreich vorfindbaren Enzyme enthalten? Das gleiche gilt auch im übertragenen Sinne. Werden Sie ein Kaktus, und schützen Sie Ihre Blüten: vor böswilligen Menschen, vor Neidhammeln, vor Besserwissern, vor dem Schicksal. Grenzen Sie sich und Ihr Potential ab, damit die Ergebnisse vielleicht eines Tages vielen Menschen nützen werden. Dafür müssen Sie Eigenverantwortung übernehmen.

Ein recht bekannter Autor der spirituellen Szene Kaliforniens, der allerdings auch viel Unsinn verbreitet, hat in einem seiner Bücher einen sehr weisen Satz geschrieben: „Fange erst dann an zu geben, wenn du dich selbst verwirklicht hast in allen Bereichen: materiell, mental, emotional, spirituell. Damit du aus der Fülle heraus gibst und nicht aus der Leere!“

Gerade die sensiblen, empfindlichen Menschen tragen oft ein ungeheures kreatives Potential mit sich herum, das leider ungenutzt bleibt. Denn das erste „wohlmeinende“ „Du spinnst!“ – „Du bist ein Träumer!“ – „Daraus wird doch nie was!“ – „Was ist denn das für ein Quatsch?“ – „Du bringst es ja doch zu nichts!“ … wirft diese Menschen bereits aus der Bahn, regt Selbstzweifel an, läßt sie innerlich wanken und schließlich eine „Idee“ verwirklichen, die nicht die ihre ist und sie irgendwie im Mittelmaß durchs Leben bringt. Natürlich werden solche Menschen nie glücklich werden. Aber was genauso schlimm ist: Ihre Ideen bleiben dem Rest der Welt vorenthalten! Und das ist in meinen Augen eine ebenso große Verschwendung vitaler Ressourcen, wie es der Raubbau an den Bodenschätzen unserer Mutter Erde ist.

In diesem Sinne: Werden Sie ein Kaktus! Denn nur was ungestört blüht, trägt reiche Frucht!

Herzlichst, Ihr Andreas Ulmicher

Literaturhinweise

➡ Das tut der Seele gut...

(Kommentare von mir in Klammern)

Bücher von Osho:

- Mut. Lebe wild und gefährlich. Ullstein Taschenbuch Verlag 2004

  (Wer eine Vision verwirklicht, die seinem Innersten entspricht, lebt „wild und gefährlich", weil es zwangsläufig wesentlich mehr Menschen gibt, denen ein solch unangepaßtes Tun nicht in den Kram paßt!)

- Das orangene Buch. Meditationen für ein neues Jahrtausend. Innenwelt Verlag 2004

  (Das Beste, was je über das Thema Innenweltbereinigung geschrieben wurde! Pflichtlektüre!)

- Bewußtsein. Beobachte, ohne zu urteilen. Ullstein Taschenbuch Verlag 2004

  (Objektivität ist schwer zu erreichen. Aber die Wege, die hier beschrieben sind, sind zumindest eine kleine Hilfestellung!)

Bücher von Thorwald Dethlefsen und Rüdiger Dahlke:

- Schicksal als Chance. Das Urwissen zur Vollkommenheit des Menschen. Goldmann 2000

  (Eines der wenigen wirklich vernünftigen Sachbücher zum Thema Esoterik!)

– Krankheit als Weg. Deutung und Be-Deutung der Krankheitsbilder. Goldmann 2000

(Mit einer ebenfalls sehr guten Einführung, insbesondere in die Thematik des Schattens und der Polarität – vergleiche „dark desires". Der praktische Teil ist weniger relevant fürs Thema.)

– Aggression als Chance. Goldmann 2006

(Nüchterne, für manchen Geschmack sicherlich zu ehrlich beschriebene „Psychosomatik der Aggression". Wer sich als Mensch nicht mit dem Gedanken aussöhnen kann, daß er aggressiv IST und Anteil an Aggression HAT, den wird dieses Werk im wahrsten Sinne des Wortes „auf die Palme bringen" – sehr entlarvend!)

– Lebenskrisen als Entwicklungschancen. Zeiten des Umbruchs und ihre Krankheitsbilder. Goldmann 1999

(Nicht so sehr wegen der Krankheitsbilder interessant, sondern mehr wegen der Archetypen und der dargestellten „Übergangsrituale", oft den Bräuchen archaischer Kulturen entlehnt.)

– Schattenarbeit (CD). Befreiung von Zwang und Schuld. Goldmann 2004

(Immerhin ein Anfang!)

Andere Autoren:

– Ablass, Werner: Gar nichts tun und alles erreichen. Entdecke deine wahre Natur. Omega Verlag 2006
(Tja, worum geht's? Das Aufgeben der inneren Widerstände führt oft zu dem Erfolg, den der verzweifelte Kampf gegen die äußeren Widerstände nicht gebracht hat. Aber das ist ein Prozeß und hat nichts mit Wollen oder dem Verstand zu tun!)

- Derselbe: Leide nicht – liebe. Über die Liebe zur Liebe ohne Objekt. Omega Verlag 2004

  (Siehe oben!)

- Becker, Irene: Everybody's Darling, Everybody's Depp. Tappen Sie nicht in die Harmoniefalle. Campus 2005

  (Ich finde, Harmonie sollte sich von selbst einstellen und nicht dadurch, daß man sich für andere krumm legt – in welcher Art und Weise auch immer.)

- Becker, Irene; Meyer-Kles, Jutta: Lieber schlampig glücklich als ordentlich gestreßt. Wege aus der Perfektionismusfalle. Campus 2004

  (Für den Fall, daß Sie Ihre Multitasking-Fähigkeit überschätzt haben…)

- Robert Bly: Eisenhans. Ein Buch über Männer. Rowohlt Taschenbuch, 2005

  (Nicht EIN Buch… das BESTE über Männer! Beschreibt anhand des gleichnamigen Märchens ein Initiationsritual, das der heutigen Zeit verlustig gegangen zu scheint.)

- Bruno, Tiziana; Adamczyk, Gregor: Körpersprache. Taschenguide. Einfach! Praktisch! Haufe Verlag 2006

  (Nicht nur als psychischer Selbstschutz vor ungewollten Abfuhren zu sehen, sondern auch als Möglichkeit, sich bei Flirtversuchen anderer zu amüsieren… und nebenbei mehr über das Wesen der lieben Nächsten zu lernen!)

- Cameron, Julia: Der Weg des Künstlers. Ein spiritueller Pfad zur Aktivierung unserer Kreativität. Droemer Knaur 2000

  (Viele Menschen entdecken Spiritualität, wenn sie in einer Lebenskrise stecken. Dabei sollten sie eigentlich Kreativität entdecken. Dieses Buch verbindet beides miteinander.)

- Egli, Rene: Das LOLA Prinzip oder die Vollkommenheit der Welt. Editions'd'Olt Verlag 1999

  (Simplizistisch, doch wenn Sie dieses Buch und das Kaktus-Prinzip gelesen haben, wissen Sie ganz sicher: Die Welt wird vollkommener mit einem dicken Fell!)

- Ehrhardt, Ute: Gute Mädchen kommen in den Himmel, böse überall hin/... Und jeden Tag ein bißchen böser. Fischer TB 2003

  (Ich denke, zu Klassikern wie diesen muß man nicht mehr viele Worte verlieren!)

- Kensington, Ella: Glücksgefühle bis zum Abwinken. Die 10 besten Methoden. Selbstverlag 2004

  (Gute Ergänzung zu APD!)

- Kirschner, Josef: Die Kunst, ein Egoist zu sein. Droemer Knaur 2000

  (Auch ein absoluter Klassiker. Egoismus wird übrigens im Sinne von Eigenverantwortlichkeit beschrieben, nicht im Sinne von Übervorteilung anderer. Das Gesellschaftsbild sowie das Rollenbild der Frau scheinen allerdings revisionsbedürftig.)

- V. d. Kroon, Ton: Die Rückkehr des Löwen. Bauer Verlag 2000

  (Übernimmt viel von Robert Bly, beschreibt einen Initiationsweg, der „nach unten" führt. Ein exzellentes Buch!)

- Livingston, Gordon: Zu früh alt und zu spät weise? 30 unbequeme Wahrheiten, um aus dem Leben klug zu werden. Integral Verlag 2006

  (Absolut unglaublich! Ein Augenöffner allererster Kategorie. Allerdings ein bißchen unbequem.)

– McKenna, Jed: Verflixte Erleuchtung. Als Schmetterling unter Raupen. Verlag Edition Spuren, 2004

(Sie werden als spiritueller oder religiöser Mensch Probleme damit haben. Garantiert! Aber es ist lustig, unterhaltsam geschrieben, und Jed McKenna ist „erfrischend arrogant".)

– Derselbe: Spirituell unkorrekte Erleuchtung. Ausbrechen in die Freiheit. Omega Verlag 2005

(siehe oben!)

– Mohr, Bärbel: Bestellungen beim Universum. Omega Verlag 1998

(Positiv Denken – das positiv Gedachte bzw. Bestellte wegschicken und loslassen – danach ignorieren. Ein simples Rezept. Nur funktioniert es leider bei den meisten nicht. Was Sie zusätzlich dazu wissen müssen, steht im Kaktus-Prinzip!)

– Reheis, Fritz: Die Kreativität der Langsamkeit. Neuer Wohlstand durch Entschleunigung. Primus 1998

(Der Knackpunkt: Langsamer tun heißt bewußter tun!)

– Tsu, Sun: Über die Kunst des Krieges. Wahrhaft siegt, wer nicht kämpft. Marixverlag 2005

(Sprüchesammlung, die zum Nachdenken anregt)

– Weidner, Jens: Die Peperoni Strategie. So setzen Sie Ihre Aggression konstruktiv ein. Campus 2005

(Ob Herr Weidner das nun wahrhaben will oder nicht: Die ganze Thematik hat etwas mit simpler Physik zu tun. Oder mit Äpfeln: Wenn etwas von etwas gut ist, ist mehr davon nicht unbedingt besser...)

➡ Das tut dem Körper gut:

- Bauer, Michael: Die Seele läuft mit. Die meditative Laufschule für Fitneß und innere Harmonie. Integral Verlag 2007

  (Sehr, sehr notwendig! Vor allem, da wir im Laufen ja immer noch irgendwie den Leistungsaspekt sehen – und das ist nicht sehr natürlich, wenn Sie mich fragen!)

- Braunschweig-Pauli, Dagmar: Die Jod-Lüge. Das Märchen vom gesunden Jod. Herbig 2003

  (Wenn Sie schon nervös und aufgedreht sind, kann das auch an der Schilddrüse liegen. Und in diesem Falle benötigen Sie ganz sicherlich nicht noch zusätzliches Jod!)

- Funfack, Dr. Med. Wolf: Metabolic Balance. Das Aktivprogramm. Südwest Verlag 2007

  (Das Buch vermittelt eine dezente Ahnung davon, worum es in stoffwechseltypen-abgestimmter Bewegung geht – nicht mehr und nicht weniger.)

- Gittleman, Ann-Louise; Templeton, James; Versace, Candelora: Ernährung nach dem Stoffwechseltyp. Windpferd 2003

  (Sicherlich das zweitbeste, was über Metabolic Typing auf dem deutschen Markt ist, weniger wissenschaftlich, eher pragmatisch und anschaulich.)

- Grillparzer, Marion; Kittler, Maria, Schmedes, Christa: Das große GU Glyx-Kochbuch. Gräfe & Unzer 2005

  (Praktische Umsetzung der Glyx-Diät.)

- Grillparzer, Marion: Die Glyx Diät. Abnehmen mit Glücksgefühlen. Gräfe & Unzer 2003

  (Hier finden Sie weitere Anregungen, wie Sie Ihren Blutzuckerspiegel mittel- und langfristig ruhigstellen können. Besonders bei Jojo-Effekt, Nervosität, Müdigkeit und Syndrom X zu empfehlen.)

- Grimm, Hans-Ulrich: Die Suppe lügt. Die schöne neue Welt des Essens. Klett-Cotta 2005

  (Ein Buch für Übergewichtige. Wer es gelesen hat, dem vergeht der größte Teil seines Appetits.)

- Grimm, Hans-Ulrich, Zittlau, Jörg: Vitaminschock. Droemer Knaur 2002

  (Das Buch ist ein Muß für Therapeuten sowie für jeden, der meint, mit Vitaminpillen fiktive Mängel ausgleichen zu müssen!)

- Oberbeil, Klaus: Die Zuckerfalle. Herbig Verlag 2004

  (Hier wird alles sehr schön beschrieben. Der Autor hätte meines Erachtens nach ein wenig detaillierter auf die psychischen Aspekte des erhöhten Zuckerkonsums eingehen können.)

- Ulmicher, Andreas: Natürliche Gesundheit bei Morbus Crohn und Colitis ulcerosa. Books on Demand, 2005

  (In meinem Erstlingswerk finden Sie detaillierte Informationen über die Wirkung verschiedener Nahrungsmittelgruppen auf die Darmschleimhaut und -flora. Nicht nur für chronisch Darmkranke, sondern auch für Allergiker, Menschen mit Reizdarmsyndrom, Heißhungerattacken, Migräne, Stimmungs- und Energieschwankungen interessant.)

- Wolcott, William L., Fahey, Trish: Essen, was mein Körper braucht. VAK Verlags GmbH, 2003

(Sicherlich das Beste im deutschsprachigen Raum zum Thema Metabolic Typing, populärwissenschaftlich, vermittelt gute Grundlagen für Ernährungsberater, allerdings ist die Aufmachung insgesamt etwas reizlos.)

➡ Zum Nachdenken und Hinterfragen:

- Dörner, Dietrich: Die Logik des Mißlingens. Strategisches Denken in komplexen Situationen. Rowohlt Tb 2003

  (Das Leben IST eine Aneinanderreihung von komplexen Situationen. Dieses Buch zu lesen löst sicherlich nicht Ihre Probleme, hilft Ihnen aber dabei, Standpunkte zu relativieren.)

- Müller, Klaus: Murphys Gesetz. Alles, was schief gehen kann, geht auch schief… Pattloch 2001

  (Siehe mein Kommentar zu „Die Logik des Mißlingens", hinzu kommt hier allerdings eine gesunde Prise schwarzen Humors!)

- Pearsall, Paul: Denken Sie negativ, unterdrücken Sie Ihren Ärger und geben Sie anderen die Schuld! Warum Sie auf Lebenshilfe-Ratgeber verzichten können. MVG 2006

  (Lesen, nicht beherzigen! Aber lesen unbedingt!)

- Scheich, Günter; Waller, Klaus: Positives Denken macht krank. Vom Schwindel mit gefährlichen Erfolgsversprechen. Eichborn Verlags AG 1997

  (Nicht das Positive Denken an sich ist das Problem, sondern die daran geknüpften Erwartungen. Und die sind eigentlich eine Folge davon, daß man außen etwas sucht, das man in sich selbst nicht findet. Im Sinne des Kaktus-Prinzips: Wer ein dickes Fell hat, braucht kein Positives Denken, wer keins hat, dem hilft keins!)

Über den Autor

Andreas Ulmicher, Jahrgang 1970, studierte Physik und Naturwissenschaften, ehe er Heilpraktiker wurde. Selbst von der Darmerkrankung Morbus Crohn betroffen, entwickelte er eine Therapie, mit der er sich selbst heilte und die er in seinem ersten Buch beschrieben hat. Sein Hauptaugenmerk gilt dem Zusammenspiel von Körper und Geist in Bezug auf Krankheit und Genesung. In seiner Arbeit verbindet er wissenschaftlich-pragmatische Überlegungen mit esoterischen Denkmodellen. Beeinflußt wurde seine Arbeit maßgeblich durch die frühen Werke von Thorwald Dethleffsen und Rüdiger Dahlke sowie von Osho.

Andreas Ulmicher ist Inhaber zweier Naturheilpraxen mit den Schwerpunkten Homöopathie, Ernährungsberatung, Dorn-Therapie, Entgiftung und Bach-Blütentherapie. Er erstellt in seinen Praxen auch persönliche Ernährungsprofile (Metabolic Typing).

Kontakt:

www.praxis-ulmicher-freitag.de
andreas@ praxis-ulmicher-freitag.de
andreas-ulmicher@gmx.de

Weitere Bücher aus dem Omega-Verlag

Jan Geurtz

Suchtfrei

Den Selbstbetrug durchschauen

Eine neue Methode ohne Entzugserscheinungen

328 S., gebunden

€ 15,30 [D] • SFr 27,70 • ISBN 978-3-930243-41-9

Jeder Mensch hat ins seiner Kindheit eine Zurückweisung durch die Eltern erfahren, die zu dem negativen Glauben führt, nicht gut zu sein, so wie man ist. Jeder hat seine eigene Methode gefunden, den daraus resultierenden grundlegenden Selbstzweifeln, dem Gefühl von Unzufriedenheit, Wertlosigkeit oder Leere zeitweilig zu entfliehen: mit harten oder weichen Drogen, Medikamenten, Alkohol, Rauchen, Spiel-, Eß-, Sex- oder Beziehungssucht, sonstigen Süchten wie z. B. der nach Fernsehen, Internet oder PC-Spielen oder starker Selbstkontrolle. Dabei ist manchen ihr zwanghaftes Verhalten nicht einmal bewußt.

Der Niederländer Jan Geurtz entlarvt den all diesen Phänomenen zugrunde liegenden Selbstbetrug und zeigt einen Ausweg aus diesem Teufelskreis. Der Erfolg seines ersten Buches *De Opluchting* (Aufatmen. In nur einem Tag endgültig zum Nichtraucher), das in seinem Heimatland allein durch Weitersagen zu einem Bestseller wurde, belegt die Stimmigkeit seines Konzeptes.

Ramona B. Wagner

EFT – Emotionale Freiheit

Eine einfache Selbsthilfetechnik

80 S., broschiert

€ 6,95 [D] • SFr 11,20 • ISBN 3-930243-29-6

Die „Emotional Freedom Technique", kurz EFT, geht davon aus, daß psychische Störungen auf Blockaden im Energiesystem des Körpers beruhen. Um die blockierte Energie wieder in Fluß zu bringen, werden spezielle Akupunkturpunkte, die direkt unter der Haut liegen, mit zwei Fingern beklopft, während man an das zu kurierende Symptom denkt.

Auf diese Weise können EFT-Anwender häufig selbst bei schwerwiegenden seelischen Problemen oder bei psychisch bedingten körperlichen Beschwerden in kürzester Zeit Erleichterung finden. Dies gilt sowohl für akute Beschwerden (Schmerzen, Traurigkeit, Prüfungsangst) als auch für langwierige Probleme (Zwänge, Ängste, Phobien, geringes Selbstwertgefühl etc.).

Weitere Bücher aus dem Omega-Verlag

Jed McKenna

Spirituell unkorrekte Erleuchtung

Ausbrechen in die Freiheit

368 S., geb. mit Schutzumschlag

€ 19,80 [D] • SFr 35,20 • ISBN 978-3-930243-34-1

Das Ausbrechen in die Freiheit nondualen Bewußtseins ist für Jed McKenna ein „spirituell unkorrekter" Vorgang: Spiritualität nährt das Ego, Erleuchtung löscht die falsche Identifikation mit dem Ich für immer aus. In seinen schonungslosen Demaskierungen zeigt der Autor, wie die Ego-Verhaftetheit uns in einem Käfig beschränkender Vorstellungen gefangenhält und unser Sein auf Kindergartenniveau reduziert. Ums Erwachsenwerden geht es McKenna und ums Erwachen zu unserem grenzenlosen Potential. Wer darin aufgehen will, dem empfiehlt er „Spirituelle Autolyse" – ein schmerzhafter Selbsthäutungsprozeß. Literarisch dokumentiert findet McKenna ihn in dem mysteriösen Walfänger-Epos *Moby Dick*, das er als westliche Version des indischen *Mahabharata* entschlüsselt. Der Prozeß endet in jenem unbeschreiblichen Land jenseits aller Illusionen, von dem der Autor sagt: „Komm und sieh selbst."

Werner Ablass

Gar nichts tun und alles erreichen

Entdecke deine wahre Natur

272 S., geb. mit Schutzumschlag

€ 14,– [D] • SFr 26,50 • ISBN 978-3-930243-36-5

Selbst wenn Wünsche wahr werden, dauert es meist nicht lange, bis neue erwachen. Weil wir unser Glück jedoch in der Regel von der Erfüllung von Wünschen abhängig machen, sind wir nie zufrieden mit dem, was ist.

Werner Ablass macht in diesem Buch deutlich, daß wir unser Lebensglück, getäuscht durch illusorische Vorstellungen, dort suchen, wo wir es niemals dauerhaft finden und somit selbst verhindern. Mit seinem Konzept zur „Desillusionierung" und Übungen, um objektlos zu lieben, bietet sich die Chance, unsere wahre spirituelle Natur zu entdecken. Nach der Entdeckung entsteht spontan die Erkenntnis, daß tatsächlich alles Wesentliche erreicht ist und daß alles, so wie es jeweils ist, perfekt ist. Wünsche erfüllen sich wie nebenbei ohne Jagdfieber und erheblichen Aufwand. Negative Emotionen und Konflikte lösen sich ohne direktes Eingreifen auf. Statt dessen wird auch in problematischen Situationen tiefer Frieden empfunden.

Zu beziehen in jeder guten Buchhandlung

Omega®-Verlag **G. Bongart & M. Meier (GbR)**

Karlstr. 32 D-52080 Aachen

Tel.: 0241-16 81 630 • Fax: 0241-16 81 633

e-mail: info@omega-verlag.de http://www.omega-verlag.de

Fordern Sie auch unser kostenloses Verlagsverzeichnis an!